D1550713

Encore des Pinardises, à paraître, automne 2000.

Daniel Pinard

Pinardises

Recettes et propos culinaires

Préface de Josée Blanchette
Illustrations de Pierre Pratt

BORÉAL

Les Éditions du Boréal remercient le Conseil des Arts du Canada ainsi que le ministère du Patrimoine canadien et la SODEC pour leur soutien financier.

Photo de la couverture: Jacques Grenier
Illustration: Pierre Pratt

Diffusion au Canada : Dimedia
Diffusion et distribution en Europe : Les Éditions du Seuil

Données de catalogage avant publication (Canada)

Pinard, Daniel, 1942-
    Pinardises: recettes et propos culinaires
    Comprend un index.
    ISBN 2-89052-636-4
    I. Cuisine.   I. Titre.

TX714.P56 1994   641.5   C94-941350-X

À Josée Blanchette, pour tout.

Goûtez-moi ce Pinard !

La première fois que j'ai rencontré Daniel Pinard c'était chez lui, dans sa cuisine, à l'occasion d'une entrevue pour le magazine L'actualité. Ce fut un coup de foudre réciproque dont nos papilles gustatives ne se sont jamais totalement remises. La composition du menu y était probablement pour quelque chose, en tout cas je n'en ai rien oublié : bisque de homard et bruschetta, crevettes et sabayon à l'orange, sorbet bicolore à la fraise ont scellé un pacte d'amitié entre deux épicuriens affligés de sybaritisme aigu. J'avais enfin rencontré le mentor qui saurait à la fois m'instruire sans me faire passer pour une inculte, me séduire tant par sa verve que par sa dextérité et provoquer chez moi des crises de foie mais jamais de foi.

En cinq ans de fréquentations, nous avons multiplié les conversations culinaires et les joutes verbales, échangé les trucs et les secrets d'alcôves. Parfois j'ai été sa muse mais le plus souvent, c'est lui qui m'amusait. À la différence de Daniel, je me considère toutefois comme une simple exécutante. « Mon » Pinard est d'une autre étoffe : un maître queux inspiré, un artiste-cuisinier, un rebelle de la recette et du fichier-cuisine. Il retourne les règles comme des crêpes, jongle avec la chimie culinaire, transgresse les interdits et envoie paître les diététistes au passage.

Son taux de cholestérol est aussi élevé que son Q.I., il fait un usage suicidaire de crème 35 % et de beurre doux et un emploi suranné de l'imparfait du subjonctif, ce qui lui donne l'air de pontifier (il rêvait d'être pape à six ans), mais Daniel Pinard est tout sauf un prédicateur frelaté du dimanche. Ses talents d'improvisateur devant la caméra et le fourneau sont mis au service d'une science acquise au fil de la pratique, des succès et des ratés dont il se fait une gloire.

On ne se lasse pas de tant d'intelligence et de sensibilité en un seul homme. Qui plus est, Daniel est un amphitryon généreux, un hôte attentionné doublé d'un commensal passionnant. N'hésitez plus sur le pas de cette page et passez à sa table. Il déteste qu'on le fasse attendre.

Josée Blanchette

Ode à la tomate

J'avais huit ou neuf ans. Et pourtant je les revois comme si c'était hier, Luigi et Gino, inondés de soleil dans la chaleur de l'été. Luigi, récemment immigré, mains noueuses de paysan, visage basané comme du vieux cuir, ridé autour des yeux pour avoir trop souri et regardé trop souvent le soleil d'Italie en pleine face. Gino, le fils, venait d'avoir 18 ans : Gino l'Amoroso au visage d'enfant, fort comme un homme, de quoi faire pâmer Dalida. Pendant que Gino tondait les pelouses des propriétés bourgeoises, son père désherbait les rocailles, taillait les haies. À midi, ils déjeunaient à l'arrière de leur camion rouillé. Le père posait une table de fortune, la recouvrait d'une nappe fraîchement repassée, y déposait soigneusement une bouteille de vin maison, deux verres,

une énorme miche de pain croûté, celui de sa *donna* sans doute, quelques tomates bien rouges, de l'huile d'olive toute verte dans une petite fiole, du sel, du poivre… Dans une assiette, Luigi déposait des tranches de mortadelle, de prosciutto et de saucisson. En silence, Gino observait. Puis, c'était le rituel. En regardant son fils, Luigi rompait la miche, lui en tendait une belle moitié, qu'il prenait soin d'arroser d'abord de quelques gouttes d'huile. Puis chacun prenait une tomate, l'écrasait sur la croûte, pour la presser ensuite contre la mie. Chacun salait, poivrait et disposait par-dessus quelques feuilles vertes au parfum de menthe et de réglisse. C'était, je l'ai su bien plus tard, du basilic. «*Italian food*» me disait Gino, persuadé que je comprendrais mieux l'anglais que la langue qu'il parlait à son père. « *You want some ?* ». Je lui disais oui de la tête. Il m'en tendait alors une bouchée qu'il arrachait avec ses doigts et disait : « *Italian food for a Canadian child.* » Puis il ajoutait : « *No wine, you're too young !* » Comme j'aimais les entendre parler. J'avais l'impression qu'ils chantaient toutes ces voyelles comme des notes claires qui se bousculent. Depuis ce temps, j'ai l'Italie en plein cœur. Je n'y étais pas encore allé, mais déjà je n'en étais pas revenu. Dans l'odeur du gazon frais coupé, sur les bords d'un trottoir de banlieue, une image de bonheur parfait : l'amour d'un père pour son fils, d'un fils pour son père et moi, le petit étranger, qui se sentait chez lui. Une image qui me revient chaque été. C'est toute mon enfance, que je retrouve dans le parfum de la tomate écrasée, de l'huile d'olive et du basilic. Ces odeurs d'enfance, je vous les offre en vous proposant une recette de cette bruschetta.

Autre souvenir, plus récent celui-là : c'était en Andalousie, par un jour de soleil torride. Dans les champs, la terre était si sèche qu'on aurait dit de la poudre. Sur cette terre lézardée, pas une seule feuille verte. Pourtant, dans ce champ qui s'étendait à perte de vue, il y avait des milliers de grosses boules jaunes et blanches, comme si quelqu'un les avait laissé tomber du ciel. Je m'arrête sur le bord de la route pour mieux voir : ce sont des melons andalous. Tout près, quelques paysans assis : des hommes, des femmes et des enfants venus les ramasser. C'était l'heure du déjeuner. On avait étendu par terre une nappe qui éclatait de lumière et, par-dessus, posé un grand bol de terre cuite. C'était le gaspacho.

Chacun puisait avec sa tasse et buvait cette incroyable salade liquide. Un vieillard me tendit un bol : je bus. Il sourit et me dit : « *Que calor !* Emportez un melon pour la route ! » Faites comme eux, sur votre terrasse. Peut-être entendrez-vous en sourdine quelques notes de flamenco !

GASPACHO

1 1/2 l (6 t.) de jus de tomate
1   gousse d'ail pelée, dégermée et pressée
4   c. à soupe d'huile d'olive fruitée
4   c. à soupe de vinaigre de vin rouge
*   ou de vinaigre balsamique*
sel, poivre, poivre de Cayenne ou Tabasco
*   au goût*
cumin en poudre (facultatif)
1   poivron en fines lanières
1   oignon moyen en très fines rondelles
1   concombre pelé, épépiné et coupé en
*   dés*
2   tomates moyennes, mondées et
*   découpées en dés*
1   avocat en tranches fines, arrosées de
*   jus de citron*
olives et câpres

Fouettez l'huile d'olive et le vinaigre pour obtenir une émulsion. Ajoutez-y le jus de tomate en continuant de brasser au fouet. Salez, poivrez, assaisonnez. Le cumin n'a rien à voir avec le gaspacho traditionnel, pas plus que l'avocat d'ailleurs, mais ce n'est pas une raison pour se priver de ce plaisir… Dans des bols individuels, versez le gaspacho sur une tranche de bruschetta (voir recette plus loin). Chacun de vos invités pourra garnir sa soupe-salade des légumes et des fines herbes de son choix.

J'espère bien que vous n'allez pas refroidir le gaspacho de quelques glaçons ! Si vous tenez à ce qu'il soit bien froid, quelques cubes de jus de tomate congelé feront l'affaire !

TOMATES FRITES

2   grosses tomates mûres mais fermes
farine
1 ou 2 œufs battus à la fourchette
chapelure maison
2   c. à soupe d'huile d'olive
2   c. à soupe de beurre doux
sel et poivre au goût

Je vous conseille d'abord de pas monder les tomates ; la peau pourra les retenir à la cuisson. Coupez-les en tranches assez épaisses (1,5 cm ou même 2 cm). Farinez-les et trempez-les dans l'œuf battu. Enrobez-les ensuite de chapelure et faites-les frire dans une poêle antiadhésive bien chaude dans un mélange à part égale d'huile d'olive et de beurre doux. Vous verrez, le résultat est

exquis : un enrobage de chapelure bien chaud, une tomate cuite en surface et toute fraîche encore au centre…

Voilà une entrée toute simple que vous garnirez peut-être de quelques branches de cresson, de fines rondelles de citron jaune ou vert, et que vous pourrez servir sur une fondue de poivrons. Ce serait divin ! Servies avec des spaghettis au pesto genovese, ces tomates vous assureront un triomphe.

BRUSCHETTA À LA ROMAINE

1   belle miche de pain croûté, préférablement de blé entier
125 ml (1/2 t.) d'huile d'olive bien fruitée
1 ou 2 gousses d'ail pelées, dégermées et pressées
sel et poivre du moulin

La bruschetta consiste tout simplement en des tranches de pain grillé, badigeonnées d'huile d'olive salée, poivrée et parfumée à l'ail. Découvrir la bruschetta, c'est dire à tout jamais adieu à l'indigeste pain à l'ail…

Les Romains, qui en sont de fervents adeptes, la préparent avec du pain de blé entier. Mais c'est presque aussi bon avec du pain blanc croûté.

Dans une tasse à mesurer, mélangez l'huile, l'ail, le sel et le poivre. Faites dorer 4 généreuses tranches de pain directement sur le gril. Mais prenez garde : quelques secondes de distraction suffiraient à transformer votre pain en charbon ! Pour ma part, je préfère dorer mes tranches d'un seul côté. Dès qu'elles sont dorées, je les badigeonne d'huile à l'ail.

Si vous servez la bruschetta comme entrée ou comme repas léger, garnissez-la d'une généreuse tranche de tomate bien mûre et parfumée. Ajoutez 1 ou 2 branches de cresson ou alors des endives effilochées, de tendres feuilles d'épinard, de la ciboulette ou du basilic frais finement hachés. Ou alors, c'est ma petite manie à moi, 1 ou 2 filets d'anchois par tranche. Vous m'en donnerez des nouvelles.

tenant de l'huile d'olive. Au risque de provoquer leur colère, je vous suggère de servir votre spaghetti « du printemps » avec du parmigiano reggiano ou mieux encore, avec du fromage de chèvre frais du Québec : une cinquantaine de grammes par convive.

SPAGHETTI PRIMAVERA

100 à 120 g (3 à 4 oz) de pâtes sèches
*   par personne*
8   grosses tomates bien parfumées,
*   mondées et grossièrement hachées*
85   ml (1/3 de t.) d'huile d'olive vierge
1   botte de basilic haché
sel et poivre au goût
quelques gouttes de Tabasco ou
1   pincée de poivre de Cayenne

Mélangez tous les ingrédients de la sauce. Réservez. Dans une généreuse quantité d'eau salée, cuire les pâtes *al dente* (des pâtes à la semoule de blé dur, importées d'Italie, je vous en conjure !) Égouttez-les prestement et mélangez-les aussitôt à la sauce. Voilà, c'est tout ! Les puristes ont l'habitude de s'insurger contre ceux qui osent garnir de parmesan des sauces con-

Clavecin, prêtre fellinien et tomate sèche

D'une fenêtre entrouverte, les notes aigrelettes d'un clavecin désaccordé. Seul à la table d'à côté, un vieux prêtre fellinien en soutane rose observe le soleil qui danse dans son verre de Frascati. Comme il fait doux Piazza Ricci. Dans mon assiette creuse, les grains tendres et fermes du riz vialone nano baignent dans une sauce crème et vin blanc parfumée de généreux morceaux d'un fruit mystérieux qui tient à la fois de la figue de Barbarie, de la datte mielleuse et des raisins de Corinthe… et tout à coup sous la dent, une note acidulée de foin frais, de terre noire et de soleil : ce sont des tomates ! Ravi de ma surprise, le garçon m'explique : ce sont des tomates de San Marzano que les paysans font sécher au soleil sur des claies. Des tomates sèches ? Et pourtant je n'ai jamais rien goûté de si parfumé, de si onctueux !

Plus de 20 ans ont passé et pourtant il me suffit encore aujourd'hui d'évoquer la tomate séchée pour entendre les notes fragiles d'un clavecin et pour retrouver ce temps ocre si doucement perdu à Rome.

Les tomates séchées qu'on nous vend ici dans l'huile végétale sont à mille lieux de celles que j'avais découvertes Piazza Ricci. En plus, on vous les vend à fort prix. Voilà pourquoi je vous propose la façon traditionnelle de les préparer vous-mêmes à partir de tomates séchées achetées en vrac.

Demain, déjà, prêtes à manger

Dans un bocal, on les recouvre d'huile d'olive
de qualité (c'est déjà mieux !). On les parfume
de quelques feuilles de laurier, on ajoute
quelques feuilles de basilic frais ou de menthe,
2 ou 3 gousses d'ail pelées, et le tour est joué.
On n'a plus qu'à laisser macérer 2 ou 3
semaines avant d'y goûter. L'huile prend un
goût exquis de tomate, d'ail et de fines herbes…
Mais les malheureuses tomates vendues ici en
vrac sont si sèches qu'elles parviennent à peine à
s'imprégner un peu de l'huile. En somme, elles
restent assez revêches sous la dent… J'ai découvert une façon toute simple de remédier au
problème. Il suffisait d'y penser. Pour faciliter
l'osmose, il s'agit tout simplement de « réveiller »
les tomates trop sèches en les recouvrant d'abord
d'eau bouillante. On attend une quinzaine de
minutes. Les voilà bien humides, prêtes à se
gorger d'huile. On les presse doucement entre
les paumes des mains pour extraire le surplus
d'eau, et on les recouvre aussitôt d'huile
parfumée aux herbes. Demain déjà, elles seront
prêtes à manger !

Mais rien ne vaut les tomates fraîches qu'on fait
sécher soi-même à la maison quand la saison
s'y prête. Courez vite au marché faire ample
provision de tomates italiennes. Qu'elles soient
bien rouges et bien fermes. Tranchez-les en deux
sur la longueur puis épépinez-les à la cuiller à
tourner. Déposez les coquilles sur une plaque
légèrement huilée, salez légèrement et versez sur
chaque coquille quelques gouttes de vinaigre balsamique. Voilà qui fera merveille pour décupler le
parfum et le sucre des fruits. Mettez à sécher au
four à 250 °F pendant 2 h. Entrouvrez à l'occasion la porte du four pour laisser la vapeur

s'échapper. Au bout de 2 h, retournez les
coquilles et remettez-les au four 1 h de plus.
Retournez-les une dernière fois, pour les remettre
à sécher encore 2 h. Le résultat : les tomates
sont souples comme un cuir très fin. Mettez-les
dans un bocal. Parfumez d'ail et d'herbes,
recouvrez d'huile d'olive. Elles se conserveront
très longtemps au frigo. Si vous les congelez,
omettez l'ail.

Ces tomates font merveille avec des bocconcini
de mozzarella fraîche… une savoureuse version
de l'insalata caprese. Hachées grossièrement avec
du thon à l'huile, elles sont une orgiaque tapenade inspirée bien sûr de la tapenade classique
dont je vous donne d'abord ma version.

TAPENADE

400 g (12 oz) d'olives noires dénoyautées
100 g (3 oz) de câpres
2 ou 3 gousses d'ail pelées, dégermées et
    pressées
2 ou 3 pruneaux, figues sèches ou
    abricot sec
1   boîte d'anchois et son huile
1   jus de citron

Hachez au couteau tous les ingrédients sur une planche ou mieux encore, «pulsez» quelques secondes au robot. Ajoutez le jus d'un citron et mélangez.

TAPENADE À LA TOMATE
SÈCHE ET AU THON

400 g (12 oz) de tomates séchées et
    macérées dans l'huile
100 g (3 oz) de câpres
1 ou 2 poivrons rouges en conserve
1   petite boîte de thon
1   jus de citron

Hachez tous les ingrédients au couteau sur une planche ou «pulsez» quelques secondes au robot avec le jus de citron.

Servir ces tapenades en bruschetta sur du pain grillé de blé entier, dans un bol en guise de «trempette» pour les crudités ou mieux encore, sur des pâtes italiennes *al dente*.

Recettes de pâtes rapides

Pour 4 personnes, «pulser» ensemble au robot 1 ou 2 bottes de basilic frais (dont vous aurez bien sûr d'abord prélevé les tiges), 3 ou 4 gousses d'ail pelées, dégermées et grossièrement hachées, 1/2 t. de pignons ou de noix de pacane, 1/2 t. de parmesan frais râpé et 3/4 de t. d'huile d'olive extra-vierge. Mélanger à des pâtes al dente à peine égouttées…

PÂTES AUX ANCHOIS
ET AU PERSIL

C'est l'hiver et le basilic hydroponique qu'on vous propose vous semble bien malingre et sans parfum? Qu'à cela ne tienne. On trouve toute l'année du persil plat bien parfumé. Prenez-en 1 botte. Éliminez les plus grosses tiges et « pulsez» au robot avec une boîte d'anchois et son huile. Poivrez au goût et le tour est joué. Si vous ajoutez à cela 1/2 t. de crème 35 %, sachez que je ne vous en tiendrais pas rigueur. Au contraire : vos pâtes n'en seront que plus onctueuses…

PÂTES AUX NOIX

Pour une sauce rapide aux noix variées, «pulsez» au robot 1 ou 2 t. de noix de votre choix : avelines, pacanes, noix de Grenoble, pignons, amandes, avec 1 t. de raisins Sultana ou de raisins de Corinthe. Ajoutez 1/2 t. d'huile d'olive, 1 ou 2 gousses d'ail pelées, dégermées et grossièrement hachées… quelques fines herbes, du persil, du romarin, du thym, et peut-être les zestes d'un citron et d'une orange que vous prélèverez au zesteur.

Vous n'avez pas de «zesteur»? Qu'à cela ne tienne! Prélevez les zestes à l'économe et hachez-les sur la planche en fines juliennes à l'aide d'un couteau bien tranchant. Vous n'avez pas de couteau bien tranchant? Allez au restaurant!

Vous ne savez plus où donner de la tête, laquelle de ces sauces choisir? Alors c'est tout simple. Faites-les toutes à la fois. Au robot : 1 botte de persil plat sans les tiges, 2 ou 3 gousses d'ail pelées, dégermées et grossièrement hachées, 1 boîte d'anchois et son huile, 125 ml (1/2 t.) d'huile d'olive extra-vierge, quelques tomates séchées, une poignée de câpres non pareilles, 1 t. de noix variées, quelques feuilles de basilic et de menthe, le zeste d'un citron et d'une orange. «Pulser» quelques secondes… Une sauce exquise pour les pâtes, mais aussi une garniture sublime pour le rôti de veau… froid ou chaud… Ça prolonge l'été…

De l'artichaut

Il faut choisir au marché des artichauts bien lourds et bien fermes, signe qu'ils sont frais cueillis. Évitez les légumes dont les tiges sont rabougries, dont les feuilles s'étiolent et jaunissent à la pointe. Évitez aussi ceux dont la tige est noire au centre, car ils sont probablement piqués. Un artichaut aux bractées trop ouvertes vous annonce qu'on l'a cueilli trop tard. Plus proche de la fleur que du bouton, il sera plein de «foin»… son fond sera avare et filandreux.

Vos artichauts resteront frais au frigo pendant quelques jours si vous les entreposez debout, la tige dans l'eau. Mais éloignez-les aussi loin que possible de vos œufs. L'artichaut dégage des vapeurs d'inuline qui traversent les coquilles d'œufs et les rendent impropres à la consommation.

Contrairement à Diane Dufresne, les artichauts craignent l'oxygène. Ne leur en donnez pas! Aussi convient-il de les arroser abondamment de citron à mesure qu'on les pare. Le jus de citron en bouteille de plastique convient parfaitement. C'est d'ailleurs là sa seule utilité, puisqu'il ne saurait remplacer pour aucun autre usage le citron frais. Évitez de cuire vos artichauts dans une marguerite : cela les dessèche indûment et en plus les fait noircir. *Idem* pour le four à micro-ondes. Faites-les plutôt cuire à grande eau bouillante salée et citronnée mais à couvert même s'il s'agit d'un légume vert. Ajoutez 1 c. à soupe de jus de citron et 1 c. à thé de sel par litre d'eau ainsi que 1 ou 2 c. à soupe d'huile végétale pour que les feuilles du légume soient bien lustrées. J'y verse également 1 c. à soupe de farine délayée dans de l'eau froide. En cuisine, de l'eau salée et légèrement farinée s'appelle un «blanc». La farine «nourrit» le légume, adoucit sa couleur.

Vous pourriez, comme il est coutume, faire cuire vos artichauts comme ça, dans l'eau bouillante sans les parer. N'en faites rien. Vos artichauts et vos convives méritent plus de savoir-faire et d'élégance.

À l'aide de ciseaux de cuisine, coupez les feuilles à moitié tout autour du légume. Arrosez-les de citron. À l'aide d'un couteau dentelé, éliminez ensuite la pointe de l'artichaut en le tranchant au tiers de sa hauteur. Mettez à nouveau du jus de citron. On peut tout de suite enlever le «foin» à cru en raclant le fond à la cuiller. Une tâche ardue mais nécessaire si vous comptez plus tard farcir vos légumes entiers. Sinon, vous n'aurez qu'à les couper en deux sur la longueur pour éliminer le «foin» lorsqu'ils seront cuits. Un conseil: ne pas couvrir la marmite, mais déposer sur les artichauts mis à bouillir un linge ou une assiette renversée pour immerger complètement les légumes et leur éviter ainsi tout contact avec l'air. Temps de cuisson: à grande ébullition, 20 min pour les artichauts moyens, 25 ou 30 pour les gros. Égouttez toujours les artichauts à l'envers pour éliminer l'eau de cuisson.

Dernier conseil: ne pas cuire vos artichauts d'avance, ils noirciraient au frigo. Servez-les tièdes avec une vinaigrette bien relevée de moutarde. J'aime aussi les servir avec une mayonnaise maison que je dilue avec un peu de jus d'orange: une sauce qui, soit dit en passant, est exquise avec les asperges. Chauds avec du beurre doux fondu, les artichauts sont exquis. Mais ils seront meilleurs si vous les accompagnez d'un beurre blanc, d'une onctueuse hollandaise ou de cette merveilleuse sauce bagna cauda qui accompagne si bien les légumes crus ou cuits servis à l'italienne, que je ne puis m'empêcher de vous en donner la recette.

BAGNA CAUDA

250 ml (1 t.) d'huile d'olive
4   généreuses noix de beurre doux
2   gousses d'ail pelées, dégermées et pressées
1   boîte de filets d'anchois rincés à l'eau tiède, essuyés et finement hachés

À feu doux, faites fondre dans un caquelon le beurre dans l'huile. Dès que le beurre commence à mousser, ajoutez l'ail et les anchois. Laissez 1 ou 2 min sur le feu en brassant à la fourchette pour que les anchois fondent dans la sauce. Servez aussitôt dans un petit réchaud qui gardera la bagna cauda chaude, mais non bouillante, ou versez tout simplement sur les artichauts tranchés en deux sur le long…

Prenez votre pied… de céleri

Inspiré sans doute par Alexis Carrel, auteur du célèbre *L'Homme cet inconnu,* un «must» en mon temps de collège, je vous propose quelques recettes toutes simples à base de céleri. Je vous entends déjà protester (avouez que ça vous arrive à l'occasion) : «Pourquoi le céleri? Pourquoi l'homme?» À chacun son légume!

SOUPE AU CÉLERI, AU POULET ET AU RIZ

1 ou 2 *pieds de céleri*
1   *gros oignon doux*
2 ou 3 *carottes*
1   *blanc de poireau*
1   *noix de beurre*
quelques gouttes d'huile d'olive

1 ou 2 *c. à soupe de cari de Madras ou de*
    paprika hongrois ou
2 ou 3 *généreuses pincées de graines de*
    fenouil
1   *poulet de grain*
1   *feuille de laurier*
quelques grains de poivre noir
persil plat finement haché
1   *pincée de thym*
quelques brindilles de romarin
1 t. *de riz à grains longs, le basmati ou celui*
    de l'oncle Benoît, par exemple.

Hachez en tout petits dés la moitié supérieure de 1 ou 2 pieds de céleri que vous aurez bien sûr choisis opulents et bien verts. Pelez ensuite et hachez grossièrement un gros oignon doux : jaune ou rouge. Dans votre bac à légumes, quelques petites carottes vous font de l'œil? Ne résistez surtout pas : pelez-les et tranchez-les en fines rondelles. Ne résistez pas davantage à ce blanc de poireau que vous risqueriez autrement d'oublier là, tout seul. Tranchez-le en deux sur le long. Rincez-le bien pour enlever le sable. Puis hachez-le finement. Ces légumes amoureusement préparés, vous les ferez ensuite revenir à feu moyen dans une casserole à fond épais. Une petite noix de beurre doux, quelques gouttes d'huile d'olive, en guise de corps gras. Peut-être souhaitez-vous relever votre soupe d'épices bien parfumées ? Fort bien. C'est le moment de les ajouter aux légumes pour décupler leur arôme avant de mouiller avec de l'eau. Pour une soupe céleri, poulet et riz à l'indienne, ajoutez le cari : voilà belle façon de dire merde à l'hiver ! À moins que vous ne préfériez le parfum envoûtant du paprika hongrois, étrange paradoxe à la fois doux et piquant. Avec des graines de fenouil, vous serez en plein Maghreb. Une fois la soupe épicée à votre goût, laissez cuire encore à feu moyen 1 min ou 2 tout en brassant bien avant d'ajouter, sur ce lit de légumes parfumés, un petit poulet de grain que vous aurez d'abord dépecé en 4 ou 8 morceaux. Vous n'avez plus qu'à recouvrir tout simplement d'eau froide. À haute flamme, amenez à ébullition. Réduisez aussitôt la flamme, ajoutez vos aromates et laissez tout doucement frémir à couvert jusqu'à ce que le poulet soit presque cuit.

Une vingtaine de minutes ont passé. La chair se détache de l'os du pilon. C'est le temps d'ajouter le riz à grains longs de votre choix : celui de l'oncle Benoît, par exemple, à moins que vous ne préfériez le parfum subtil du basmati. Quant à moi, je préfère le riz italien à grains ronds l'arborio, le vialone nano semifino ou le carnaroli. On n'a plus qu'à laisser frémir à peine une dizaine de minutes avant de servir…

Les « cholestérophobes » que ma cuisine si souvent scandalise m'applaudiront, puisqu'on peut mettre son poulet à cuire sans sa peau. La peau de la volaille, on le sait, est riche en matière grasse. Bonne idée, me dites-vous, de l'enlever. N'en soyez pas si sûr. Car c'est aussi la peau qui donne à la chair qu'elle recouvre son onctuosité. Dilemme cornélien ! Comment plaire à la fois aux gardes-chiourme de la Santé et au gastronome en vous qui exige de vivre ? À vous de voir ! Si vous choisissez le plaisir, vous ferez cuire votre poulet non dépecé. Il vous faudra alors écumer la soupe à l'occasion. Profitez-en pour faire de l'exercice !

CÉLERI BRAISÉ À LA SAUCE MOUTARDE

2   pieds de céleri
1   noix de beurre doux et quelques
     gouttes d'huile d'olive
sucre (facultatif)
250 ml (1 t.) de crème à 35 %
1 ou 2 c. à soupe de moutarde de Dijon
1   noix de beurre doux (facultatif)

Je vous entends déjà protester. Le céleri braisé ne vous dit rien qui vaille. Ce légume aqueux brunâtre et filandreux résume à lui seul les pires moments passés au pensionnat. Eh bien! rassurez-vous, le céleri braisé vous ravira si vous mettez les soins qu'il faut pour le choisir et l'apprêter.

Pour 4 convives, vous aurez d'abord choisi 2 pieds de céleri aux branches bien fournies à la base. Les moitiés supérieures vous ont servi tantôt à préparer la soupe. Vous restent les bases que vous ferez tantôt pocher à grande eau salée. Avant de procéder au pochage, prélevez d'abord au pourtour les plus grosses branches : elles sont trop filandreuses pour subir avec succès le braisage. À l'aide d'un couteau d'office (un petit couteau à légumes bien tranchant) parez la base : enlevez ce qui est oxydé. Puis, à l'économe, prélevez les fils qui recouvrent la partie extérieure des branches. Dans une grande casserole, recouvrez vos cœurs de céleri d'eau froide. Amenez à ébullition. Salez généreusement : 1 c. à thé pour chaque litre d'eau. Puis laissez frémir à découvert jusqu'à ce que les

légumes soient presque tendres. Pourquoi cuire le céleri à grande eau et à découvert ? Parce qu'il s'agit d'un légume vert. Comme vous le savez, la cuisson des légumes verts libère l'acide naturel du légume. L'acide ainsi libéré s'attaque à la chlorophylle et fait rouiller le fer. Le résultat : un légume brunâtre et sans attrait. On cuit donc à grande eau pour que l'acide libéré se dilue. On cuit à découvert pour que l'acide produit s'échappe dans l'air avant de s'en prendre au fer des légumes.

Ça y est ! Vos cœurs de céleri sont presque tendres ? Égouttez-les avec soin, puis faites-les revenir en casserole encore ici à découvert dans une noix de beurre doux et quelques gouttes d'huile d'olive. L'opération a pour but de terminer la cuisson du légume tout en développant sa sapidité. On veut aussi permettre au surplus de l'eau de cuisson de s'évaporer. On souhaite bien sûr qu'au contact du beurre, le céleri caramélise en surface. Pour favoriser la caramélisation, on pourrait ajouter à la casserole un soupçon de sucre. Votre céleri est prêt. Vous n'avez plus qu'à le servir nappé d'une sauce moutarde à la crème qui ravira vos convives.

Rien n'est plus facile à préparer. Choisir une casserole à fond épais assez grande pour permettre à la crème de bouillir sans renverser. À feu moyen, amener à ébullition 1 t. de crème à 35 % ou un peu plus. Laissez réduire à feu moyen pendant 1 min ou 2 avant d'ajouter 1 ou 2 c. à soupe comble de moutarde de Dijon. La sauce épaissit sur-le-champ. Laissez cuire 1 min ou 2 tout en fouettant. Hors flamme, ajoutez peut-être une petite noix de beurre doux. Montez quelques secondes au fouet. Nappez-en vos cœurs de céleri.

Pour une sauce «aux deux moutardes», ajoutez à la crème réduite 1 c. à soupe de moutarde fine de Dijon et une autre de moutarde de Meaux. Soit dit en passant, cette sauce toute facile à faire est aussi délicieuse froide que chaude. Elle accompagne admirablement non seulement les légumes, mais aussi les viandes et les poissons. Exquise, par exemple, avec de la morue pochée. Ou bien avec des noisettes de porc.

CÉLERI BRAISÉ
AU CONSOMMÉ DE BŒUF

2   pieds de céleri
2   boîtes de consommé de bœuf
3 ou 4 tomates italiennes en boîte
1   noix de beurre
fécule de maïs

Pour le céleri braisé au consommé de bœuf, on procède d'abord comme il est dit plus haut. On blanchit d'abord son céleri à découvert et à grande eau salée pour l'attendrir un peu. Disons, une dizaine de min. Puis l'on égoutte bien.

Dans la même casserole, on termine la cuisson des céleris en les braisant dans le consommé de bœuf additionné de tomates.

Ajoutez peut-être une belle noix de beurre doux. On couvre et on laisse tout doucement frémir jusqu'à ce que les légumes soient bien tendres. En fin de parcours, on épaissit en incorporant un peu de fécule de maïs diluée dans un peu d'eau froide. On laisse cuire 1 min ou 2 de plus et le tour est joué.

CÉLERI RÉMOULADE

1   céleri rave
2   l (8 t.) d'eau
2   c. à thé de sel
1   citron
1   c. à soupe de farine diluée dans un
     peu d'eau froide

La sauce :
250 ml (1 t.) de mayonnaise
2   c. à soupe de moutarde de Dijon
2 ou 3 c. à soupe de câpres
3 ou 4 c. à soupe de petits cornichons salés
     finement hachés
4 ou 5 c. à soupe de fines herbes fraîches
     finement hachées : estragon, cerfeuil,
     coriandre, basilic, persil

Un grand classique, et si facile à faire. On choisira, bien sûr, un céleri rave lourd et bien en chair. Évitez à tout prix les racines rabougries.

Rincez à l'eau bien froide avant d'éliminer au couteau d'office les racines baroques qui forment des protubérances à la base. Pelez avec un couteau ou un économe. On prendra soin, pendant l'opération, d'arroser ou de frotter les parties pelées avec la moitié du citron, pour éviter l'oxydation. Plus simplement, on immergera à l'occasion le légume dans l'eau froide à laquelle on aura ajouté un peu de jus de citron en bouteille fait de concentré.

On râpera ensuite grossièrement le légume, côté château Champlain de la râpe, ou mieux encore, on en fera à la mandoline ou au robot de fines juliennes. Encore ici, on s'empressera de faire tremper le légume râpé à mesure dans l'eau citronnée.

On se contente souvent alors de servir le céleri râpé cru en sauce rémoulade. On trouve alors l'occasion de s'en plaindre : le céleri rave cru est indigeste et par trop résistant sous la dent. On choisira donc de le blanchir d'abord à grande eau salée, citronnée et légèrement farinée : 2 l (8 t.) d'eau, 2 c. à thé de sel, le jus d'un citron et 1 c. à soupe de farine diluée d'abord dans un peu d'eau froide. Il s'agit bien sûr tout simplement d'un « blanc ». On amène donc son « blanc » à ébullition. On verse dedans son céleri, râpé ou en fines juliennes. On brasse bien. On laisse frémir 1 min. On égoutte. On rince à l'eau bien froide. On presse bien pour éliminer le surplus d'eau. On n'a plus alors qu'à ajouter la sauce rémoulade.

Pour un céleri rave de belle grosseur, il vous faudra 1 t. de mayonnaise que vous « moutarderez » généreusement, disons 2 c. à soupe combles de moutarde de Dijon. Vous ajouterez ensuite 2 ou 3 c. à soupe de câpres que vous rincerez d'abord à l'eau du robinet. Les plus petites câpres, les « non pareilles », sont, comme vous le savez, les meilleures. À cela, ajoutez 3 ou 4 c. à soupe de petits cornichons salés finement hachés et 4 ou 5 c. à soupe de fines herbes fraîches finement hachées : estragon, cerfeuil, coriandre, basilic, persil, et tout ce que le cœur vous dit !

CÉLERI RAVE À L'ORANGE

250 ml (1 t.) de jus d'orange
4   c. à soupe d'huile d'olive
2 ou 3 c. à soupe de mayonnaise
céleri rave râpé et blanchi
oranges
fines herbes

Pour une préparation plus légère, vous préférerez peut-être comme moi une simple vinaigrette faite de jus d'orange et d'huile d'olive : 250 ml (1 t.) de jus d'orange, 4 c. à soupe d'huile d'olive et 2 ou 3 c. à soupe de mayonnaise. On émulsionne au fouet. On mélange bien au céleri rave. On sert avec des tranches d'oranges pelées à vif. On garnit de fines herbes.

Le carrosse de Cendrillon

Servie dans son écorce ambrée transformée en soupière par vos soins, l'humble citrouille fera sur votre table un effet saisissant. Lorsque vous soulèverez le couvercle du fruit, vos invités, ravis devant l'onctuosité de la crème et son fin parfum de muscade, pousseront à l'unisson qui des «Oh!» qui des «Ha!». «Y a rien là», répondrez-vous en toute humilité linguistique. On vous applaudira doublement.

Comme vous n'êtes surtout pas de ces cordons bleus ou grands toqués qui gardent jalousement leurs secrets, vous vous empresserez de répondre avec cette désinvolture réfléchie qui caractérise votre pédagogie culinaire aux questions qui ne manqueront pas de fuser de partout.

«Il faut d'abord choisir avec soin la citrouille… Les plus petits fruits sont de loin les meilleurs, plus généreux au fond parce qu'ils sont bien en chair. Les autres citrouilles ne sont que chétives pécores qui s'enflent d'air.

«Pour de 6 à 8 convives, choisissez donc une citrouille de 2 kg (4 lb) plus ou moins…»

«À l'aide d'un couteau d'office bien tranchant, confectionnez le couvercle de votre "fruit-soupière". À la cuiller, prélevez les graines et les fibres. Salez et poivrez généreusement l'intérieur. Remettez le couvercle et mettez à cuire à four très chaud (450°F) pendant 25 min.

«Pendant que la citrouille subit son purgatoire, ajouterez-vous à vos convives incrédules, hachez finement un oignon espagnol que vous ferez tomber dans une casserole à fond épais, à feu moyen, dans une noix de beurre doux et autant d'huile végétale. Une fois l'oignon tombé, laissez s'évaporer l'eau de cuisson et saupoudrez sur l'oignon une pincée de sucre pour favoriser la caramélisation. Laissez blondir à peine… avant d'ajouter 125 ml (1/2 t.) de crème à 35 %, que vous laisserez mijoter tout doucement 1 min ou 2 avant de réserver hors du feu. »

Vingt-cinq minutes ont passé. Votre citrouille est prête. Admirez cette belle couleur d'ambre qu'elle a prise à la cuisson! « Un sfumato », dirait Marie-Michèle Cron, si vous aviez eu le bon goût de l'inviter. Enlevez le couvercle et prélevez la pulpe à la cuiller en prenant bien soin, surtout au fond, de ne pas transformer votre soupière en panier percé.

Passez la pulpe à la moulinette ou « pulsez-la » quelques secondes dans l'oignon à la crème et ajoutez ce qu'il faut de lait pour obtenir une soupe de la consistance désirée. Il vous faudra un peu plus de lait que de purée. Disons 3 tasses… Laissez mijoter doucement 2 ou 3 min en brassant bien. Ajoutez une pincée de muscade et rectifiez l'assaisonnement. Servez aussitôt la soupe dans sa soupière improvisée. À table, garnissez chaque assiette creuse de gruyère ou d'emmenthal râpé et versez par-dessus la soupe bien chaude. Garnir peut-être de noisettes grillées…

Note : Vous pourriez remplacer la muscade par du paprika hongrois bien fruité ou par de la poudre de cari bien relevée. À moins que vous

ne préféFiez la crème de citrouille safranée. Auquel cas vous ajouteriez à la soupe une généreuse pincée de pistils de safran que vous auriez d'abord fait macérer quelques minutes dans quelques gouttes de vin blanc pour que la couleur et le parfum se développent bien.

PURÉE DE CITROUILLE À L'HUILE D'OLIVE À LA FAÇON DE ROGER VERGER

1   petite citrouille
8   *c. à soupe d'huile d'olive bien parfumée*
2 ou 3 *gousses d'ail pelées, dégermées et pressées*

Dans ses *Fêtes de mon moulin*, le sublime Roger Verger propose une ravissante purée de potiron muscade dont je vous présente une version modifiée. Certains vous diront que le potiron muscade a une chair plus fine que celle de notre humble citrouille. N'en croyez rien. Ce sont au fond des jumeaux identiques qui ne diffèrent que par leur appellation incontrôlée.

Faites d'abord cuire au four comme il est dit plus haut une petite citrouille. Dans la casserole, à feu moyen, réchauffez la purée, ajoutez l'huile d'olive et l'ail. Salez, poivrez et servez cette purée bien chaude avec du pain grillé en guise de repas d'automne… ou bien servez-la froide garnie d'olives noires, de poivrons rouges grillés et de thon à l'huile émietté…

GRATIN DE POTIRON AUVERGNAT

1	*petite citrouille*
3	*œufs*
6	*c. à soupe de farine*
200	*g (7 oz) de fromage râpé : cantal, gruyère, emmenthal ou cheddar*

Le mariage de la citrouille et du fromage est ravissant. En voici une autre version. Prélevez la pulpe d'une petite citrouille cuite au four comme il est dit plus haut. Passez la pulpe au robot ou à la moulinette et laissez-la refroidir. À la mixette ou au malaxeur, ajoutez à cette purée froide les œufs et la farine. Incorporez le fromage râpé à la spatule. Versez la préparation dans un moule à soufflé bien beurré. Parsemez de quelques petits morceaux de beurre doux et mettez à cuire au four à 350°F pendant 25 min. En fin de parcours, passez sous la rampe du gril pour gratiner. On peut servir cette préparation en croûte comme une quiche.

COUSCOUS AUX SEPT LÉGUMES ET À LA CITROUILLE

Il s'agit tout simplement d'une « ratatouille-minceur » à la provençale servie à la marocaine sur un lit de semoule. Une « ratatouille-minceur », tout simplement parce qu'elle est cuite sans huile.

1	*boîte de tomates italiennes*
1	*gros oignon haché*
	quelques carottes
1 ou 2	*navets blancs*
1	*c. à soupe d'herbes de Provence*
1	*c. à soupe de cumin en poudre (facultatif)*
1	*petite aubergine*
2 ou 3	*courgettes en tronçons*
1 ou 2	*poivrons verts ou rouges*
1	*boîte de pois chiches égouttés*
semoule	
quelques belles tranches de citrouille pelées et pochées	

Amenez à ébullition dans une casserole à fond épais une boîte de tomates italiennes auxquelles vous ajouterez l'oignon haché, les carottes tranchées en rondelles et les navets blancs coupés en dés. Ajoutez les herbes de Provence et peut-être du cumin en poudre. Laissez mijoter tout doucement pendant 4 ou 5 min avant d'ajouter la petite aubergine coupée en dés, les cour-gettes en tronçons et les poivrons verts ou rouges en lanières. Laissez le tout sur le feu une dizaine de minutes de plus, jus-qu'à ce que les légumes soient cuits mais encore croquants. Ajoutez les pois chiches égouttés. Réchauffez, salez, poivrez et servez sur un lit de semoule garni des belles tranches de citrouille que vous aurez pelées et fait pocher pendant une quinzaine de minutes à l'eau salée, jusqu'à ce qu'elles soient bien tendres.

COPEAUX AMBRÉS D'AUTOMNE CONFITS À LA MODE DE SÉVILLE OU À LA GRENOBLOISE

J'ai présenté un jour cette recette exquise de confiture de citrouille en lui donnant sans doute un nom trop simple pour qu'il séduise… Grossière erreur de ma part. En cuisine comme en politique, l'humilité ne sied qu'à la noblesse véritable… Ainsi, il suffit de s'appeler Giscard d'Estaing ou Magret de canard pour réussir. Dire qui on est, c'est épater. Mais l'humble citrouille n'a rien à perdre en cachant son passé et en déguisant sa véritable nature. On risquerait autrement de s'inquiéter par trop de ses aspirations… Comme le «p'tit gars de Shawinigan» devenu «homme d'État», la citrouille a tout à gagner à fréquenter les grandes tables. Mais elle doit aussi se cacher pour masquer sa fadeur originelle tout en profitant de l'appui de ses comparses d'occasion.

Ainsi, cette humble confiture de citrouille ne saura vous séduire que parce qu'elle s'enrichit des parfums exotiques de l'orange, du gingembre ou des noix de Grenoble. En s'internationalisant, la voici légitimée. Voici donc ma confiture de citrouille rebaptisée pour vous séduire.

500 g (1 lb) de citrouille
460 g (2 t.) de sucre
le jus de deux citrons
le zeste d'une orange ou d'un citron
quelques petits dés de gingembre confit
ou
165 g (1 t.) de cerneaux de noix de Grenoble

Prélevez sur une citrouille bien en chair quelques tranches de fruit dont vous ferez de fins copeaux au robot, à la mandoline ou au couteau d'office, que vous mélangerez bien au sucre dans un bol en verre et que vous ferez macérer au frigo, à couvert pendant 24 h. Ainsi traitée, la citrouille rendra son eau et «cuira» dans le sucre transformé en sirop. Ajoutez à la préparation le jus des citrons et le zeste d'orange ou de citron prélevé à l'économe et haché en fines juliennes. Ajoutez, si le cœur vous en dit, quelques petits dés de gingembre confit ou mieux encore, des cerneaux de noix de Grenoble. Amenez le mélange à ébullition dans une casserole inoxydable (de grâce, évitez l'aluminium!) et laissez frémir pendant une vingtaine de minutes: le temps qu'il faudra pour que les copeaux de citrouille acquièrent une belle transparence ambrée. Bien croquante et parfumée, l'humble citrouille s'est revêtue des atours de l'agrume. Elle disparaît au profit du gingembre ou des noix de Grenoble. Mettez en bocal stérile et scellez. Votez citrouille!

Le chou, ce mal-aimé

« Si tu te nourrissais comme moi de soupe au chou, dit un jour Diogène à un jeune courtisan, tu n'aurais pas besoin de flatter autant les puissants.

— Et toi, de rétorquer le flagorneur, si tu flattais les gens puissants, tu n'aurais pas à te nourrir de choux ! »

Voici donc, inspiré du philosophe à la lanterne, quelques recettes à base de chou… De quoi raffermir votre fibre morale… pour le plus grand plaisir des moralistes, « éthiciens » et diététiciens…

« EFFILOCHÉ » DE CHOU VERT AU CARVI

La marinade :
125 ml (1/2 t.) de mayonnaise
125 ml (1/2 t.) de crème sure
1 ou 2 c. à soupe de moutarde
de Dijon
1 c. à thé de sel
1 c. à thé de sucre

1   c. à thé de graines de carvi
2 ou 3 feuilles de laurier
poivre du moulin

La salade :
1   petit chou vert, paré et finement
     effiloché au couteau, au robot ou
     mieux encore, à la mandoline
3 ou 4 oignons verts grossièrement hachés
1 ou 2 carottes râpées
1 ou 2 pommes Cortland, Spartan ou
     Granny Smith, pelées et râpées
1 ou 2 branches de cœur de céleri en
     petits dés
1   poivron vert en petits dés
1   concombre « anglais » pelé, tranché
     en deux sur le long, épépiné, en
     tranches fines…

Vous avez horreur du *coleslaw* ? Rassurez-vous, moi aussi ! Pour vous réconcilier à jamais avec le chou en salade, je vous propose cet « effiloché » à la façon de Julia Child (*From Julia Child's Kitchen*)… Un ravissant mariage de légumes et de fruits bien croquants dans une marinade onctueuse où le carvi surprend.

On mélange d'abord au fouet les ingrédients de la marinade. On incorpore les légumes et les fruits. On brasse bien et on la laisse reposer au réfrigérateur pendant 1 h au moins…

CHOU ROUGE BRAISÉ AUX POMMES ET AUX BAIES DE GENIÈVRE

1   chou rouge de grosseur moyenne
125 ml (1/2 t.) de vinaigre blanc à
     marinade
3 ou 4 pommes Spartan ou Cortland
     (évitez la McIntosh : elle fond à la
     cuisson)
3   c. à soupe d'huile d'olive
125 ml (1/2 t.) de vin rouge
20   baies de genièvre
sel et poivre
60   ml (1/4 de t.) de vinaigre de vin
     rouge
3 ou 4 c. à soupe de gelée de cassis ou de
     confiture de bleuets

Enlevez si nécessaire les feuilles fanées et tranchez le chou en quartiers. Faites-le blanchir à découvert dans une généreuse quantité d'eau bouillante salée et vinaigrée pendant 5 min. Le vinaigre a pour but d'empêcher le chou rouge de bleuir à la cuisson.

Égouttez bien le chou. Enlevez le trognon et tranchez-le en fines lanières. À feu moyen, faites-les revenir dans l'huile en brassant bien pendant 3 ou 4 min. Ajoutez les pommes pelées en tranches généreuses. Mélangez et laissez cuire 2 ou 3 min de plus. Ajoutez le vin rouge et les baies de genièvre. Ajoutez aussi, si le cœur vous en dit, 1 t. de consommé de bœuf. Salez et poivrez au goût.

Faites ensuite braiser au four à couvert pendant 1 h, à 350 °F. Au moment de servir, ajoutez le vinaigre fin et la gelée de cassis ou la confiture de bleuets.

On peut remplacer le chou rouge par du chou vert. On remplacera alors le vin rouge par du vin blanc sec, du cidre ou du jus de pomme. On remplacera aussi le vinaigre de vin rouge par du vinaigre de vin blanc ou de cidre de pomme. Oubliez bien sûr la gelée de cassis au profit d'une gelée de pommes bien parfumée.

On pourra aussi mettre des marrons de Corrèze à la place des pommes. On en trouve sous vide dans les épiceries fines qui sont exquis et qui supportent mieux le braisage que les marrons en boîte déjà cuits et parfois trop mous.

Cette «embeurrée» peut vous servir de base pour une soupe au chou exquise. Il suffira tout simplement d'y ajouter un bon bouillon de légumes ou de poulet… À moins qu'on ne préfère le consommé de bœuf.

Ceux qui ne souffrent pas de «cholestérophobie» ajouteront peut-être aussi quelques lardons… ou bien du jambon en lanières. Ainsi préparée, avec du chou rapidement blanchi, votre soupe minute ne dégagera pas cette odeur déplaisante du chou qui a bouilli trop longtemps.

Avec du chou frisé, vous pourrez le constater, 5 ou 6 min à blanchir suffisent pour cuire le légume, par ailleurs beaucoup plus digeste que le chou pommé…

«EMBEURRÉE» DE CHOU FRISÉ

1   *chou de Savoie ou «chou frisé»*
eau salée
100 g (3 oz) de beurre doux
sel et poivre du moulin au goût…

Tranchez le chou en quartiers et blanchissez-le à l'eau salée pendant 6 ou 7 min. Bien égoutter. Enlevez le trognon et hachez les quartiers en grosses lanières. Dans un poêlon, à feu moyen, réchauffez-le avec le beurre, en brassant bien. L'eau de cuisson qui reste s'évapore. Le chou est «embeurré». Le voilà prêt à manger…

Les potages font les frais

L'été, la cuisine est un lieu de punition. Et le temps qu'on y passe est à jamais perdu. C'est que notre cœur est ailleurs... Nos ancêtres l'avaient bien compris qui ont eu cette idée merveilleuse : la maison à deux temps avec sa cuisine d'été et sa cuisine d'hiver. La cuisine d'hiver, c'était l'âtre en plein milieu du foyer où nos grand-mères pétrissaient longuement le pain et mitonnaient patiemment les ragoûts. La cuisine d'été, au contraire, s'ouvrait toute grande sur l'extérieur. Le temps filait à toute allure. Le soleil entrait à pleine fenêtre tout comme l'odeur du foin fraîchement coupé. On prenait le temps de respirer ! Semblable contraste entre les soupes d'hiver, longuement mitonnées et lourdes de fécule et de graisse ; et les soupes d'été, légères comme la brise ! Aussi, je vous propose quelques soupes fraîches de légumes et de fruits. Pour les préparer, quelques minutes suffisent. Sortez de vos cuisines ! Ça presse, et savourez les derniers jours de l'été !

SOUPE PAYSANNE DE TOMATES AU PAIN

4   généreuses tranches de pain de blé entier, légèrement rassis

2   kg (4 lb) de tomates bien parfumées ou

1 kg (2 lb) de tomates et une boîte de tomates italiennes
1 boîte de consommé de bœuf
1 citron
4 c. à soupe d'huile d'olive
2 gousses d'ail pelées, dégermées et pressées
2 ou 3 échalotes finement hachées
fines herbes : ciboulette, coriandre, marjolaine, persil, menthe, basilic, etc.

D'abord, enlevez la croûte de votre «pain de la veille». Détachez la mie à la fourchette pour éviter qu'elle ne s'agglutine. Vous pouvez la réserver à l'air libre, si cela semble nécessaire, afin qu'elle soit un peu plus sèche.

Parez vos tomates. Au couteau d'office, prélevez au besoin la chair dure qui entoure et prolonge un peu la corolle au sommet. Épépinez à la cuiller, pas nécessaire de peler. Passez-les ensuite au robot puis, dans un bol, ajoutez à la pulpe le consommé, le jus de citron, l'huile d'olive, l'ail, les échalotes et la mie de pain. Mettez au réfrigérateur pendant quelques heures pour que le pain fonde à la mie. Au moment de servir, garnir chaque bol de fines herbes.

SOUPE DE PÊCHES
AU GINGEMBRE FRAIS

1 kg (2 lb) de pêches bien parfumées
1 citron
1 c. à soupe de miel

1 morceau de gingembre frais gros comme une noix de Grenoble
 jus de pomme ou vin mousseux
 fruits pour garnir
4 c. à soupe de crème fraîche

Pelez les pêches, passez-les au robot avec le jus de citron et le miel. Hachez finement le gingembre et écrasez-le au «presse-ail» pour en extraire le jus. Ajoutez ce jus et ce qu'il faut de jus de pomme ou de mousseux pour que la texture vous plaise. Garnissez de pêches ou de fraises, de framboises ou de bleuets. Arrosez de crème fraîche.

SOUPE FROIDE À L'AVOCAT

500 ou 750 ml (2 ou 3 t.) de chair d'avocat
1 citron
1 boîte de consommé de bœuf ou de bouillon de poulet
1 c. à soupe d'huile d'olive
250 ml (1 t.) de crème aigre ou de crème sure
1 pincée de poivre de Cayenne
fines herbes au choix

Il faut se méfier de ces disciples de Thémis. Comme la toge de leurs homonymes, leur robe peut parfois prêter à confusion. Leur peau appétissante n'en cache pas moins une trouble nature. Pas assez mûr, l'avocat est immangeable. Trop mûr, il offre une chair brunâtre et amère. Aussi, mieux vaut en choisir quelques-uns à la chair encore bien ferme qui mûriront sous surveillance à la maison. Ne les mettez surtout pas au réfrigérateur : le froid les tue ! Cependant, conservez-les à l'abri de la lumière dans un sac en papier. Ils sont prêts lorsqu'on sent la chair à peine mollir sous la pression du pouce. Vite, dépêchez-vous, il faut les déguster au plus tôt ! L'avocat n'est bon à consommer que durant deux ou trois jours.

Tranchez les avocats en deux sur la longueur. Enlevez le noyau et prélevez la chair à la cuiller en raclant la peau. Passez au robot avec le jus de citron. Dans un bol, ajoutez à la purée d'avocats le consommé ou le bouillon, l'huile d'olive, la crème et le poivre de Cayenne. Garnissez de fines herbes.

DEUX CRÈMES VERTES D'ÉTÉ

500 g (1 lb) de cresson bien frais ou
d'épinards en feuilles
eau bouillante salée
1 pomme de terre «russet» ou Idaho
en petits dés
1 boîte de bouillon de poulet
1 boîte de lait
1 boîte d'eau
sel et poivre au goût
250 ml (1 t.) de crème fraîche ou de
crème aigre

Pour éviter que l'acidité du cresson ou des épinards ne fasse tourner le lait de la soupe, il est préférable de les cuire à part.

Pour le cresson, c'est tout simple. D'abord, il faut bien le laver et éliminer les très grosses tiges. Ensuite le plonger 1 ou 2 min dans l'eau bouillante salée, à découvert. Le rincer immédiatement à l'eau froide pour fixer la couleur. Le presser dans les mains pour éliminer l'excès d'eau, puis le hacher finement et réserver.

Pour les épinards, éliminez aussi les grosses tiges. Lavez-les à grande eau pour enlever le sable fin qui s'y cache souvent. Ne les séchez pas : faites-les plutôt tomber dans une grande casserole à feu moyen, à découvert. L'eau des feuilles fera assez de vapeur pour les cuire. Bien mélanger à la cuiller de bois pendant la cuisson. Sitôt que les épinards sont tombés, rincez-les à l'eau froide pour fixer la couleur, pressez-les pour éliminer l'eau, puis hachez-les finement. Réservez.

Faites cuire la pomme de terre dans le bouillon de poulet, le lait et l'eau. Une quinzaine de minutes et le tour est joué ! Passez le tout au robot, ajoutez le cresson ou les épinards, le sel et le poivre, laissez tiédir et mettez au frigo. Au moment de servir, garnissez chaque bol d'une généreuse cuillerée de crème fraîche.

CRÈME SÉNÉGALAISE AUX POIS CHICHES

1   boîte de pois chiches
1   boîte de consommé de bœuf ou de
      bouillon de poulet
1   gousse d'ail pelée, dégermée et
      pressée
1   citron
1   c. à soupe de cari
500 ml (2 t.) de crème aigre ou de
      crème fraîche
fines herbes au choix

Égouttez et rincez les pois chiches.
Réduisez-les en purée au robot, en prenant bien soin de détacher à la spatule les
« peaux » qui d'aventure se colleraient aux
parois du récipient. Ajoutez ensuite, petit
à petit, le consommé ou le bouillon, l'ail et
le jus de citron. Incorporez la crème aigre.
Allongez avec un peu d'eau si la soupe
vous semble trop consistante. Mettez au
frigo et servez très fraîche, garnie de fines
herbes : persil, menthe, que sais-je encore !

SOUPE FROIDE DE POMMES À L'INDIENNE

1   oignon jaune finement haché
2   c. à soupe d'huile d'olive
2   c. à soupe de cari
1   boîte de consommé de poulet
500 ml (2 t.) de jus de pomme
2   jaunes d'œufs
1   citron
2 ou 3 pommes
250 ml (1 t.) de crème fraîche au cari

Attention à la poudre de cari. Certains
mélanges sont très doux, alors que d'autres
pourraient mettre vos papilles à rude
épreuve.

Dans une casserole, à feu moyen, faites
tomber l'oignon dans l'huile avec 2 c. à
soupe de poudre de cari. Ne laissez pas
colorer. Ajoutez le consommé et le jus de
pomme et laissez mijoter doucement pendant une dizaine de minutes. Dans un petit
bol, mélangez les jaunes d'œufs et le jus de
citron. Incorporez-les à la soupe en brassant
au fouet et portez à ébullition. Sitôt que la
soupe a épaissi, retirez de la flamme. Laissez
tiédir puis réservez quelques heures au frigo.

Avant de servir, coupez les pommes non
pelées en petits dés et arrosez-les de quelques gouttes de jus de citron pour éviter
qu'elles ne brunissent. Ajoutez les dés de
pommes à la soupe et garnissez de crème
fraîche parfumée de 1 c. à soupe de cari.

SOUPE DE CONCOMBRES À LA GRECQUE

2   concombres moyens bien croquants
2   c. à thé de sel
1   citron
500 ml (2 t.) de yogourt
2   c. à soupe d'huile d'olive
1 ou 2 gousses d'ail pelées, dégermées et
     pressées
poivre au goût
250 ou 500 ml (1 ou 2 t.) d'eau
quelques feuilles de menthe fraîche ou
     de fenouil

Pelez les concombres et tranchez-les en
deux dans le sens de la longueur.
Épépinez-les à la cuiller, puis râpez-les
grossièrement. Saupoudrez-les ensuite de
sel et mettez-les à dégorger dans une passoire pendant 30 min. C'est fait? Pressez
bien la pulpe du concombre macéré pour
en extraire l'eau salée et amère. Mélangez
le concombre et le jus de citron, puis
ajoutez le yogourt, l'huile d'olive et l'ail.
Poivrez. Ajoutez un peu d'eau si la soupe
vous semble trop épaisse. C'est une question de yogourt! Garnissez de feuilles de
menthe.

Pour une soupe-repas, accompagnez-la de
pain pita chaud et, dans une assiette, de
quelques tranches de fromage fêta arrosé
d'huile d'olive et parfumé de romarin, et
de quelques olives noires grecques de
Kalamata.

SOUPES DE FRUITS

*Si vous connaissez déjà les soupes de fruits
d'Europe du Nord, je parie qu'elles ne vous
disent rien qui vaille. Ce sont, me dites-vous, de
vulgaires compotes de fruits secs longuement
bouillis (abricots, pêches, pommes, poires ou
pruneaux) dont on fait une purée qu'on allège
ensuite à l'eau. Pire encore, ajoutez-vous, on les
parfume de clous de girofle ou de cannelle, deux
épices dont vous avez horreur! Laissez-moi
d'abord vous dire, pour aller au plus court, que
j'ai pour ces «soupes-compotes» la même aver-
sion que vous. Aussi, rassurez-vous, les soupes
de fruits que je vous propose sont faites de fruits
frais. Vous n'y trouverez ni gingembre en
poudre, ni cannelle, ni clous de girofle. Ce sont
au contraire des soupes d'été éclatantes de
fraîcheur et de soleil. Ces soupes, je le sais, sur-
prendront vos convives. Encore!*

SOUPE DE RAISINS VERTS
AU CANTALOUP

1   kg (2 lb) de raisins verts sans pépins
1   citron vert
2   c. à soupe de sucre
1   pincée de sel
250 ml (1 t.) de vin blanc mousseux
1   cantaloup
100 g (3 oz) d'amandes effilées
    dorées à la poêle antiadhésive
feuilles de menthe

Au robot, réduisez les raisins en une purée
grossière. Il s'agit tout simplement de «pulser» plusieurs fois. Mettez dans un bol et
réservez au réfrigérateur avec le jus de citron, le sucre et le sel. Au moment de servir, ajoutez le mousseux et le cantaloup en
boules prélevées à la cuiller à tourner.
Garnissez d'amandes grillées et de feuilles
de menthe.

SOUPE DE CANTALOUP
AUX FRAISES ET AUX BLEUETS

1   kg (2 lb) de cantaloup
1   citron
1 ou 2 c. à soupe de miel
250 ml (1 t.) de vin mousseux
fraises, bleuets ou d'autres fruits
crème fraîche

Au robot, faites une purée avec le cantaloup, le jus de citron et le miel. Au
moment de servir, ajoutez le vin mousseux
et garnissez les bols de fruits. Proposez la
crème fraîche dans un autre bol.

CRÈME D'AVOCAT AU CITRON

1   l (4 t.) de purée d'avocat
4   citrons verts
4   c. à soupe de sucre

Cette recette, sucrée et acidulée, est la
crema de abacate si chère aux Brésiliens.

Choisissez quelques avocats parfaitement
mûrs. Passez-les au robot avec le jus des
citrons, assez longtemps pour réduire le
tout en une fine purée. Incorporez le sucre
et goûtez la soupe : s'il en manque,
ajoutez-en !

Le plein de soupe

Les petits pois cassés (en anglais *split peas*) sont des petits pois verts qu'on récolte à pleine maturité à la fin de l'été. Le sucre du légume s'est transformé en fécule ; le petit pois est presque sec, capable par conséquent de subir les assauts de l'hiver pour renaître au printemps. Mais voilà qu'on le débarrasse mécaniquement de son enveloppe de cellulose. Il se divise alors en demi-sphères qu'on satine par frottement afin d'aviver sa ravissante couleur : un vert pâle qui tient à la fois de l'avocat et de la Chartreuse. Les petits pois cassés sont du soleil en banque. Dieu sait combien il nous manque. Profitons-en !

POTAGE PICARD AUX PETITS POIS CASSÉS

500 g (1 lb) de petits pois verts cassés
1 l (4 t.) d'eau froide
1 pincée de fines herbes (thym, brindilles de romarin ou romarin sec) ou herbes de Provence
bouillon de légumes, consommé, lait ou eau
crème
sel et poivre
noix muscade
croûtons

Pour réussir un potage santé replet des parfums de l'été, quelques minutes vous suffiront.

Faites d'abord tremper dans l'eau fraîche les petits pois verts cassés pendant 1 h à peine. Une heure, voilà tout le temps qu'il faut pour les attendrir, sans quoi la fécule de vos pois cassés se transformerait en sucre : à la cuisson, vos petits pois fondraient. Votre potage ne serait qu'un désastreux brouet sucré indigne de votre savoir-faire culinaire. Rincez-les au robinet.

Dans une casserole à fond épais, recouvrez-les d'eau froide. Ajoutez une généreuse pincée de fines herbes : du thym tout simplement, quelques brindilles de romarin ou bien de l'origan sec. À moins que vous ne préfériez, comme moi, les fines herbes de Provence. Portez à ébullition et laissez mijoter 1 ou 2 min. Écumez. Couvrez et laissez frémir tout doucement, pendant le temps qu'il faudra pour que les petits pois s'attendrissent. Combien de temps ? Je n'en sais rien. Tout dépend en fait de leur âge et de leur mode d'entreposage. Une demi-heure à frémir suffit le plus souvent. Parfois, il faut attendre 1 h ou même un peu plus. Les pois seront prêts quand ils s'écraseront à la fourchette. Si nécessaire, pendant la cuisson, vous rajouterez de l'eau pour qu'ils restent immergés. Ça y est : les voilà tendres ? C'est le temps de les égoutter pour les passer à la moulinette grille fine ou mieux encore, au mélangeur ou au robot.

Pour un accompagnement qui conviendrait admirablement au jambon braisé, par exemple, il vous suffirait de réchauffer la purée en casserole, à feu moyen, à découvert. Du sel, du poivre et, bien sûr, un peu de beurre doux hors flamme en fin de parcours, pour l'onctuosité.

Pour faire un potage, il vous suffira tout simplement d'ajouter à la purée ce qu'il faut de bouillon, de consommé, de lait, ou tout simplement d'eau pour atteindre, comme on dit, la consistance désirée.

À feu moyen, en casserole, vous réchaufferez. Vous ajouterez peut-être un peu de crème. Vous salerez bien sûr. Vous n'oublierez pas le poivre et peut-être un soupçon de muscade.

Servi avec des croûtons, ce potage picard est exquis. J'aime bien pour ma part ajouter en toute fin de parcours un peu de jambon. Deux ou trois tranches minces, en fines lanières… Mieux encore : ajoutez 250 ou 500 ml (1 ou 2 t.) de petits pois congelés que vous laisserez mijoter 1 ou 2 min avant de servir. Charmant contraste de textures. L'onctuosité des pois cassés, les autres qui, sous la dent, éclatent.

Vous pourriez ajouter au potage 1/2 t. de riz à grains longs, celui de l'oncle Benoît, par exemple. Ne le cuisez pas trop. Qu'il reste ferme sous la dent. Ou garnissez chaque assiette de potage d'un œuf dur grossièrement haché. Heureux mariage : pour la couleur et pour le goût.

Les lentilles au panthéon

*Isaac, fils d'Abraham, eut deux fils :
Esaü, l'aîné, grand naïf, nomade, passionné de
chasse ; et son frère Jacob, qui préférait les
charmes assurés de la vie d'agriculteur pasteur.
Un jour, Esaü part à la chasse. Après quelques
jours, il rentre bredouille, l'estomac dans les
talons. Jacob à table le salue à peine, tout occupé
qu'il est à déguster d'humbles lentilles. Esaü en
demande. Jacob le futé se garde bien d'en donner
à son frère. L'occasion est trop bonne : son frère,
tiraillé par la faim, est une victime facile. Aussi
offre-t-il au malheureux chasseur d'échanger un
plat de ses lentilles contre son droit d'aînesse.
Esaü accepte le marché et fait d'une pierre deux
coups. Il savoure la soupe et accède au panthéon
de la fine cuisine. Vous chercherez Jacob en vain
dans le Larousse gastronomique. Par contre,
vous y trouverez Esaü sous « lentilles ». Ça
vaut bien mieux qu'un droit d'aînesse.*

*En matière de gastronomie, la Bible n'est pas de
tout repos. On nous cache malheureusement l'essentiel. Prenez l'histoire de la pomme. Adam
a-t-il cédé aux charmes de la Cortland, de la
Spartan, de la McIntosh ou de la Granny
Smith ? On n'en sait rien ! Et ces lentilles qui
pâmèrent Esaü étaient-elles vertes, brunes, jaunes
ou rouges ? Une question fondamentale qui
restera à jamais sans réponse. Quelle déveine !*

*Mais n'allez pas désespérer. Vous pourrez réussir
un savoureux potage avec des lentilles vertes ou
brunes. Les jaunes et les rouges ont moins de
goût...*

POTAGE AUX LENTILLES

300 g (10 oz)	de lentilles
2 l (8 t.)	d'eau froide
1 ou 2	carottes
1 ou 2	branches de céleri
1	oignon moyen
1	pincée de fines herbes

Rincez les lentilles à l'eau froide. Inutiles
de les tremper : voilà d'ailleurs qui les fait
fermenter. Dans une casserole à fond épais,
recouvrez-les d'eau froide. Ajoutez les
carottes pelées et tranchées en fines
rouelles, le céleri en petits dés, l'oignon
grossièrement haché et un blanc de poireau si vous en avez sous la main. Gardez-
vous bien de saler : le sel durcit les membranes des légumineuses et en ralentit la
cuisson. Ajoutez cependant une pincée de
fines herbes. Amenez à ébullition, écumez
à l'occasion et laissez frémir à couvert
jusqu'à ce que les lentilles soient tendres
à votre goût. Encore ici, impossible de prévoir le temps de cuisson. Si vous désirez

servir vos lentilles en salade (avec une vinaigrette bien relevée sur feuilles de laitue bien verte avec des lardons), ne les cuisez pas trop. Elles doivent être bien tendres, mais quand même résister un peu à la dent. Si vous voulez en faire une purée ou un potage, laissez cuire à doux frémissement jusqu'à ce que les lentilles cèdent sans résister à la pression de la fourchette.

Pour une purée de lentilles, procédez comme il est dit plus haut pour la purée de pois cassés. Égouttez les lentilles cuites, passez-les à la moulinette grille fine, au mélangeur ou au robot. En casserole, à feu moyen, laisser s'évaporer à découvert le surplus d'eau. Salez, poivrez, « muscadez » et ajoutez enfin une noix de beurre hors flamme.

Pour faire un potage Esaü, ajoutez au potage 110 g (1/2 t.) de riz à grains longs. Laissez frémir à peine. Une dizaine de minutes ou un peu plus…

FONDUE DE TOMATES AUX HARICOTS ROUGES

Une soupe-repas toute simple qu'on peut faire en quelques minutes. J'aime bien la servir sur une tranche de pain grillé. Avec du parmesan, c'est exquis ! C'est aussi délicieux servi sur des pâtes, comme on le fait en Sicile.

huile d'olive
1 petit oignon haché
1 ou 2 gousses d'ail

fines herbes
1 ou 2 boîtes de tomates italiennes
1 boîte de haricots rouges

À feu moyen, dans une casserole à fond épais, faites d'abord tomber dans un soupçon d'huile d'olive le petit oignon finement haché. Ajoutez, si le cœur vous en dit, 1 ou 2 gousses d'ail pelées, dégermées et finement hachées. Parfumez de fines herbes. Incorporez les tomates italiennes et laissez réduire à découvert pendant une dizaine de minutes. Mettez les haricots rouges que vous aurez d'abord égouttés, puis rincés à l'eau du robinet. Réchauffez le tout et servez !

LA RIBOLLITA TOSCANE

huile d'olive
2 ou 3 carottes
1 branche de céleri
3 ou 4 pommes de terre « de table »
bouillon de légumes, consommé ou eau salée
1 boîte de haricots blancs
pain de campagne

Laissez-moi vous proposer une autre soupe-repas d'inspiration italienne : ma version simplifiée de la ribollita toscane : une savoureuse soupe à la pomme de terre et aux haricots blancs servie sur de généreuses tranches de pain de campagne.

Dans une casserole à fond épais (j'ai l'étrange impression de me répéter), faites revenir dans un soupçon d'huile d'olive, pendant 1 ou 2 min à feu moyen, la branche de céleri taillée en petits dés, les carottes coupées en rondelles et les pommes de terre «de table» en petits dés. Celles à peau rouge ou à chair jaune «Yukon Gold» conviennent parfaitement. Il ne s'agit pas ici de cuire les légumes, mais tout simplement de développer toute leur saveur dans un peu de corps gras.

Après 2 ou 3 min de cuisson, recouvrez les légumes de bouillon, de consommé ou d'eau salée, et laissez mijoter tout doucement jusqu'à ce que les pommes de terre soient bien tendres. Ajoutez alors une boîte de haricots blancs que vous aurez d'abord égouttés et rincés au robinet. Réchauffez le tout et versez dans chaque assiette garnie d'une tranche de pain de campagne. Vous verrez : c'est tout à fait savoureux.

Des soupes-repas préparées en un tournemain

Pas nécessaire de passer des heures en cuisine pour apprêter des soupes-repas qui embaumeront toute la maisonnée. Avec des légumes d'hiver, les mêmes que ceux du pot-au-feu, je vous propose d'abord un bouillon « diététique » (plein de minéraux, de vitamines et sans corps gras !). Il servira ensuite de base pour la préparation ultra-rapide des soupes paysannes traditionnelles.

BOUILLON DE LÉGUMES «DIÉTÉTIQUE»

2	l (8 t.) d'eau froide
2	carottes en minces rondelles
2	branches de céleri en petits dés
2	poireaux moyens finement émincés
2	oignons jaunes grossièrement hachés
1	feuille de laurier

sel et poivre

Amenez tous les ingrédients à ébullition et laissez doucement mijoter à couvert pendant une vingtaine de minutes. Passez le bouillon à l'étamine ou au tamis, le saler et le poivrer au goût. On peut le servir chaud ou froid.

On peut aussi préparer un potage savoureux en réduisant, au robot ou à la moulinette, les légumes en purée que l'on ajoute au bouillon. Servez bien chaud, garnissez d'une noisette de beurre doux.

À moins qu'on ne choisisse de transformer ce bouillon de légumes tout simple en une des deux soupes-repas somptueuses que je vous propose. Il vous faudra à peine quelques minutes de plus.

Ma soupe de poisson à la provençale

2	l (8 t.) de bouillon de légumes et ses légumes
1	boîte de tomates italiennes
8	pommes de terre « russet » ou Yukon Gold, pelées et détaillées en dés
1	kg (2 lb) de morue ou d'aiglefin frais ou congelé
1	tranche de pain grillé par assiettée

gruyère ou emmenthal

Dans le bouillon de légumes et les tomates, laissez mijoter doucement les pommes de terre pendant une quinzaine de minutes : elles sont encore assez fermes sous la dent… Ajoutez le poisson frais ou congelé et laissez frémir doucement 2 ou 3 min si le poisson est frais, quelques minutes de plus s'il est congelé.

Garnissez le fond de chaque bol d'une tranche de pain grillé et saupoudrez généreusement de gruyère ou d'emmenthal râpé. Versez dessus la soupe bien chaude. Accompagnez de rouille.

Pour faire une rouille minute, il suffit d'ajouter à la fourchette, 2 gousses d'ail pressées et 2 c. à soupe de paprika hongrois bien parfumé à 250 ml (1 t.) de mayonnaise. Et le tour est joué.

Minestrone pour gens pressés

2	l (8 t.) de bouillon de légumes
1	kg (4 t.) de légumes frais ou congelés divers (haricots fins, maïs, fèves de lima, petits pois verts, etc.)
1	boîte de haricots blancs cuits à l'eau
1	boîte de haricots rouges cuits à l'eau
400	g (12 oz) de petites pâtes italiennes sèches (fusillis, macaronis, pennines…)

parmesan

Dans le bouillon qui mijote, faites cuire les légumes congelés pendant 3 ou 4 min. Rincez les haricots rouges et blancs. Ajoutez-les au bouillon avec les pâtes que vous aurez fait cuire al dente dans de l'eau salée.

Accompagnez de gremolata (voir la recette page 179) et de parmesan fraîchement râpé…

La verrue de Cicéron
ou la méprise du pois chiche

À la galerie des Offices de Florence, un Cicéron de marbre se prête impassible à la curiosité des *culturati* en visite. *« Quousque tandem Catilina, abutere patienta nostra. Quandiu etiam furor iste nos eludet. »* Voilà tout ce qui me reste de cette catilinaire, un «must» de rhétorique du temps béni/honni des collèges classiques. J'ai devant moi un Cicéron mûri au regard patricien plein de tendre ironie, celui qui va bientôt signer ces pages sublimes sur l'amitié vraie et la douceur quiète de la vieillesse.

Impertinent, je cherche en vain sur le nez du tribun la célèbre verrue si souvent évoquée dans la littérature gastronomique : une protubérance granuleuse, en forme de pois chiche qui aurait valu à cet orateur romain le sobriquet de «Cicéron» du mot latin «cice» : pois chiche. Le sculpteur aurait-il, par respect, transformé son ciseau en scalpel ? Eh bien, non ! Cicéron s'appelait Pois Chiche, comme son père et son grand-père… Tout le monde, aurait dit Brassens, peut pas s'appeler Corne d'Aurochs.

Cicéron n'avait pas de verrue. Voilà qui est bien triste pour ceux qui s'acharnent à surprendre… Mais, de toute évidence, le pois chiche prête à confusion.

À commencer par ce nom dont on l'affuble et qui induit une double méprise. Le pois chiche n'est pas un pois, même s'il pousse en gousse. Pas plus, d'ailleurs, qu'il n'est chiche. Rien n'est moins pingre que le pois chiche comme peuvent en témoigner, depuis des millénaires, les damnés de la terre qui, grâce à lui, en Afrique aussi bien qu'en Asie, ont échappé à la famine.

Nous sommes peut-être riches, mais nous manquons de temps. Tantôt vous serez quatre à table.

Vous n'avez rien préparé ? Pas de panique. Vous avez bien dans la « dépense » une boite de pois chiches, un boîte de tomates italiennes et des pâtes sèches ? Servez à vos convives des pâtes à la fondue de tomates aux pois chiches. Ils en seront ravis…

PÂTES À LA FONDUE
DE TOMATES
AUX POIS CHICHES

1   oignon moyen
huile d'olive
1   boîte de tomates italiennes
1   généreuse pincée d'herbes de Provence
1   boîte de pois chiches

Vous préférez les pâtes ? Pour une fondue minute de tomates aux pois chiches, faites d'abord tomber dans une casserole à feu moyen l'oignon finement haché dans un peu d'huile d'olive. Dès qu'il commence à dorer, ajoutez les tomates et les herbes. Laissez frémir à découvert pendant une quinzaine de minutes avant d'incorporer les pois chiches égouttés. Versez sur des pâtes *al dente*. Surtout ne pas oublier le parmigiano reggiano fraîchement râpé.

Dans le même esprit méditerranéen, je vous propose un repas vite fait et tout à fait exquis. Un couscous au jus d'orange garni de pois chiches et de raisins secs que vous pourrez servir avec des boulettes d'agneau en sauce tomatée. En guise d'accompagnement, le tzatziki !

COUSCOUS AU JUS D'ORANGE
GARNI DE POIS CHICHES
ET DE RAISINS SECS

500 ml (2 t.) de jus d'orange frais
430 g (2 t.) de couscous précuit
2   noix de beurre doux
1   boîte de pois chiches
165 g (1 t.) de raisins secs
quelques feuilles de menthe, basilic ou
     persil frais
1   orange

Pour 4 gourmands, amenez à ébullition dans une casserole à fond épais le jus d'orange frais. Retirez du feu et ajoutez d'un coup le couscous et le beurre doux. À la fourchette, soulevez les grains pour les séparer. En 2 ou 3 min c'est prêt. Garnissez de pois chiches que vous aurez amenés à ébullition avec les raisins secs avant de les égoutter.

Quelques feuilles de menthe, de basilic ou de persil frais, quelques tranches d'orange bien juteuse pelée à vif confèrent à cet humble plat l'élégance des jours de fête.

TZATZIKI

2   concombres
1   c. à thé de sel
yogourt
1 ou 2 gousses d'ail
poivre
persil plat ou menthe fraîche

Pelez les concombres bien frais et tranchez-les en deux sur la longueur pour les épépiner. Râpez-les grossièrement et saupoudrez-les de sel. Mettez-les à égoutter dans une passoire pendant une quinzaine de minutes.

Pressez-les fermement de vos blanches mains pour en extraire l'eau de végétation, puis ajoutez aux concombres pressés un volume égal de yogourt et de l'ail pressé. Poivrez au goût et garnissez de persil haché ou bien de feuilles de menthe fraîche…

BOULETTES D'AGNEAU EN SAUCE «TOMATÉE»

500 g (1 lb) d'agneau haché
sel et poivre
huile d'olive
1   oignon moyen
3 ou 4 c. à soupe de sauce Chili
1   généreuse pincée de cumin en poudre
125 ml (1/2 t.) de jus d'orange

Salez et poivrez l'agneau haché et faites de petites boulettes. Dorez-les à la poêle dans un soupçon d'huile d'olive. Réservez.

Dans la même poêle, faites tomber l'oignon grossièrement haché. Sitôt qu'il commence à dorer, ajoutez la sauce Chili et parfumez de cumin en poudre. Ajoutez le jus d'orange pour obtenir une sauce légère et onctueuse.

La folle avoine et compagnie

Découvrant cette exquise graminée que les Amérindiens moissonnaient à l'automne en canot d'écorce sur les berges des rivières et sur les abords marécageux des lacs, nos ancêtres la baptisèrent joliment du nom de folle avoine. Parce qu'elle poussait les pieds dans l'eau, les Anglais crurent qu'il s'agissait tout simplement de riz poussant ici à l'état sauvage. L'interprétation anglaise bien sûr s'imposa non pas par sa justesse, mais comme simple effet de conquête. En fait, la graminée en question n'appartient ni à la famille de l'avoine ni à celle du riz. Il s'agit plutôt d'une sorte d'ivraie ou de zizanie aquatique.

Malheureusement, l'usage anglais s'est imposé, non seulement dans la langue, mais dans la cuisine, de telle sorte qu'on nous propose aujourd'hui d'abominables mélanges en boîtes de riz à grains longs et de «riz» sauvage. On le fait cuire chez soi le temps qu'il faut pour le riz blanc. Le riz sauvage n'a pas le temps de cuire : on s'y casse les dents.

Pour réussir votre riz sauvage, vous aurez d'abord l'excellente idée de le mettre à tremper dans l'eau tiède pendant 12 h au moins. Pour 4 à 6 personnes, il vous faudra 1 tasse et demie ou 2 (350 à 500 millilitres) de riz. À 3 ou 4 reprises, vous changerez l'eau de trempage. L'opération a pour but d'attendrir la pellicule de son en surface et surtout d'éliminer l'amertume naturelle du «riz». Vous vous étonnerez de constater que la première eau de trempage a bruni. Vos narines palpiteront, reconnaissant une étrange odeur de forêts et de lacs : ça fleure le foin coupé qui macère au soleil, la mousse de tourbe et les feuilles mortes dans les sous-bois d'automne. L'eau de trempage sent bon, mais Dieu qu'elle est amère.

Ça y est. Au moins 12 h ont passé. Égouttez votre riz et faites-le tout doucement mijoter dans le bouillon de votre choix : de l'eau salée tout simplement, à moins que vous ne préfériez le bouillon de poulet ou de légumes, le consommé de bœuf ou le jus de fruit, le jus d'orange ou de pomme, c'est exquis ! Dans une casserole à fond épais (pour éviter qu'il ne colle au fond), recouvrez votre riz de 4 t. de votre bouillon d'élection. Amenez à ébullition et laissez frémir tout doucement à couvert pendant une vingtaine de minutes. C'est le temps d'y goûter. S'il vous semble déjà passablement attendri, continuez la cuisson à découvert pendant le temps qu'il faudra pour que le riz absorbe le liquide. Si, au contraire, le riz vous semble encore bien revêche, continuez la cuisson à couvert en ajoutant, si nécessaire, un peu plus de liquide. Goûtez à l'occasion. Le riz est presque tendre ? C'est le temps, vous l'aurez compris, de terminer la cuisson à découvert. De grâce, n'allez pas trop cuire votre riz. Il doit être tendre sans fondre en gruau. Ça y est, le riz est prêt ? Égouttez, salez et poivrez au goût, et surtout n'oubliez pas d'ajouter une généreuse noix de beurre doux !

J'aime bien ajouter au riz sauvage, en fin de cuisson, des fruits secs (des abricots ou, par exemple, des pruneaux) que j'aurai bien sûr fait d'abord tremper à l'eau tiède.

J'aime bien en d'autres occasions ajouter au riz quelques marrons cuits achetés en boîte ou mieux encore sous vide.

Vous n'êtes pas sans savoir qu'on produit depuis quelques années au Québec des foies gras de canard qui n'ont vraiment rien à envier aux foies tant célébrés d'Alsace ou du Périgord. Voilà qui est d'autant plus réjouissant qu'on nous propose par conséquent les magrets de ces canards gavés qu'on peut apprêter à la maison en un tourne-main. La ferme Belbec, par exemple, produit ici des foies gras de canard et des magrets qui tiennent du sublime. On les trouve chez Adélard Bélanger au marché Atwater. Au temps des fêtes, je ne saurais vous proposer meilleur plat de réjouissance.

MAGRET DE CANARD POÊLÉ EN AIGUILLETTES

Pour 2 ou 3 personnes vous choisirez, un magret bien dodu et bien gras. Une heure avant de le cuire, le réserver au comptoir. Vous le trancherez en 2 ou 3 steaks que vous frotterez des deux côtés de quelques grains de poivre noir grossièrement écrasés. Armé d'un couteau bien tranchant, vous pratiquerez à la surface de la peau quelques incisions en losange pour permettre à la peau soumise à la flamme de rétrécir sans déformer la viande. On fait cuire les magrets comme des steaks. À feu moyen, faites d'abord bien chauffer le poêlon. Déposez par-dessus les magrets, d'abord côté peau. Ça y est : la graisse s'est aussitôt mise à fondre. Vous voilà rassuré! Quelques minutes ont passé? C'est le temps de retourner vos magrets et de les laisser cuire pendant 5 ou 6 min encore. Le temps en tout cas qu'il faudra pour obtenir une cuisson telle que vous la désirez. Comme le steak, vos magrets seront meilleurs si vous les servez bien saignants. Ça y est! Retirez vos magrets de la poêle et gardez-les en attente pendant 5 min au moins, pour que la chaleur et le sang se répartissent uniformément dans la chair. À l'aide d'un couteau bien coupant, tranchez la viande en fines aiguillettes et servez-la aussitôt accompagnée de riz sauvage et de sauce que vous aurez bien sûr préparée à l'avance.

«Du consommé en boîte! Du ketchup!» Tant pis pour lui!

Pour une sauce parfumée à l'orange, ajoutez tout simplement 250 ml (1 t.) de jus frais en même temps que le consommé. Garnissez vos magrets de tranches d'oranges pelées à vif que vous aurez tout simplement réchauffés dans la sauce.

Pour une sauce exquise aux raisins frais, ajoutez à la sauce 175 à 350 g (1 ou 2 t.) de raisins sans pépins: rouges ou verts. Laissez-les tout simplement chauffer dans la sauce sans pour autant les cuire. Les raisins verts prendront à la chaleur une belle couleur blonde, tandis que la chaleur ravivera l'écarlate de vos raisins rouges.

SAUCE MINUTE À VOTRE GOÛT

3   c. à soupe de sucre
2   c. à soupe de vinaigre fin
1   boîte de consommé de boeuf
1   pincée d'herbes fines
1 ou 2 c. de ketchup ou de sauce chili

Dans une petite casserole à fond épais, faites d'abord caraméliser à feu moyen le sucre mouillé de vinaigre fin. Laissez caraméliser sans y toucher. Sitôt que le sucre a pris une belle couleur d'ambre, versez le consommé et sans doute une pincée de l'herbe fine de votre choix. Laissez mijoter doucement et réduire des 2/3 avant d'ajouter, pour épaissir un peu la sauce, le ketchup ou mieux encore, la sauce Chili. Je sais, Escoffier se retourne dans sa tombe:

CARRÉ D'AGNEAU MARINÉ AUX FINES HERBES

Vive l'agneau frais du Québec, pour son goût fin et pour son incroyable tendreté ! Il vous faudra 1 carré pour 2 gourmands ou 3 gourmets.

2 ou 3 c. à soupe de moutarde de Dijon
     par carré d'agneau
5 ou 6 c. à soupe de chapelure fine

La marinade :
250 ml (1 t.) de vin rouge bien charpenté
1   oignon finement haché
1   branche de céleri
1 ou 2 carottes en petits dés
1   pincée d'herbes de Provence

Pour la marinade, mélangez dans un bol le vin rouge, l'oignon, le céleri et les carottes en petits dés. Ajoutez une généreuse pincée d'herbes de Provence. Au comptoir, pendant 1 h ou 2, faites mariner votre carré. Réservez la marinade.

Essuyez bien la viande et « moutardez-la » généreusement côté gras et surtout aux extrémités. Pour un carré : 2 ou 3 c. à soupe de moutarde de Dijon. Saupoudrez d'herbes de Provence et de 5 ou 6 c. à soupe de chapelure fine, vous assurant, de la paume de la main, qu'elle adhère bien à la pièce de viande. Hop, à four chaud : 350 °F, 30 min pour une viande saignante ou 35 min, si vous avez le bon goût de préférer l'agneau rosé.

Réservez votre carré au comptoir, ou mieux encore, dans votre four éteint, la porte ouverte, pour que la chaleur et le jus se distribuent uniformément dans la viande. Servez avec une sauce toute simple que vous aurez préparée avec la marinade.

Pour faire la sauce, ajoutez à la marinade une boîte de consommé de bœuf. Amenez à ébullition et laissez mijoter tout doucement à découvert pendant une vingtaine de minutes. Passez la sauce au tamis et servez aussitôt. Et surtout, ne me parlez plus d'Escoffier !

Les œufs sont faits !

Tous les «cholestérophobes» vous le diront: «Qui mange un œuf mange un bœuf! Autant manger de l'arsenic!» À bannir, nous disent ces zélotes, le porc et le bœuf. Le poulet? Peut-être une fois par semaine. Surtout, qu'il soit bouilli. Oubliez cette peau rôtie croustillante, qui fait tant plaisir, ce sont là bonheurs suicidaires! À bannir, le beurre, la crème et les fromages. Mais sous prétexte de prolonger la vie, on veut nous faire mourir d'ennui. Pas de plaisir au pays des œufs interdits!

Permettez-moi de résister. Aucune des recettes que je vous propose ne figure au palmarès de ces nouveaux inquisiteurs qui ignorent ou feignent d'ignorer que votre taux de cholestérol a peu à voir avec celui que vous consommez. Les experts vous disent que vous ne devriez pas manger plus de quatre œufs par semaine et vous les écoutez? Fort bien. Mais au moins, qu'ils soient bons!

Ah ! l'œuf poché

Pendant longtemps, pocher un œuf m'a semblé tenir de la prestidigitation. J'avais beau m'en tenir à la recette (pour une fois !) et me mettre en état en m'adonnant à la méditation transcendantale, rien n'y faisait : les jaunes collaient au fond de la casserole, les blancs se répandaient comme du papier mouchoir. Pire encore, si d'aventure l'œuf avait gardé un tant soit peu sa forme, persistait un désagréable goût de vinaigre industriel ! Pouache !

Les sapientaux vous le diront : pour bien pocher, l'œuf doit être frais du jour. Au pire, qu'il ait été pondu la veille. Allais-je donc me tapir dans le poulailler et aller cueillir l'œuf sous le cul de la poule ? Eh bien, non ! N'écoutant que mon impudence, je m'acharnais à vouloir pocher convenablement les œufs qu'on trouve en ville. Un entêtement qui a porté fruits puisque me voilà prêt à vous proposer ma manière de faire.

Voici d'abord quelques secrets : pochez vos œufs un à un dans une petite casserole antiadhésive. Il vous faudra au moins 8 cm d'eau bien vinaigrée, c'est-à-dire 250 ml (1/2 t.) de vinaigre blanc pour 1 1/2 l (6 t.) d'eau frémissante. Surtout, ne salez pas l'eau : le sel favorise la dispersion de l'albumine. Vous cassez l'œuf dans une tasse, en attente. Vous le versez ensuite très près de la surface de l'eau, pour éviter qu'il ne tombe droit au fond. Vous aidez le blanc à se tenir tout près du jaune à l'aide d'une cuiller. Dès que le blanc a figé (3 ou 4 min), retirez l'œuf avec une cuiller à égoutter et plongez-le aussitôt dans l'eau glacée. La cuisson cesse d'un coup, le vinaigre disparaît : le tour est joué ! Vous pouvez ainsi pocher vos œufs d'avance et les conserver au frigo pendant 24 h. Si vous voulez les servir chauds, vous n'aurez qu'à les plonger avant de servir dans l'eau bien chaude, mais non bouillante. Ils se réchaufferont sans cuire davantage.

J'aime bien servir ces œufs pochés froids, tièdes ou chauds sur feuilles de laitue avec des croûtons frits. Pour un repas plus élaboré, je les sers à la bénédictine, chauds sur du pain grillé, nappés de hollandaise. Il m'arrive aussi de remplacer le pain grillé par des moitiés de tomates bien fermes, réchauffées quelques minutes à la poêle dans un peu de beurre doux.

ŒUFS EN GELÉE POUR GENS PRESSÉS

4   œufs pochés
quelques brins de persil plat
poivre du moulin
1   boîte de consommé de bœuf

Asséchez les œufs. Huilez légèrement 4 ramequins et mettez une feuille de persil plat au fond de chacun. Posez l'œuf dessus. Poivrez. Recouvrez de consommé. Laissez prendre au frigo. Démoulez, renversez et servez sur une feuille de laitue.

SAUCE HOLLANDAISE

*Monter une hollandaise traditionnelle n'est pas
de tout repos ! Un seul moment de distraction et
ça y est, la sauce a tourné. Mais rassurez-vous :
grâce au robot culinaire, je vous jure que vous
réussirez en quelques minutes à peine. Plus
question de vous priver de cette sauce si délicieuse sur des asperges ou du saumon à peine
poché. Et à vous les œufs bénédictine.*

3   jaunes d'œufs à température
     ambiante
le jus d'un demi-citron
1 ou 2 pincées de sel
poivre du moulin
185 g (6 oz) de beurre doux

Réservez les jaunes d'œufs dans le récipient
du robot culinaire. Dans une petite casserole, faites réduire à feu moyen le jus de
citron, le sel et le poivre. Il ne reste que
quelques gouttes ? C'est le temps d'ajouter
le beurre et de le porter à ébullition. Mettez
le robot en marche et versez le beurre par le
goulot. Il cuira les jaunes sans qu'ils coagu-
lent et la sauce deviendra onctueuse en
quelques secondes. Si elle vous semble trop
liquide, versez-la dans la casserole encore
chaude qui contenait le beurre fondu et
battez-la au fouet en la chauffant quelques
secondes à feu doux. Voilà !

SAUCE BÉARNAISE

3   jaunes d'œufs à température ambiante
1 ou 2 échalotes grises finement hachées
60   ml (1/4 de t.) de vinaigre de vin
60   ml (1/4 de t.) de vin blanc sec ou
     de sherry
1   pincée de sel
poivre du moulin
1   généreuse pincée d'estragon sec ou
1   vingtaine de feuilles d'estragon frais
185 g (6 oz) de beurre doux

À feu moyen, faites réduire presque à sec
l'échalote, le vinaigre, le vin, le sel, le
poivre et l'estragon. Ne reste plus qu'un
peu de compote d'échalotes et 1 c. à soupe
de liquide. Le moment est venu d'ajouter
le beurre et de le faire fondre. Versez le
tout sur les jaunes d'œufs dans le récipient
du robot culinaire et procédez ensuite
comme dans la recette précédente.

ŒUFS FRITS
À LA NEW-YORKAISE

Pourquoi à la new-yorkaise ? On n'en sait rien, et on s'en fout. Rien de plus simple à préparer. Vous faites frire les œufs un par un dans une petite casserole contenant au moins 8 cm d'huile très chaude (350 °F). Dès que le blanc a figé, après 3 ou 4 min, déposez-les sur du papier absorbant. Servez-les sur de belles tranches de pain croûté, grillées et nappées de béarnaise. C'est délicieux. Parlez-en à votre cardiologue !

LES ŒUFS POCHÉS
EN PURGATOIRE

Allumez le four à 400 °F. Versez un litre (4 t.) de sauce tomate bien chaude dans un plat assez grand pour accueillir les œufs. À l'aide d'une cuiller, créez 8 «nids». Dans chaque nid, mettez un œuf. Faites pocher au four 5 ou 6 min, assez longtemps pour que les blancs prennent et que les jaunes restent bien coulants. Saupoudrez de parmesan et servez.

PIPERADE BASQUAISE

2	c. à soupe d'huile d'olive
1	oignon espagnol grossièrement haché
3	poivrons rouges ou verts en lanières
2	gousses d'ail pelées, dégermées et broyées
1	boîte de tomates italiennes
1	pincée de thym ou d'origan
1	pincée de poivre de Cayenne ou quelques gouttes de Tabasco
8	œufs
sel et poivre au goût	
4	noix de beurre doux bien froid
6	tranches fines de jambon cru en lanières

À feu moyen, faites d'abord suer les oignons et les poivrons dans l'huile. Ajoutez l'ail et laissez-le dorer très légèrement. Et puis c'est au tour des tomates et des épices que vous laissez mijoter doucement à couvert pendant 30 min. Découvrez et laissez ensuite frémir pour épaissir la sauce. Réservez et laissez tiédir.

Dans un grand bol, fouettez les œufs sans les faire mousser. Salez, poivrez, ajoutez le jambon en lanières et la réduction de tomates et mélangez bien. Ajoutez le beurre en petits morceaux au mélange et faites cuire à feu très doux dans une poêle antiadhésive en brassant à la spatule. Au cours de la cuisson, le beurre fondra et s'intégrera pour créer une piperade d'une surprenante onctuosité.

TORTILLA ESPAÑOLA

Comme sa cousine italienne, la frittata, la tortilla espagnole peut être servie chaude ou mieux encore, tiède. Il s'agit moins d'une omelette que d'une sorte de gâteau aux œufs tout doucement cuit à la poêle. Je vous propose une version classique aux pommes de terre.

4   belles pommes de terre Idaho
500 ml (2 t.) d'huile d'olive
8 à 10 œufs
8 à 10 c. à soupe d'eau
6   tranches fines de jambon de Parme,
        de Bayonne ou de Paris

Pelez les pommes de terre et tranchez-les finement. Faites chauffer l'huile dans une poêle antiadhésive. Elle doit être bien chaude, mais non fumante. Versez d'un coup toutes les tranches de pommes de terre, remuez-les à la spatule pour qu'elles cuisent uniformément sans pour autant dorer. Dès qu'elles sont cuites, égouttez-les à la passoire et laissez-les tiédir. Ces pommes de terre à l'huile vous inquiètent. Trop gras, me dites-vous! Mais n'allez surtout pas modifier la recette en faisant cuire vos pommes de terre à l'eau. Ce ne serait pas bon. Je le sais, j'ai essayé!

Dans un grand bol, battez les œufs et l'eau à la cuiller de bois sans les faire mousser. Ajoutez les pommes de terre et mélangez bien en prenant soin de ne pas abîmer les tranches. Jetez-y le jambon en lanières et réservez. Faites fondre à feu moyen une noix de beurre et 1 c. d'huile d'olive dans une grande poêle antiadhésive. Sitôt que le beurre a fini de mousser, versez d'un coup la tortilla. Laissez cuire doucement sans brasser, jusqu'à ce que la chaleur parvienne en surface. Passez ensuite sous le gril une minute pour dorer le dessus. Servez-la aussitôt ou laissez-la refroidir dans la poêle et démoulez-la au moment de servir.

Il existe autant de versions de la tortilla que de cuisinières espagnoles. À votre tour d'improviser en remplaçant les pommes de terre par des poivrons sautés ou des tomates. À moins que vous ne préfériez les cœurs d'artichauts, les asperges ou même les haricots verts. Avec les fruits de mer, c'est également délicieux.

Divines quenelles

Les gnocchis sont des quenelles fines et légères faites de pomme de terre, de farine et d'œufs qu'on fait pocher dans l'eau salée. On les sert tout simplement arrosées de beurre fondu et saupoudrées de parmesan. On peut les farcir, les colorer, les gratiner, les servir en sauce… Comme des pâtes. Ça tombe bien. C'en sont!

La pomme de terre est un légume tige. Les tubercules qui poussent dans la terre sont des tiges modifiées qui servent à emmagasiner des réserves de sucre et de fécule. Et puisque le sujet vous intéresse, sachez que contrairement à la plupart des sénateurs, la pomme de terre est un légume vivant qui non seulement respire, mais sait en plus s'adapter aux conditions climatiques. Elle peut ainsi passer l'hiver pour renaître au printemps. Pour employer une

métaphore facile, disons que la pomme de terre est une usine-laboratoire où des enzymes s'affairent à des tâches apparemment contradictoires. Ainsi, tandis que certaines enzymes transforment en sucre la fécule du tubercule, d'autres au contraire font du sucre avec la fécule. Au risque de simplifier par trop la cybernétique complexe du tubercule, laissez-moi vous dire que le froid augmente la proportion du sucre tandis que la chaleur, au contraire, accélère la transformation du sucre en fécule. Voilà pourquoi il ne faut jamais conserver ses pommes de terre au frigo, à moins de vouloir en faire des «patates sucrées». Voilà aussi pourquoi il ne faut jamais entreposer ses pommes de terre plus que quelques jours à la chaleur douce de votre cuisine. Il fait trop chaud! Voilà pourquoi

vos pommes de terre en quelques jours rabougrissent, «farinent» et germent. À moins d'avoir accès au caveau de grand-mère, on achètera par conséquent ses pommes de terre en petite quantité, à la petite semaine. On pourra ainsi choisir celles qui conviennent. Plus riche en sucre, la pomme de terre dite «de table» sera à son meilleur si on la cuit à grande eau salée ou bien à la vapeur, on la servira alors chaude au beurre persillé ou froide en salade. Pour toutes les autres préparations, on choisira plutôt des pommes de terre «farineuses», riches en fécule.

Pour faire des gnocchis, la pomme de terre «russet» dite aussi «Idaho» convient parfaitement. C'est la pomme de terre idéale pour cuire au four «en robe des champs». On en fera sans doute des frites savoureuses puisqu'elle est à la fois riche en fécule et pauvre en sucre. En haute friture, elle pourra par conséquent cuire à cœur avant de caraméliser en surface. Le résultat: des frites dorées et croustillantes qui fondent sous la dent. La «russet» fait aussi une purée admirable: sa chair est friable. Ça tombe bien puisque les gnocchis sont justement des quenelles faites de pommes de terre écrasées auxquelles on ajoute de la farine et peut-être des œufs.

Pour 4 à 6 convives, vous choisirez donc avec soin 4 ou 5 «belles» pommes de terre «russet»: au poids, à peu près 1 kilo (2 lb). Ces pommes de terre, vous les brosserez bien avant de les peler et de les trancher en quartiers. Pour assurer une cuisson uniforme, vous les recouvrirez d'eau bien froide que vous amènerez à ébullition. Pour éviter la décoloration du métal, on vous

conseillera d'attendre l'ébullition avant d'ajouter le sel, au goût. Vous recouvrirez ensuite la marmite et laisserez mijoter tout doucement jusqu'à ce que les légumes soient tendres à la fourchette sans pour autant s'effondrer. Temps de cuisson? Une vingtaine de minutes.

Ça y est! «Les patates sont cuites!» *Subito presto,* égouttez-les. Remettez-les aussitôt en casserole à feu moyen pendant 1 min ou 2 pour favoriser l'évaporation du surplus d'eau avant d'écraser vos légumes. Une purée bien sèche exigera bientôt une moindre quantité de farine. Vos quenelles seront plus légères. Vous vous en réjouirez!

Vous écraserez vos pommes de terre au pilon (conçu «à cet effet») ou bien vous les passerez au tamis à pression (le *ricer* comme on dit en anglais), à moins que vous ne préfériez la moulinette grille fine. N'allez surtout pas réduire vos pommes de terre en purée au robot culinaire. La lame de métal et même l'hélice en matière plastique font éclater les parois cellulaires du légume, libérant ainsi la fécule. Le résultat: de la colle! Voilà pourquoi je vous conseille d'éviter le malaxeur ou la mixette, même si vous faites tourner les fouets à vitesse réduite. Vous écraserez vos pommes de terre encore toutes chaudes et les mettrez à refroidir dans un grand bol ou sur une plaque à biscuit afin de permettre à la vapeur de s'échapper. Rappelez-vous: une purée bien sèche permettra de réduire l'apport de farine.

Vos pommes de terre refroidies attendent patiemment que vous vous décidiez enfin à ajouter la farine. Il en faudra à peu près 2 t. Peut-être un peu moins. Peut-être

un peu plus. Versez d'abord sur les pommes de terre écrasées 1 3/4 t. de farine. Mélangez «du bout des doigts» en évitant de pétrir la pâte. Une pâte trop «travaillée» devient collante: il faut alors augmenter l'apport de farine. Ça y est: vous avez obtenu une pâte homogène, à la fois molle et encore friable. Voici venu le temps d'ajouter peut-être des œufs.

Parlons d'œufs justement. Faut-il en ajouter? Pour certains experts, la grande Marcella Hazan par exemple, l'addition de jaunes ou d'œufs entiers à la pâte à gnocchis tient de l'hérésie. «Voilà, vous diront-ils brandissant l'anathème, qui alourdit inutilement la pâte et qui donne aux gnocchis une texture caoutchouteuse.» Mais d'autres vous diront que l'apport de jaunes ou d'œufs entiers est essentiel pour obtenir une pâte qui se tienne. Une pâte plus malléable, facile à travailler. Une pâte qui surtout passera l'épreuve du pochage sans s'effondrer. On conviendra bien sûr que l'apport d'œufs «alourdit» la pâte, la rend plus «élastique» si vous voulez. «Mais justement, concluront-ils, des gnocchis transcendants résistent un peu à la dent.»

Pour des gnocchis si fragiles qu'ils fondent dans la bouche, faites comme Marcella: n'ajoutez pas d'œufs. Pour des gnocchis si consistants que leur texture s'apparente à celle des pâtes *al dente,* faites comme Arrigo Cipriani du Harry's Bar à Venise: ajoutez 6 jaunes d'œufs à la pâte.

Pour le meilleur des deux mondes: des gnocchis qui fondent en bouche, mais qui offrent quand même une certaine résistance sous la dent, ajoutez tout simplement 2 œufs battus en omelette à votre mélange de pommes de terre et de farine.

Que vous ajoutiez des jaunes ou des œufs entiers, versez-les tout simplement sur la pâte que vous travaillerez encore du bout des doigts jusqu'à l'obtention d'une pâte homogène. Vous n'aurez plus enfin qu'à ajouter juste ce qu'il faudra de farine pour que la pâte tienne assez afin de pouvoir facilement la rouler : 1/4 de t. de farine ou un peu plus.

Pour façonner vos gnocchis, prélevez une petite boule de pâte grosse comme une balle de golf. Sur un plan de travail fariné, roulez à la paume votre boule « en cigare ». Ainsi roulée dans la farine, la pâte tantôt molle se tient mieux. Assez pour que vous puissiez, sans problème, trancher au couteau le « cigare » en petites bouchées grosses comme un œuf de caille. À la fourchette, aplatissez légèrement vos œufs de pâte pour former des cannelures. L'opération n'a pas qu'une fonction esthétique : les nervures ainsi pratiquées retiendront mieux la sauce. Vous n'avez plus maintenant qu'à pocher vos gnocchis.

Dans une grande casserole, amenez à ébullition de l'eau froide. Salez. Dans l'eau qui s'agite à gros bouillons, laissez tomber une vingtaine de quenelles. À la cuiller de bois, brassez doucement pour éviter que les quenelles au fond ne s'agglutinent. En 2 ou 3 min, vos quenelles cuites remontent à la surface. Laissez-les flotter et cuire encore 1 min de plus avant de les prélever à l'écumoire ou à la cuiller percée. Égouttez bien. Vous n'avez plus qu'à verser dessus un peu de beurre fondu. Saupoudrez de parmigiano reggiano ou de grana padano. Si le cœur vous en dit, faites gratiner 1 min ou 2 en glissant le plat de service immédiatement sous la rampe du grill à chaleur maximale.

Comme les pâtes maison, les gnocchis se prêtent à d'infinies variations. On pourra, par exemple, ajouter à la pâte un peu d'épinards blanchis, égouttés et finement hachés. Voilà qui est fort bon ! Des épinards congelés conviennent parfaitement. Inutile alors de les blanchir, puisqu'ils le sont déjà. On décongèle. On presse ensuite entre les mains pour extraire le maximum d'eau de végétation. On hache ensuite très finement. On ajoute tout simplement à la pâte en fin de parcours. J'aime bien servir ces quenelles sur une sauce « Caruso ».

On fait tomber en casserole un oignon finement haché dans un soupçon d'huile ou de beurre. On ajoute à l'oignon 1 ou 2 gousses d'ail pelées, dégermées et finement hachées. On ajoute aussitôt une boîte de tomates italiennes. Une pincée de fines herbes. On sale au goût. On ajoute une pincée de sucre pour contrer l'acidité des tomates. On laisse doucement mijoter à découvert pendant une quinzaine de minutes. On ajoute enfin 125 ml (1/2 t.) au moins de crème à 35 %, on laisse mijoter encore un peu. Ne vous inquiétez pas. Ça ne tournera pas. Touche finale : quelques gouttes de vodka ajoutées à la sauce au moment de servir font merveille.

La polenta, fleur de maïs

Pour Claudio, heureux homme.

Sous prétexte de vérité, on vous dira que la polenta, c'est de la bouillie de maïs. On ajoutera que c'est un mets d'origine paysanne, toujours populaire dans le Nord de l'Italie, où il remplace les pâtes et le pain. De la bouillie de maïs? Oui, mais quelle bouillie! J'y ai goûté la première fois chez mon amie Marie Luca. Je vous y emmène. Allons la surprendre dans sa cuisine…

LA POLENTA DE MARIE LUCA

Pour 6 à 8 personnes :
330 g (1 1/2 t.) de semoule de maïs
2   l (8 t.) d'eau ou
2   l (8 t.) de consommé de bœuf ou
      de bouillon de poulet ou

500 ml (2 t.) de vin blanc
1 1/2 l (6 t.) d'eau
1   c. à thé de sel

On prépare traditionnellement la polenta dans une grande marmite de fonte émaillée ou de cuivre non étamé suspendue dans l'âtre. La marmite, dit-on, confère à la polenta un petit goût de je ne sais quoi. «Pour réussir la polenta, me dit Marie Luca : trois ingrédients essentiels : de l'eau, de la semoule de maïs et deux bons bras!» Elle amène d'abord l'eau à ébullition. Pendant quelques secondes, elle paraît se recueillir puis, comme pour conjurer les démons, elle y jette un peu de sel. Ça y est : le sort en est jeté : le corps à corps commence. Armée d'une longue cuiller de bois en forme de spatule, qui permet de racler le fond du chaudron pour empêcher la polenta de coller, Marie brasse l'eau d'un grand geste circulaire jusqu'à ce qu'elle crée un tourbillon. Tout en continuant à brasser d'une main, elle laisse tomber de l'autre la semoule dorée « en pluie » (*in pioggia*). Dès que la semoule entre en contact avec l'eau, elle se gonfle.

Vigilante, Marie surveille : si des grumeaux se forment, elle les écrase aussitôt de sa cuiller contre la paroi de la marmite. La bouillie épaissit à vue d'œil et de gros bouillons se forment, qui viennent éclater en surface. On dirait la lave d'un volcan. C'est le temps de diminuer la flamme. Et Marie de brasser, inlassablement, pendant 30 ou 40 min, jusqu'à ce que la masse commence à se détacher des parois.

Après 30 min, la polenta serait prête, mais Marie insiste pour brasser une dizaine de minutes de plus. La polenta perdra ainsi toute trace d'amertume et le parfum sucré du maïs pourra prendre toute son ampleur.

Ça y est. C'est prêt. Marie dépose la polenta à la cuiller dans chacune des assiettes. Sur chaque nid, elle pose 2 cailles : aujourd'hui, c'est la polenta aux petits oiseaux. L'autre jour, elle avait servi la polenta molle en gnocchis arrosés de sa sauce tomate aux anchois. Il lui arrive aussi parfois de remplacer l'eau de cuisson par du bouillon de poulet ou du consommé de bœuf, ou alors une partie de l'eau par du vin blanc sec : la polenta ainsi aromatisée accompagne parfaitement poissons et crustacés…

POLENTA POUR GENS PRESSÉS

J'ai étonné un jour Marie Luca en lui servant sans le lui dire une polenta minute. Le résultat est surprenant : ça a presque autant de vertus que la « vraie » polenta. Comme la semoule minute est plus fine, sa texture a peut-être moins d'intérêt, mais c'est à peine perceptible ! « Tu m'as convertie », de me dire Marie ! Pour faire l'équivalent de sa recette avec de la polenta minute (que vous trouverez dans les bonnes épiceries italiennes), il vous faudra :

2   l (8 t.) d'eau
1   c. à thé de sel
500   g (2 1/4 t.) de semoule précuite

Vous amenez l'eau salée à ébullition. Dès qu'elle bout, vous retirez la casserole du feu. Vous versez une pluie de semoule précuite sur l'eau en ne cessant pas de brasser. Vous écrasez s'il le faut les grumeaux contre la paroi de la casserole. Vous remettez sur le feu et faites cuire 5 ou 6 min en brassant. Le tour est joué !

La polenta traditionnelle ou la version minute peut être servie telle quelle, c'est-à-dire molle, mais on peut aussi faire comme Marie et la refroidir pour qu'elle forme une sorte de pain. Vous n'avez alors qu'à verser la polenta chaude dans un contenant en Pyrex ou en métal que vous aurez rincé à l'eau froide sans l'essuyer. Vous la laissez refroidir sur le comptoir et la mettez ensuite au frigo pour quelques heures. Elle se démoulera facilement. Vous en ferez ensuite des tranches d'un centimètre ou un peu plus d'épaisseur, que vous ferez griller au four ou frire à la poêle dans l'huile d'olive comme on le fait en Toscane. Vous pouvez servir la polenta en guise d'accompagnement avec des plats en sauce ou en entrée, tartinée de beurre, de fromage (un peu de gorgonzola, par exemple) ou garnie de quelques noix de Grenoble.

POLENTA MOLLE

Difficile de trouver de la polenta instantanée. La solution ? Le micro-onde. J'ai horreur de ce bidule dont il paraît qu'on raffole pour réchauffer le café et décongeler la dinde… Mon amie Josée s'en sert pour faire fondre le chocolat et il m'arrive quant à moi d'y mettre à réchauffer des restes de riz ou de pâtes… Aussi je ne suis pas peu fier de vous proposer ici deux recettes de polenta au micro-onde qui vous permettront de faire pour une fois bon usage de cette satanée invention. Voilà aussi qui vous permettra de préparer ce mets exquis en un tournemain.

Pour 4 à 6 personnes :
1   l (4 t.) d'eau
165 g (3/4 de t.) de semoule de maïs
2   c. à thé de sel
du poivre au goût
4   généreuses noix de beurre doux

Dans un bol en Pyrex ou dans un moule à soufflé en porcelaine de 2 l, mélanger l'eau, la semoule et le sel. Mettre au micro-onde à puissance maximale pendant 6 min. Mélangez bien à la spatule pour éliminer les grumeaux et remettre au four à la puissance maximale pour 6 min de plus. Ajouter le beurre et le poivre. Mélanger une fois de plus. En attendant de servir, recouvrir le plat pour éviter que ne se forme une pellicule sèche en surface.

Variation : Pour une polenta plus consistante que vous ferez refroidir pour la trancher ensuite et la faire frire à la poêle ou dorer au four, il suffira d'augmenter la quantité de semoule. Pour 1 l (4 t.) d'eau, il faudra 275 g (1 1/4 t.) de semoule. Faites la cuire comme il est dit plus haut. Une fois la polenta cuite, versez-la dans un moule de Pyrex ou tout simplement dans un moule carré à gâteau et laissez refroidir. Ça se conserve plusieurs jours au frigo, enveloppé de pellicule plastique.

SAUCE TOMATE AUX ANCHOIS

1	oignon moyen grossièrement haché
2	c. à soupe de beurre
2	c. à soupe d'huile d'olive
2 ou 3	gousses d'ail pelées, dégermées et grossièrement hachées
1	boîte de tomates italiennes
1	boîte d'anchois rincés à l'eau tiède et finement hachés

olives noires au goût

câpres au goût

4	belles tomates mûres mais fermes, pelées, épépinées et coupées en petits cubes

basilic frais

peccorino ou parmesan

Faites d'abord revenir l'oignon dans le beurre et l'huile, à feu moyen, jusqu'à ce qu'il blondisse. Ajoutez l'ail et faites revenir quelques secondes de plus avant d'ajouter la boîte de tomates, les anchois, des olives noires et des câpres. Laissez réduire tout doucement pendant une vingtaine de minutes. Si vous êtes pressé, remplacez les tomates en boîte par 1 ou 2 c. à table de concentré de tomates. Goûtez et corrigez l'assaisonnement. Ajoutez une pincée de sucre si nécessaire pour réduire l'acidité. Juste au moment de servir, ajoutez à la sauce les tomates fraîches coupées en petits cubes en évitant de les cuire. Vous verrez : le goût de la tomate fraîche et celui, capiteux, de la tomate cuite se mêlent admirablement bien. Garnissez de basilic, de peccorino ou de parmesan fraîchement râpé.

POLENTA AUX MOULES ET AU PORC

Pour 6 personnes :

1	oignon espagnol en fines rondelles
4	c. à soupe d'huile d'olive vierge
1	verre de vin blanc sec
3	gousses d'ail pelées, dégermées et grossièrement hachées
500	g (1 lb) de saucisses italiennes bien relevées

graines de fenouil au goût

1	boîte de tomates italiennes
2	kg (4 lb) de moules bien nettoyées

feuilles de basilic frais

Dans une casserole, à feu moyen, faites revenir les rondelles d'oignon dans l'huile jusqu'à ce qu'elles deviennent translucides. Ajoutez le vin blanc. Laissez mijoter à feu très doux et à couvert une quarantaine de minutes. Enlevez le couvercle. À feu moyen, laissez s'évaporer le liquide tout en brassant bien à la cuiller de bois ; laissez la compote d'oignons prendre une belle couleur dorée. Ajoutez l'ail, la chair des saucisses (prenez soin d'enlever toute la peau) et les graines de fenouil. Brassez jusqu'à ce que le porc ait perdu sa couleur rose. Versez la boîte de tomates et laissez mijoter à découvert une quinzaine de minutes.

Pendant ce temps, lavez bien, brossez et ébarbez les moules. Faites-les cuire dans une marguerite quelques minutes à peine. Sitôt qu'elles sont ouvertes, ajoutez-les à la casserole qui mijote doucement. Servez sans plus attendre sur de la polenta molle ou grillée en tranches. Garnissez de basilic frais, de persil, de menthe…

POLENTA TROIS COULEURS

Parfois, question de varier un peu, Marie prépare une polenta trois couleurs. Elle sépare alors sa polenta molle en trois. Dans l'une, elle ajoute 2 ou 3 généreuses noix de beurre doux et quelques pignons. Dans l'autre, un peu de sauce tomate aux anchois pour la colorer. Dans la troisième enfin, des épinards hachés. Elle fait ensuite revenir à la poêle une gousse d'ail dans l'huile sans la laisser se colorer puis ajoute les épices et les fait sauter quelques secondes seulement en brassant bien. C'est tout à fait divin en accompagnement ou pour colorer la polenta, comme le fait Marie Luca.

POLENTA AUX PETITS OISEAUX

1   oignon espagnol grossièrement haché
1   noix de beurre doux
1   c. à soupe d'huile d'olive
250   g (1/2 lb) de champignons de Paris
le jus d'un citron
2   c. à soupe d'huile d'olive
2   noix de beurre doux
6   champignons séchés (shiitake ou autres) réduits en poudre au robot culinaire
1   boîte de bouillon de poulet
250   ml (1 t.) de vin blanc sec
16   tranches de bacon
farine
8   cailles (ou autres petits oiseaux)
quelques feuilles de sauge fraîche

Dans une casserole, à feu moyen, faites revenir l'oignon dans un mélange de beurre et d'huile. Aussitôt l'oignon tombé, couvrez et laissez cuire à feu doux pendant 30 min pour qu'il forme une compote. Ôtez ensuite le couvercle, montez le feu et laissez caraméliser légèrement. Réservez.

Pendant que l'oignon devient lentement compote, préparez la duxelle : hachez grossièrement les champignons de Paris. Mouillez-les aussitôt de quelques gouttes de citron pour ne pas qu'ils noircissent. Faites-les ensuite revenir dans une casserole avec l'huile et le beurre doux. Jetez-y la poudre de champignons secs, qui donnera un goût sauvage aux champignons de Paris, hélas ! plutôt fades.

Ajoutez la duxelle à la compote d'oignons, puis le bouillon de poulet et le vin blanc. Faites dorer à la poêle les tranches de bacon jusqu'à ce qu'elles soient bien croustillantes. Réservez.

Dans la graisse de bacon, faites ensuite dorer les cailles que vous aurez d'abord lavées, essuyées puis farinées. L'opération n'a pas pour but de cuire les petits oiseaux, mais de sceller les jus dans les chairs.

Déposez les cailles dorées dans une cocotte, recouvrez-les du mélange de duxelle, de compote d'oignons, de vin et de bouillon. Couvrez et laissez frémir une vingtaine de minutes. Sitôt qu'elles sont prêtes, réservez-les à four chaud et réduisez la sauce à feu moyen. Servez les cailles sur un nid de polenta, mouillées de sauce et garnies de sauge fraîche.

PAIN DE POLENTA AU YOGOURT

250 ml (1 t.) de semoule de maïs ordinaire (évitez pour une fois la semoule précuite)
2 c. à soupe de farine
1 c. à thé de farine
1 c. à thé de poudre à pâte
1/2 c. à thé de soda à pâte
1 pincée de sel, pas plus!
250 ml (1 t.) de yogourt
2 œufs extra gros ou 3 œufs moyens battus en omelette
1 noix de beurre doux

Mélangez bien les ingrédients secs. Ajoutez le yogourt et les œufs. Brassez le tout à la spatule, juste assez pour que le mélange soit homogène. Laissez reposer sur le comptoir pendant 30 min. Allumez le four à 425°F. Beurrez un moule rond de 20 cm (8 po). Versez-y la pâte et mettez à cuire pendant 20 à 25 min. Laissez refroidir 5 min avant de renverser le gâteau sur une grille. Le pain de maïs accompagne admirablement le poulet rôti et il est délicieux au petit déjeuner, servi chaud, arrosé de beurre fondu et de sirop d'érable.

GÂTEAU DE POLENTA
AU FROMAGE

Pour 8 personnes :
Les zestes d'une orange et d'un citron
prélevés à l'économe et hachés en fines
juliennes
145 *g (1 t.) de raisins de Corinthe*
1   *l (4 t.) de lait*
375 *g (1 1/2 t.) de semoule de maïs*
     ordinaire
     ou
1   *l (4 t.) de lait*
300 *g (1 t.) de semoule précuite*
1   *pincée de sel*
500 *g (1 lb) de ricotta*
115 *g (1/2 t.) de sucre*
1   *pincée de muscade*
6   *gros œufs*

Prélevez les zestes de l'orange et du citron. Dans une petite casserole, recouvrez-les d'eau froide. Amenez à ébullition et blanchissez pendant 1 min. Égouttez, séchez, réservez.

Mettez à tremper les raisins de Corinthe dans l'eau chaude. Réservez. Préparez ensuite la polenta au lait comme il est dit plus haut. Si vous utilisez de la semoule ordinaire, faites cuire la polenta 20 min, ça suffit. Si vous employez de la semoule précuite, seulement 5 min.

Sitôt que la polenta est prête, ajoute la ricotta et le sucre. Mélangez bien pour en faire une pâte homogène. Ajoutez les raisins égouttés, les zestes et la muscade,

puis les œufs un à un en brassant bien chaque fois pour éviter que la chaleur de la polenta ne les fasse coaguler.

Garnissez de cette préparation un moule à ressort de 20 cm (8 po) ou un moule à gâteau de 3 l (12 t.) bien beurré et faites cuire au four 1 h à 375 °F. Laissez refroidir sur une grille. Avant de démouler, passez un couteau mouillé à l'eau chaude autour de la paroi. Le gâteau de polenta au fromage est délicieux servi tiède et se conserve bien au frigo.

Si vous voulez, vous pouvez ajouter à la polenta chaude, avant le fromage et le reste des ingrédients, 50 g (1/4 t.) de poudre de cacao mélangé à 55 g (1/4 t.) de sucre, puis 1 ou 2 noix de beurre mou et un petit verre d'alcool brun (rhum, scotch ou brandy). Cette variation au chocolat ne manquera certainement pas d'étonner vos convives…

Au pays de la ricotta fraîche

La ricotta n'est pas à proprement parler un fromage puisqu'on la fait avec du petit lait auquel on ajoute de la présure qu'on «cuit» à nouveau et qu'on égoutte ensuite. La ricotta, le nom le dit, c'est du «recuit». La ricotta fraîche est une denrée bien périssable qu'on doit garder au froid. Pour qu'elle se conserve longtemps on la fera «sécher» après l'avoir abondamment salée puis égouttée sous pression. C'est la ricotta salata qui fait partie de l'ordinaire des paysans du Sud de l'Italie.

En Italie, la ricotta est faite le plus souvent de petit lait de vache. Plus rare, la ricotta faite de petit lait de brebis est plus coûteuse. Plus recherchée encore, la ricotta faite de petit lait de bufflesse, toute parfumée d'herbes, est un sous-produit de la production de la sublime mozzarella di buffala.

On trouve parfois la ricotta salata dans les épiceries italiennes d'ici. J'y ai goûté sans grand plaisir. Ça m'a semblé insipide et crayeux, à la grande déception de mon ami Giuseppe pour qui la salata évoque une enfance heureuse en Sardaigne. Pour apprécier à sa juste valeur la ricotta salata, la nostalgie me fait défaut et je me sens en sa compagnie bien pauvre d'être né ici.

Pour me consoler peut-être, Giuseppe m'assure que la ricotta fraîche faite ici ressemble à s'y presque méprendre à la ricotta industrielle italienne : même texture et même saveur. Si on peut parler de saveurs puisque le parfum de lait de notre ricotta fraîche est si subtil qu'on la dira volontiers complètement insipide. Or, c'est justement là l'intérêt en cuisine de la ricotta fraîche. C'est sa discrétion même qui lui permet de s'effacer en douce pour mieux jouer en toute humilité son rôle de soutien. Ce qui importe ici, c'est la texture…

La ricotta faite ici répond aux exigences et aux lubies des consommateurs. Faite de petit lait écrémé dans sa version minceur, elle aura peine à bien jouer son rôle de soutien… Trop maigre, elle sera crayeuse. L'absence presque totale de matières grasses l'empêchera de porter les saveurs qu'elle devrait soutenir… Par contre, la ricotta faite à partir de lait complet, plus riche en matière grasse (entre 12,5 % et 15 %) sera plus onctueuse et plus fine. C'est celle, bien sûr, qu'on choisira en cuisine. On pourra sans problème remplacer la ricotta par du fromage Cottage, pourvu qu'il soit de texture homogène et fait de lait entier. On évitera par contre de remplacer la ricotta par du fromage Quark trop pauvre en solides et partant trop aqueux…

LA RICOTTA MAISON

Ceux qui comme moi aiment bien partir à l'aventure n'hésiteront pas à suivre Giuliano Bugialli. Dans Classic Techniques of Italian Cooking, *le maître propose au lecteur nord-américain de faire sa ricotta maison… Il ne s'agit pas à proprement parler de ricotta mais d'une sorte de fromage blanc puisqu'à défaut de petit lait, on fera sa ricotta à partir de lait entier ou écrémé. On remplacera la présure par deux agents coagulants plus faciles à trouver : le yogourt et le jus de citron. Le résultat : meilleur me semble-t-il et pour le goût et pour la texture que la ricotta fraîche commerciale.*

3 l (12 t.) de lait
le jus d'un demi-citron
250 ml (1 t.) de yogourt

Rien de plus simple à préparer. Versez le lait dans un grand bol. Ajoutez quelques gouttes de jus de citron. Bugialli recommande trois gouttes. Pour ma part, j'ajoute le jus d'un demi-citron. Recouvrez et réfrigérez pendant 36 h au moins. Versez ensuite le lait dans une grande casserole à fond épais. (Évitez bien sûr l'aluminium ; choisissez de préférence l'acier inoxydable.) Ajoutez 250 ml (1 t.) au moins de yogourt. Brassez bien et amenez à ébullition. Laissez frémir 1 min. Pour égoutter, garnissez une grande passoire d'une double épaisseur de mousseline. Versez-y le lait et formez un sac que vous suspendrez pendant 1 h au moins. Pour une ricotta plus sèche et meilleure en cuisine, laissez égoutter pendant 2 ou 3 h de plus…

Faire sa ricotta à la maison ne présente aucun avantage économique, à moins qu'on soit de ces producteurs de lait contingentés qui, me dit-on, jettent aux égouts leur surplus. Hon ! Pour le commun des mortels, la ricotta maison coûte même un peu plus cher que celle qu'on vous propose au marché. Elle est cependant meilleure que celle qu'on trouve dans le commerce, pour la texture et pour le goût.

Le plaisir qu'on prend à faire sa ricotta, c'est le plaisir de pouvoir se dire comme Saint-Exupéry : « Ce que j'ai fait, aucune bête ne l'aurait fait ! » Les fervents d'IKEA me comprennent. « Qu'on achète sa ricotta fraîche ou qu'on la fasse soi-même, encore faut-il savoir ensuite quoi en faire ! » me dites-vous pour interrompre une fois de plus ce dialogue édifiant. Vous n'êtes platonicien qu'à condition de passer au plus vite au banquet ! Fort bien ! Procédons !

LES QUENELLES DE RICOTTA ET DE PARMESAN À LA SICILIENNE

Cette recette de gnocchis alla Siciliana est d'autant plus alléchante qu'on la savoure encore en Sicile aussi bien qu'en Toscane sous son nom d'origine : ravioli nudi. Ces raviolis sont nus puisqu'on les poche à l'eau salée sans les envelopper d'abord de pâte. Nu et ravioli, quel programme !

Ces quenelles pochées sont l'invention de Giuseppe Lamma, ce génial maître queux qui, pour le plus grand bonheur de l'aristocratie et de la bourgeoisie, officiait à Bologne au XVIIe siècle. Il s'agissait à l'origine d'un mélange de ricotta sèche, de parmesan et de noix de Grenoble qu'on écrasait au pilon avec des feuilles de sauge, de basilic et de persil. On parfumait cette pâte à la cannelle. Pour la texture, on ajoutait des pignons et des pruneaux grossièrement hachés. On ajoutait enfin de la chapelure de pain et des jaunes d'œufs. On en faisait des petites bouchées qu'on pochait dans l'eau bouil-

lante aromatisée à l'oignon et aux clous de girofle : on servait arrosé de beurre fondu et de mostaciolli : un condiment à la fois moutardé et fruité…

De cette recette sublime, Lorenza De' Medici nous propose dans The Heritage of Italian Cooking *sa version faite pour plaire aux palais postmodernes. Elle remplace, par exemple, les pruneaux par des raisins Sultana. Elle garde les pignons mais congédie les noix de Grenoble. Elle oublie le clou de girofle et la cannelle, mais elle poivre abondamment. Au chapitre des herbes, madame De' Medici omet la sauge, mais conserve cependant le basilic et le persil. Madame remplace la chapelure de pain par de la farine. Une bonne idée, vos gnocchis seront plus légers. La version de madame De' est exquise, mais difficile à reproduire chez nous puisqu'elle fait appel à la ricotta sèche. Inspiré à la fois par la recette originale de Lamma et par la version corrigée de Lorenza, je vous propose ici ma version à base de ricotta fraîche.*

500 g (1 lb) de ricotta fraîche au lait entier
125 g (1/2 t.) de parmigiano reggiano
*   ou de grana padano*
5   gros jaunes d'œufs
2   c. à soupe de persil plat
quelques feuilles de basilic frais
quelques feuilles de menthe fraîche
sauge
75   g (1/2 t.) de fruits secs
75   g (1/2 t.) de noix
poivre
75   g (1/2 t.) ou plus de farine
eau salée
beurre

PARMIGIANO REGGIANO
OU GRANA PADANO

Il vous faudra de la ricotta fraîche faite de lait entier et comportant par conséquent de 12% à 15% de matière grasse. Pour des quenelles plus légères, vous prenez le soin d'égoutter la ricotta au tamis fin pendant 30 min ou de la presser doucement dans la mousseline pour extraire le trop d'eau. Si vous ne prenez pas la peine d'égoutter la ricotta, il vous faudra tantôt tout simplement ajouter un petit peu plus de farine ; vous aurez gagné un peu de temps. Vos quenelles auront perdu un peu de légèreté.

Dans un grand bol, incorporez à la ricotta le parmigiano reggiano ou le grana padano, puis, les jaunes d'œufs. Mélangez bien et ajoutez le persil haché, le basilic, la menthe fraîche et la sauge si ça vous plaît. Versez enfin les fruits secs (des pruneaux grossièrement hachés ou bien des raisins de Corinthe ou Sultana) et les noix (des pignons ou mieux encore des cerneaux de pacane ou de Grenoble grossièrement hachés). Quelques tours de moulin à poivre, mélangez bien le tout.

Voici venu le temps d'ajouter la farine. Il en faudra au moins 75 g (1/2 t.), peut-être 40 g (1/4 de t.) de plus. Tout dépend du temps qu'il fait, l'humidité ambiante affectant la farine. Tout dépend aussi du degré d'humidité de votre ricotta et de votre fromage râpé. Au tamis, ajoutez d'abord 75 g (1/2 t.) de farine. Mélangez bien à la cuiller de bois. La pâte doit être molle, mais assez ferme pour que vous puissiez la rouler en petites bouchées sur un plan de travail fariné. Si la pâte vous semble trop molle, ajoutez encore 40 g (1/4 de t.) de farine. Armé de deux cuillers, formez une bouchée de pâte. Déposez-la sur un plan de travail fariné. Enrobez-la de farine et façonnez à la main une boule. Pas question de « travailler » la pâte pour intégrer la farine. Vous ne fabriquez pas du pain. Il s'agit simplement de fariner en surface. Réservez au fur et à mesure vos quenelles sur une plaque.

Vos quenelles sont façonnées. Vous n'avez plus qu'à les pocher à grande eau salée. L'eau doit mijoter doucement sans gros bouillons ; vos gnocchis sont fragiles ! Faites en pocher une dizaine à la fois. Ils tomberont d'abord au fond. Brassez délicatement jusqu'au fond à la cuiller de bois pour les empêcher de coller. Après 3 ou 4 min, les quenelles remontent à la surface. Laissez-les pocher quelques secondes de plus avant de les cueillir à l'écumoire ou à la cuiller à égoutter. Égouttez-les bien. Arrosez-les de beurre doux fondu. Saupoudrez de parmesan ou de grana padano et servez derechef vos convives ravis.

On peut aussi faire gratiner pendant 1 ou 2 min en plaçant le plat de service immédiatement sous la rampe du gril à chaleur maximale.

GÂTEAU À LA RICOTTA SANS CROÛTE

1   kg (2 lb) de ricotta fraîche
6   œufs
2   c. à thé de vanille
1   orange ou citron
230 g (1 t.) de sucre
55 g (1/3 de t.) de farine
75 g (1/2 t.) de raisins de Corinthe
75 g (1/2 t.) de pignons (facultatif)
sucre à glacer
cerneaux de pacane (facultatif)

Cette torta di ricotta comporte la moitié moins de calories que le gâteau au fromage à la crème. Profitez-en. Prenez-en deux portions…

Au fouet, au malaxeur ou à la mixette (évitez le robot), fouettez la ricotta et les œufs. La pâte doit être bien lisse. Ajoutez la vanille et peut-être le zeste d'une orange ou d'un citron.

Dans un petit bol, mélangez bien le sucre et la farine. Versez-les dans le mélange de ricotta et d'œufs. Fouettez encore pour une pâte bien lisse. Incorporez à la spatule les raisins et les pignons. Verser dans un moule beurré et fariné. Un moule à fond amovible de 22 cm (9 po) de diamètre convient parfaitement. Mettre à four chaud (350 °F) pendant 1 h 45 au moins.

Le gâteau est prêt lorsqu'une lame introduite au centre en ressort propre. Faites refroidir sur une grille à température ambiante. Servez tiède, saupoudré de sucre à glacer et peut-être garni de cerneaux de pacane.

PETITES CRÊPES FARCIES AUX ÉPINARDS ET AUX TROIS FROMAGES

300 g (10 oz) d'épinards congelés
500 g (1 lb) ricotta fraîche
1   t. de parmesan
1   t. de gruyère ou d'emmenthal râpé
2   gros œufs
85 ml (1/3 t.) de crème à 35 %
poivre
noix de muscade
8 à 12 crêpes

Hachez finement les épinards congelés que vous aurez d'abord pressés entre vos mains pour extraire le plus d'eau possible. Ajoutez la ricotta fraîche, le parmesan, le gruyère ou l'emmenthal. Mélangez bien. Incorporez les œufs, puis versez la crème. Poivrez généreusement et saupoudrez peut-être d'un soupçon de muscade. Mélangez bien à la cuiller de bois.

Garnissez de cette préparation 8 à 12 crêpes moyennes. Déposez-les dans un plat bien beurré. Enfournez à 350 °F pendant 30 min ou un peu plus, le temps qu'il faut pour que le fromage fonde et que les crêpes se gonflent un peu…

Si vous remplacez le fromage suisse par du bleu, vous vous en féliciterez. À défaut de ricotta, prenez du fromage Cottage, c'est aussi bon !

La passion du risotto

Pour réussir un risotto parfait, le choix du riz est de la première importance. Vous choisirez bien sûr un riz à grain court importé d'Italie. Le plus courant ici, l'arborio, convient fort bien. C'est d'ailleurs celui que recommandent la plupart des experts qui s'adressent aux Nord-Américains. Je pense à Bugialli, Hazan ou Medici, par exemple. Le résultat : un risotto savoureux, aux grains à la fois tendres et croquants, à la texture crémeuse et onctueuse. Je m'en suis longtemps contenté, mais il me semblait pourtant, malgré tous mes efforts, que mes risottos n'atteignaient pas la perfection de ceux que j'avais dégustés à Milan. Une question de décor, me disais-je, pour me consoler : ce qui manque à mon risotto, c'est tout simplement le soleil de l'Italie, foi de Mariano. Jusqu'à ce que je découvre que mon problème tenait au riz lui-même. Dans *The Harry's Bar Cookbook,* Arrigo Cipriani explique bien la source de ma bien relative infortune. Le riz arborio, explique-t-il, permet de réussir un risotto fort convenablement, mais sa forme légèrement allongée en rend la cuisson uniforme beaucoup plus difficile. Pour un risotto parfait, déclare-t-il péremptoire, rien ne vaut le riz semifino vialone nano et le carnaroli qui sont proposés ici sous vide en paquets d'un kilo.

Ce riz, n'allez surtout pas le laver avant de procéder. Voilà qui éliminerait justement l'amylopectine essentielle.

L'ancêtre

Laissez-moi d'abord vous proposer tout simplement le risotto parmigiano, le père, l'ancêtre, le doyen de tous les risottos. Toutes les autres versions de risotto n'en sont en fait que des variations. Servi en guise d'entrée, ce risotto tout simple fait une entrée admirable. En guise de plat principal, je vous propose ensuite des foies de volaille sautés en sauce au vin de porto, un classique.

RISOTTO AL PARMIGIANO

1,5   l (6 t.) de liquide (eau salée, consommé de bœuf ou de poulet, bouillon de légumes, etc.)
1   noix de beurre doux
huile d'olive
1   oignon moyen ou
2 ou 3 échalotes françaises
325   g (1 1/2 t.) de riz vialone nano ou carnaroli
1 ou 2 noix de beurre doux
125 ou 250 g (1/2 à 1 t.) de parmesan

Il vous faudra deux casseroles. Dans la première, amenez à doux frémissement le liquide de votre choix : eau salée, consommé de bœuf ou de poulet, bouillon de légumes. Si le cœur vous en dit, remplacez 1 ou 2 t. d'eau par du vin rouge ou blanc. Voilà qui est fort bon, mais qui déroge déjà à la recette traditionnelle.

À feu moyen, dans une autre casserole à fond épais, faites tomber dans 1 belle noix de beurre doux et un égal volume d'huile d'olive bien parfumée l'oignon finement haché ou mieux encore, les échalotes. Lorsqu'ils sont tombés, c'est-à-dire, au moment où ils ont pris une belle transparence, ajoutez le riz. À la spatule, brassez bien pour être sûr que les grains sont bien recouverts de matière grasse. Voilà qui leur permettra de ne pas s'agglutiner et de bien se tenir à la cuisson. Laissez ainsi cuire 1 min ou 2 avant d'ajouter juste ce qu'il faut de bouillon fumant pour recouvrir le riz. Tout en brassant inlassablement, versez au fur et à mesure ce qu'il faut de liquide pour que le riz soit à peine recouvert. Celui-ci doit mijoter doucement pendant toute la cuisson. Au bout de 15 à 17 min, le riz est presque prêt, tendre, mais encore assez ferme sous la dent.

Retirez la casserole du feu et incorporez 1 ou 2 belles noix de beurre doux et le parmesan frais râpé, au goût. Pendant 3 ou 4 min, mélangez énergiquement à la cuiller de bois ou à la spatule en raclant bien le fond de la casserole. On remue ainsi pour répartir uniformément le gluten dissous à la cuisson afin d'assurer à la préparation son onctuosité essentielle.

Voilà, c'est prêt. Vos convives déjà en place constateront, ravis, qu'ils n'ont vraiment rien perdu, comme on dit, pour attendre.

RISOTTO SAFRANÉ À LA MILANAISE

Cette variante du risotto au parmesan est l'accompagnement essentiel de l'osso buco.

Lors de la préparation du risotto au parmesan, contentez-vous tout simplement d'ajouter au liquide de cuisson 1 c. à thé de pistils de safran que vous aurez fait macérer d'abord dans quelques gouttes d'alcool ou de vin blanc pendant une quinzaine de minutes. Ces quelques minutes de macération permettront à votre safran de mieux développer son arôme et sa couleur.

FOIES DE POULET SAUTÉS AU VIN DE PORTO

500 g (1 lb) de foies de poulet
1   noix de beurre doux
huile d'olive
1   petit verre de vin de Porto
1   boîte de consommé de bœuf
sel et poivre

Il faut que les foies de volaille soient frais plutôt que congelés : ils se tiendront mieux à la cuisson. À l'aide d'un fin couteau bien tranchant, éliminez, si nécéssaire, le nerf qui rattache les deux lobes du foie. À feu bien vif, faites revenir vos foies dans une noix de beurre doux et un soupçon d'huile d'olive. Les foies doivent être bien dorés

à l'extérieur, mais évitez de trop les cuire ; sitôt qu'ils résistent à la pression de la spatule, ils sont prêts : encore roses à l'intérieur.

Réservez les foies dans une assiette et déglacez votre poêle : un petit verre de porto bien parfumé, à moins que vous ne préfériez le xérès ou le marsala. Laissez l'alcool s'évaporer. Ajoutez le consommé de bœuf. Laissez réduire du tiers avant d'épaissir la sauce. Pour ce faire, deux façons possibles de procéder. Ajoutez tout simplement à la sauce 1 c. à soupe de fécule de maïs diluée dans un peu d'eau. À moins que vous ne préfériez le beurre manié, soit 1 ou 2 c. à soupe de farine dans 1 ou 2 c. à soupe de beurre mou. À la fourchette, incorporez ce beurre manié à la sauce et brassez bien tout en laissant mijoter 1 min ou 2, le temps qu'il faut pour éliminer le goût cru de la farine.

Voilà ! C'est le temps d'ajouter vos foies réservés à la sauce pour bien les réchauffer. Salez au goût, poivrez généreusement et servez illico sur votre risotto.

Une « sauce » qui, il va sans dire accompagne fort bien le risotto al parmigiano garni de persil plat haché. J'aime aussi servir les foies en crêpes ou tout simplement sur un lit de riz blanc ou sur des pâtes al dente.

RISOTTO AL SALTO

Je prépare généralement une double recette de risotto pour m'assurer qu'il en restera assez le lendemain pour préparer le risotto al salto. La façon la plus simple : faites tout simplement sauter dans une poêle des «boulettes» de risotto dans un peu d'huile d'olive. Ainsi dorées, vos «boulettes» seront toutes croustillantes à l'extérieur et encore onctueuses à l'intérieur. Pour une présentation plus «sophistiquée», ajoutez un jaune d'œuf par tasse de risotto. Dans une petite poêle antiadhésive, faites fondre un soupçon de beurre avec quelques gouttes d'huile d'olive. À l'aide d'une spatule, recouvrez bien le fond de la poêle de risotto pour faire une galette que vous ferez griller d'un côté, puis de l'autre, à feu moyen. Pour retourner la galette sans problème, renversez-la tout simplement sur une assiette.

C'est exquis avec une sauce tomate toute simple, à moins que vous ne préfériez un coulis de poivrons.

RISOTTO AU VIN ROUGE

Voici un risotto savoureux dont la présence, c'est le moins qu'on puisse dire, s'impose. Il s'agit tout simplement d'un risotto al parmigiano traditionnel. L'unique différence : on remplace la moitié du bouillon par un vin rouge bien corsé. Servez ce risotto al vino rosso avec des cailles grillées, garnissez l'assiette de raisins rouges et vos convives ravis en oublieront pour sûr l'hiver et la récession.

RISOTTO À LA TRÉVISE

1   petit oignon
2 ou 3 échalotes
1   généreuse noix de beurre
1 ou 2 chicorées de Trévise (radicchio)
1   c. à thé de sucre
325 g (1 1/2 t.) de riz
625 ml (2 1/2 t.) de vin rouge
625 ml (2 1/2 t.) d'eau
1   généreuse noix de beurre
250 g (1 t.) de parmesan

Pour un risotto ravissant, je vous propose d'ajouter au risotto al vino rosso une chicorée ou deux de Trévise, mieux connu ici sous le nom de radicchio.

De tous les risottos, c'est celui que Josée Blanchette préfère. Pas étonnant. Comme elle, il a du caractère : à la fois doux, onctueux et croquant, avec tout juste un soupçon d'amertume qui permet de reconnaître la fragilité du bonheur.

On le prépare comme tous les autres risottos. Vous ferez par conséquent tomber l'oignon ou les échalotes dans une noix de beurre. Vous ajouterez la Trévise grossièrement hachée et le sucre pour contrer l'amertume naturelle du légume. Vous brasserez bien 1 min ou 2 avant d'ajouter le riz. Vous remuerez encore 1 min ou 2 pour enrober les grains de matière grasse, avant d'ajouter petit à petit le bouillon frémissant fait de vin rouge et d'eau. En 15 min ou un peu plus, le riz est prêt. Vous n'avez plus qu'à ajouter hors flamme 1 généreuse noix de beurre et le parmesan. Pour Josée, en sourdine, un vieil air de tango.

RISI BISI

Ce plat fétiche de la Vénétie vous séduira par son élégante simplicité. On le prépare comme tous les autres risottos, mais on le sert dans un bol plutôt que dans une assiette et on le mange à la cuiller, comme une soupe. Les origines du risi bisi, riz et petits pois en dialecte vénitien, se perdent presque dans la nuit des temps. Aux temps glorieux de la République sérénissime, on le tenait en si haute estime qu'on l'offrait en grande pompe au Doge à l'occasion de la Saint-Marc, patron de Venise. Plat printanier par excellence, on le prépare traditionnellement avec de tout petits pois si frais cassés, qu'ils en sont encore tout sucrés. Il suffit d'une heure à peine après la cueillette pour que le sucre des petits

pois ne commence à se changer en amidon. Vous avez raison, les petits pois, c'est comme le maïs. Voilà pourquoi ces petits pois « frais » importés qu'on nous propose ici l'hiver ne sont d'aucun intérêt…

En vous proposant ici, en pleine Sibérie, un risi bisi préparé avec des petits pois en boîte et congelés, je sais que je m'apprête à commettre une hérésie. Pour tout dire, un crime lèse-Vénétie. Mais pourquoi attendre le printemps ou même l'été. Pour le citadin d'ici, les petits pois frais cassés sont comme la vertu : on y aspire sans jamais la trouver. Même l'été. À moins, bien sûr, de planter ses petits pois soi-même dans son potager.

Est-ce la raison de s'en passer ? Sans avoir le charme des petits pois frais cassés, les petits pois congelés me semblent un compromis acceptable parce qu'on les surgèle quelques minutes après la cueillette, après les avoir blanchis quelques secondes à peine. Mais les petits pois en boîte ? « Pouache ! » comme dit si bien Josée Blanchette pour qui les petits pois évoquent sans doute la cauchemardesque vision d'un hot chicken sandwich entouré de petits pois en boîte surnageant dans une mer de sauce. C'est vrai les petits pois en conserve sont toujours trop cuits. Autrement, gare au botulisme. Mais cette cuisson excessive affecte moins le goût fin de la légumineuse que sa texture.

Voilà pourquoi je vous conseille de réduire en purée (au robot, au mélangeur ou à la moulinette grille fine) les petits pois en conserve que vous ajouterez au liquide qui servira à la cuisson du riz pour colorer et parfumer. Il faut que vous en obteniez environ 1,5 l (6 t.) que vous

porterez à ébullition et laisserez doucement
frémir pendant que vous procédez dans une
autre casserole à la cuisson du riz.

1   boîte de petits pois
liquide de cuisson (eau, consommé
        ou bouillon)
1   petit oignon doux ou
3 ou 4 échalotes françaises
2 ou 3 tranches de pancetta ou de bacon
        de 1 cm (1/2 po) d'épaisseur ou
1   tranche épaisse de jambon maigre
1   noix de beurre doux
325 g (1 1/2 t.) de riz vialone nano
        ou carnaroli
1   noix de beurre doux
250 g (1 t.) de parmigiano reggiano
        frais râpé
persil
450 g (2 t.) de petits pois congelés

Hachez d'abord finement l'oignon doux
ou mieux encore, des échalotes que vous
réserverez dans un plat, non sans avoir
enlevé d'abord les grosses tiges. Tranchez
ensuite en petits dés un peu de pancetta.
La pancetta, vous le savez, c'est du bacon à
l'italienne : plus fin et moins salé. Si vous
n'en avez pas trouvée, remplacez-la par du
bacon : vous en ferez des lardons. La pancetta ou le bacon vous semblent trop gras ?
Optez alors pour du jambon coupé en dés.
Réservez le tout à portée de la main, ainsi
que le parmigiano reggiano et le beurre.

Dans une casserole à fond épais, faites
d'abord fondre à feu moyen une généreuse
noix de beurre doux. Sitôt que le beurre a
moussé, faites rissoler pendant 2 ou 3 min

la pancetta, les lardons ou le jambon avant
d'ajouter l'oignon ou les échalotes. En
brassant bien, laissez fondre sans colorer,
1 min ou 2. Dès que l'oignon est translu-
cide, introduisez le riz et laissez cuire en
continuant de remuer 1 ou 2 min encore.
Bien enrobée de matière grasse, les grains
peuvent maintenant absorber le bouillon
sans s'agglutiner. Sans plus attendre, versez
juste ce qu'il faut de bouillon frémissant
pour le recouvrir, mais à peine. Tout en
brassant inlassablement, en prenant soin de
racler le fond de la casserole, ajoutez au fur
et à mesure ce qu'il faut de bouillon pour
à peine recouvrir le riz qui mijote tout
doucement.

Quinze minutes ont passé. L'épuisement
vous guette ? N'allez pas sombrer dans le
découragement. Votre riz d'ailleurs est déjà
presque cuit. C'est le temps d'y goûter. Qu'il
soit tendre à cœur, mais encore ferme sous
la dent. Contrairement au risotto al parmigiano, je vous rappelle qu'on mange le risi
bisi comme une soupe, à la cuiller. Ajoutez
donc, si nécessaire, un peu de bouillon.

Retirez la casserole du feu, incorporez une
généreuse noix de beurre doux, le fromage
râpé et mélangez encore allègrement 1 min
ou 2 avant d'ajouter, pour conclure, le persil haché et les petits pois congelés que
vous aurez tout simplement réchauffés en
les recouvrant d'eau bouillante.

RISO AL LATTE VIEILLE VENISE

1   l (4 t.) de lait
60   ml (1/4 de t.) de crème à 35 %
220 g (1 t.) de riz arborio
sel et poivre
parmesan

J'ai découvert cette version du riso al latte dans le très beau livre *La table des Doges,* histoire et recettes de la grande cuisine vénitienne. L'auteur, Pino Agostini, souligne avec dépit que c'est là une façon de préparer le riz dont seuls les *anziani,* les vieux, se rappellent. Et pourtant, c'est tout simple à faire, c'est le *nec plus ultra* de ce que les Anglo-Saxons appellent le *comfort food.* Un remontant idéal quand on est grippé ! Rien de plus facile à préparer.

Il suffit d'amener à ébullition 500 ml (2 t.) de lait auquel j'aime bien incorporer de la crème à 35 %. Sitôt que le lait commence à frémir, on verse le riz arborio, qui convient ici parfaitement. On laisse mijoter tout doucement pendant 7 ou 8 min.
On brasse à l'occasion. On ajoute ensuite 500 ml (2 t.) de lait bouillant et on laisse mijoter tout doucement pendant encore 7 ou 8 min : assez longtemps en tout cas pour que le riz soit bien tendre sous la dent. On sale et on poivre au goût. On sert bien chaud dans un bol avec du parmesan !

J'aime bien parfumer ce riz au lait salé en y ajoutant un zeste de citron. Il m'arrive même d'arroser en fin de parcours avec le jus du même citron. L'acidité de l'agrume fait là-dedans merveille.

RISO AL LATTE

220 g (1 t.) de riz arborio
500 ml (2 t.) de lait
125 ml (1/2 t.) de crème à 35 %
230 g (1 t.) de sucre
1   c. à soupe de fécule de maïs
2   jaunes d'œufs
1   c. à thé de vanille

Ma version sucrée du riso al latte est plus facile à réussir et surtout meilleure (en toute humilité) que notre traditionnel pudding au riz.

Faites cuire tout simplement votre riz dans le lait et 60 ml (1/4 de t.) de crème à 35 %. Quand le riz est *al dente,* égouttez-le. Dans une casserole, ajoutez le sucre au lait de cuisson. Amenez le tout à ébullition et épaississez en ajoutant la fécule de maïs diluée dans un peu de lait froid.

En quelques secondes, le mélange épaissit. On incorpore alors, tout en mélangeant au fouet, les jaunes d'œufs battus en omelette avec 60 ml (1/4 de t.) de crème à 35 %. Ne craignez pas l'ébullition : la fécule ajoutée au lait empêchera les jaunes de «grainer». Retirez du feu sitôt que le mélange frémit. Parfumez à la vanille. Ajouter le riz égoutté au mélange.

C'est fort bon chaud, mais meilleur froid, surtout si vous ajoutez au riz quelques morceaux de fruits. De l'ananas, par exemple.

L'émouvante fragilité
des pâtes fraîches maison

C e qui fait le charme envoûtant des pâtes fraîches maison, c'est leur tendre fragilité. Trois ou quatre secondes à peine dans l'eau bouillante et elles sont prêtes à manger. Une texture d'une émouvante délicatesse qui se marie admirablement aux sauces à base de crème.

Des fettucine Alfredo ou al limone avec des pâtes fraîches, c'est sublime ! Pour la lasagne, les pâtes fraîches sont bien sûr indiquées. *Idem* pour les pâtes farcies, mani-cottis, raviolis et *tutti quanti !*

Si l'art de faire ses pâtes maison vous intéresse, laissez-moi vous proposer d'apprendre auprès du maître lui-même. De Giuliano Bugialli, vous connaissez peut-être

déjà le merveilleux *Le Goût de l'Italie*, un livre qui vaut le voyage ! On y trouve quelques recettes de pâtes fraîches exquises, c'est vrai, mais Bugialli a fait mieux pour ceux qui veulent tout savoir sur l'art de faire ses pâtes à l'italienne. J'ai trouvé chez Renaud-Bray le livre qu'il vous faut : *Bugialli on pasta,* un livre admirable.

Un texte limpide, des photos et des illustrations d'une précision remarquable vous permettront de réaliser facilement ce qui semblerait impossible. Par exemple, des pâtes fines comme de la soie, faites de vin blanc et de farine, qu'on laisse tomber dans l'assiette en mouchoir et qu'on garnit de « pesto » à la menthe. Sublime !

Parmi ses centaines de recettes toutes simples et «santé», j'ai découvert une «lasagne du Carnaval» qui m'a étonné par son côté excessif et baroque. Qu'on en juge. Une lasagne faite de pâtes fraîches arrosées d'une sauce ragù au bœuf et à la tomate garnies de saucisses italiennes grillées, de boulettes de viande dorées en haute friture… d'œufs cuits durs, de mozzarella, de ricotta et de parmesan! Bien sûr, je n'ai pas pu résister. Mais je me contenterai de vous donner ma version de la sauce ragù à la napolitaine proposée par Bugialli. Une sauce tomate et bœuf surprenante, puisqu'elle n'est pas faite avec de la viande hachée, mais plutôt de bœuf braisée dans du vin rouge et des tomates. On sert la sauce avec des pâtes. On sert la viande à part: froide en antipasto, avec une sauce piquante…

SAUCE RAGÙ NAPOLITAINE…

1	kg (2 lb) de bœuf dans le «haut de ronde» ficelé en rôti, sans barde
250	g (8 oz) de pancetta ou de bacon finement haché
1	botte de persil italien plat finement haché, sans ses tiges
2	oignons rouges grossièrement hachés
2	c. à soupe d'huile d'olive
500	ml (2 t.) de vin rouge
2	boîtes de tomates italiennes

pâtes fraîches

Dans une cocotte, à feu moyen, faites fondre le bacon ou la pancetta dans l'huile d'olive avec le persil pendant 2 ou 3 min.

Dans le mélange bacon-persil, faites dorer la pièce de viande sur tous ses côtés. Réservez-la et ajoutez ensuite dans la cocotte l'oignon haché. Sitôt que l'oignon commence à dorer, remettez la viande et ajoutez le vin rouge. Laisser mijoter à couvert une vingtaine de minutes.

Dans une autre casserole, amenez une boîte de tomates italiennes à ébullition. Versez-les sur la viande et laissez tout doucement braiser à couvert pendant 1 h en retournant à l'occasion la viande. Ajoutez ensuite l'autre boîte de tomates bien chaudes et laisser encore mijoter plus ou moins 1 h.

Réservez la viande et faites réduire, si nécessaire, la sauce à découvert. Servez la sauce avec des pâtes et la viande froide, en tranches minces, en guise d'antipasto avec une sauce piquante. Servez la sauce avec des pâtes…

Laissez-moi vous proposer deux classiques. Les fettucine Alfredo et les spaghettis al limone… Exquis avec des pâtes fraîches, mais délicieux aussi avec des pâtes sèches importées d'Italie. Celles que je préfère sont les De Cecco et les Del Verde.

FETTUCINE ALFREDO

250 ml (1 t.) de crème à 35 %
1   noix de beurre doux
250 ml (1 t.) de parmigiano reggiano
     frais râpé
poivre du moulin
persil haché
un soupçon de muscade
400 à 500 g (12 à 16 oz) de pâtes sèches

À feu moyen dans une casserole assez grande pour recevoir les pâtes, faites réduire à feu moyen pendant 1 min la crème et le beurre. Ajoutez le fromage et le persil haché, poivrez et «muscadez». Versez les pâtes *al dente* dans la sauce et jouissez!

FETTUCINE AL LIMONE

Il s'agit tout simplement d'une version citronnée des fettucine Alfredo. Vous ajouterez tout simplement à la crème, au point de départ, le zeste d'un citron prélevé à l'économe et finement haché. Après 1 min d'ébullition, ajoutez le jus d'un citron à la crème. Elle épaissira sur-le-champ sans tourner. Servez le parmesan à part…

La pizza, une pointe de nostalgie

Pour Éric et Geneviève Maheu.

Uniforme gris ou vert lime, cheveux emprisonnés sous une résille, tablier réglementaire et souliers blancs lacés à semelles de gomme, les *waitresses* du Modern Tea Room nous attendaient de pied ferme. Nous y allions parfois à midi. C'était à deux pas du collège, coin Lacombe et Côte-des-Neiges, à Montréal. Au menu : *egg rolls with prune sauce, hot chicken (dark or white ?), shepherd's pie, macaroni* plastifié ou *steak and kidney pie.* Cuisine de partout, cuisine de nulle part. C'était l'époque où Fats Domino trouvait inlassablement son *thrill* à Blueberry Hill. Paul Anka, consacré aux USA, s'apprêtait à transcender sa condition canadienne. *« I'm so young and you're so old. This my darling I've been told. Please, stay with me, Diana ! »* Et Dieu dans tout ça, croyez-vous qu'il existe ? À deux heures, le professeur de philosophie, armé de saint Thomas, allait nous le prouver. « Vous en doutez encore ? À genoux et priez ! Vous finirez peut-être par y croire. Si Dieu existe, vous serez sauvé ! S'il n'existe pas, la mort sera pour vous inéluctable, mais vous n'en saurez rien ! » J'aurais bien voulu retarder l'échéance, m'attarder à table devant mon *cherry coke* ! Il n'aurait fallu qu'un moment de plus… La *waitress*-chiourme nous rappelait à l'ordre : *« You can't sit here all afternoon ! This is not a train station ! »* Pour nous venger, nous remplissions de sucre la salière et nous salions le sucrier. *« So you think you're funny ? Get out of here ! »* C'était donc ça la liberté ?

Le 12 avril 1960, Vito, venu s'installer à côté, nous ouvrait grand ses portes. Tout de suite, nous l'avons adopté. Je le revois encore derrière sa vitrine, pétrissant ses pâtes, les façonnant du bout des doigts pour aussitôt les lancer, les rattraper au vol tout en surveillant du coin de l'œil notre arrivée : Salut « Pinard, salut Taschereau ! Maheu est déjà là au fond, avec Borduas. » Entre nous, nous avions banni l'usage du prénom, par peur sans doute d'étaler au grand jour une intimité qui eût paru suspecte. C'était le temps de l'amitié intense. Au menu, des pizzas à la croûte croquante, « double fromage et double champignons », Brio Chinotto, cappuccino, express bien tassé et vin rouge en carafon pour arroser tout ça. Brassens chantait les amoureux qui se bécotent sur les bancs publics, bancs publics, Gréco haïssait les dimanches, Léveillée n'en finissait plus au piano mécanique d'attendre son rendez-vous manqué. « Tout est affaire de décor, changer de lit, changer de corps. » Pauline Julien tirait les larmes avec Aragon et Ferré. Taschereau lisait Céline et déclamait Musset, tandis que Michel Beaulieu griffonnait ses poèmes les yeux pleins de sa faim pour le monde. René Lévesque, la veille, nous avait parlé de l'Algérie. Des mots se bousculaient dont nous commencions à peine à comprendre le sens : aliénation,

anomie, colonisé, libération. Nous étions marxistes sans avoir lu Marx, freudiens parce que Sigmund nous faisait rire. « Hey Pinard ! Comment se porte ton complexe d'Œdipe ? » Jacques Godbout, pour nous le frère de Claude, venait de publier un roman, *L'Aquarium*. À travers ses yeux, nous avons vu l'Éthiopie. C'était le temps des amitiés intenses, le temps des amours naissantes, mais celles qui durent. Elles s'appelaient Monique, Madeleine, Lucie, l'autre Madeleine, dite Mado. En somme, nous étions heureux sans le savoir, condition essentielle du bonheur. Souvent Vito s'assoyait avec nous pour écouter. Nous savions de lui qu'il était né aux environs de Venise. Venise ! Parfois il laissait poindre un peu de nostalgie, pour aussitôt se ressaisir. « Vous savez, la nostalgie, on la ressent parfois. Mais on n'en parle pas ; ça finit toujours par passer… »

Nous y retournons tous parfois comme pour nous assurer que Vito est toujours là, que la jeunesse dure, que le bonheur existe. Car le bonheur est parfois si simple. Celui, par exemple, de pétrir la pâte et de laisser la levure faire son travail. Gilles Carle a raison : la terre est une pizza. Mordons dedans, à pleines dents.

PÂTE À PIZZA

Recette de base pour une grande pizza de
15 po de diamètre, 2 de 12 po, ou 4 de 9 po :
1 ou 2 sachets de levure
125 ml (1/2 t.) d'eau tiède
1 c. à thé de sel
1 pincée de sucre

60   ml (1/4 de t.) de lait ou d'eau tiède
4 ou 5 c. à soupe d'huile d'olive
480 g (3 t.) de farine tout usage
semoule de maïs ou de blé dur

Versez l'eau tiède dans un petit bol rincé à l'eau très chaude. Saupoudrez la levure et laissez-la «se réveiller» quelques minutes. Brassez un peu à la fourchette pour bien la dissoudre, ajoutez le sel, le sucre, le lait tiède et l'huile d'olive. Réservez.

Déposez la farine dans le récipient de votre robot culinaire. Mettez-le en marche et versez-y le contenu du petit bol. En quelques secondes, la pâte va former une boule compacte. C'est prêt. Si la boule ne se forme pas, ajoutez un peu de lait ou d'eau tiède pendant que le moteur tourne. Si votre robot est trop petit pour accommoder toute la recette, pas de problème. Procédez en deux temps et pétrissez ensuite les deux boules ensemble.

Pétrissez la pâte sur le comptoir. Abaissez-la de la paume de la main, formez une boule, abaissez-la encore, reformez-la, et opérez ainsi une vingtaine de fois. Après quoi, le temps sera venu de laisser la levure faire son travail. Badigeonnez un grand bol d'huile d'olive et mettez-y la pâte à lever. Recouvrez-la d'un linge humide et laissez-la à l'abri du froid et des courants d'air. En digérant le gluten de la farine, la pâte va gonfler et doubler de volume. Pétrissez-la quelques secondes, et puis ça y est. Contrairement à vous, j'espère, la voilà dégonflée…

Ne reste plus maintenant qu'à la rouler. Pour une grande pizza, roulez toute la pâte sans autre forme de procès. Sinon, divisez-la en 2 ou en 4. Si vous voulez avoir une pâte bien croustillante, saupoudrez la croûte d'un peu de semoule de maïs ou de blé dur. Comme vous avez roulé la pâte plutôt que de la former à la main en la faisant adroitement virevolter dans les airs, gardez-la en attente une dizaine de minutes avant de la garnir. La levure va reprendre son travail et la pâte, retrouver sa légèreté.

Vous avez allumé votre four à la chaleur maximale, soit 500 °F. Pas à *broil*, ce serait désastreux! Vos tôles à biscuits (des tuiles à biscuits, c'est encore mieux!) y sont déjà et elles surchauffent. Déposez votre croûte à l'endos de la tôle et garnissez-la avec célérité afin d'éviter que l'humidité de votre garniture noie la pâte. N'oubliez surtout pas l'huile d'olive! Vite, à cuire! Dans 10 à 12 min, ce sera prêt.

Quelques variations

Votre pâte sera meilleure si vous remplacez la farine tout usage par de la farine à pain ou de la farine non blanchie, dont la teneur en gluten est plus élevée.

Pour une pâte santé, remplacez une partie de la farine ou toute la farine tout usage par de la farine de blé entier. La croûte sera cependant plus sèche et moins croquante.

Par contre, si vous aimez le goût « sauvage » du seigle ou du sarrasin, vous pouvez également remplacer 160 g (1 t.) de farine de blé par l'une ou l'autre de ces farines. Vous ne le regret-terez pas !

Enfin, pour une pâte très croquante, remplacez 80 g (1/2 t.) de farine de blé par 80 g (1/2 t.) de semoule de blé dur.

Vous pourrez aussi aromatiser votre pâte avec une pincée de romarin ou, comme je le fais sou-vent, avec 1 ou 2 c. à thé de zestes de citron ou d'orange finement hachés. À moins que vous ne préfériez ajouter à la pâte quelques noix de Grenoble grossièrement hachées au moment de la rouler…

PIZZA MARGHERITA

1   boîte de tomates italiennes égouttées
1/2   boîte de concentré de tomate
2/3   c. à thé de sel
1   pincée de sucre
poivre
1   pincée de poivre de Cayenne ou quelques gouttes de Tabasco

85   ml (1/3 de t.) d'huile d'olive
500   g (1 lb) de mozzarella
20   feuilles de basilic

C'est la garniture de pizza la plus simple et celle que je préfère. Préparée l'été avec des tomates bien fermes, parfumées de soleil, elle me transporte de joie. Mais est-ce une raison pour s'en passer l'automne et l'hiver ? Eh bien non ! Nous ferons contre mauvaise fortune bon cœur et rendrons grâce à l'Italie pour ces sublimes tomates San Marzano que l'on trouve dans le commerce.

Mais pour s'assurer que les tomates en boîte ne noient pas la pâte, il est nécessaire de bien les égoutter à la passoire. Pressez-les même un peu, mais sans pour autant les défaire en purée. Mettez-les ensuite dans un bol et ajoutez le concentré de tomates : il absorbera le trop plein d'eau. Salez, sucrez, poivrez et épicez. Ajoutez l'huile d'olive et réservez.

Au moment de garnir les croûtes, procédez rapidement. Recouvrez-les d'abord de fro-mage. Ajoutez les feuilles de basilic et par-dessus, les tomates et l'huile. Et hop ! au four.

Ajoutez une boîte d'anchois rincés à l'eau tiède et vous venez de réinventer la pizza romanesca !

Éliminez les tomates et vous avez recréé la pizza margherita bianca !

PIZZA ALLE VONGOLE

2   boîtes de palourdes en conserve
85 ml (1/3 de t.) d'huile d'olive
4   tomates italiennes en boîte bien
    égouttées et hachées en dés
3   branches de persil plat finement haché
2   gousses d'ail pelées, dégermées et
    grossièrement hachées

poivre
pas de sel !

Égouttez bien les palourdes en les pressant contre la grille d'un tamis. Réservez-les dans un bol avec les autres ingrédients de la garniture.

Vous pouvez aussi oublier les tomates et opter pour une version «blanche». Oubliez la pizza et vive les pâtes !

SPAGHETTI ALLE VONGOLE

2   boîtes de palourdes en conserve
1   verre de vin blanc sec
2   gousses d'ail pelées, dégermées et
    grossièrement hachées
3   branches de persil plat finement
    haché

4   tomates italiennes en boîte bien
    égouttées et hachées en dés
1 ou 2 c. à soupe d'huile d'olive
poivre
pas de sel !
500 g de spaghettis

Faites réduire des 2/3 l'eau des palourdes dans une petite casserole. Ajoutez le vin blanc sec et laissez réduire de moitié. Ajoutez ensuite l'ail, le persil et les tomates. Laissez frémir 3 ou 4 min. Versez les palourdes, pour les réchauffer sans les cuire, et l'huile d'olive. Poivrez.

Servez cette sauce divine sur vos spaghettis *al dente*. Ils combleront vos invités. Si vous préférez la sauce alle vongole blanche, alors oubliez les tomates…

PIZZA AUX ENDIVES BRAISÉES

8 à 10 endives aux feuilles bien fermées
beurre
sucre
sel et poivre
huile

Une recette exquise à condition de savoir braiser vos endives ! Pas question de les faire cuire à la vapeur : c'est trop amer. Pas question de les cuire à grande eau : ça donne une purée infâme. Pas question non plus de les faire revenir au beurre à la poêle avec quelques gouttes de citron : trop amer et trop gras! Il n'y a, je vous le jure, qu'une seule façon qui se respecte de braiser ce légume merveilleux.

Ne lavez pas les endives, mais essuyez-les avec soin. À l'aide d'un petit couteau, prélevez à la base le trognon en cône pour assurer une cuisson uniforme. Beurrez un petit plat allant au four. Disposez dedans les endives bien serrées, côte à côte. Sucrez, salez, poivrez, et le tour est joué. Couvrez le plat de papier d'aluminium et mettez à cuire 1 h à 350 °F. Laissez tiédir à découvert.

Garnissez-en la croûte, versez-y un peu d'huile goutte à goutte et mettez à cuire 12 min au four très chaud. Oubliez la pizza! Et vive les endives ardennaises!

ENDIVES ARDENNAISES

8 à 10 tranches de jambon de Paris
beurre
sauce Mornay
noix

Enveloppez chaque endive braisée d'une fine tranche de jambon de Paris. Rangez-les dans le plat à braiser bien beurré. Nappez-les d'une sauce Mornay : 500 ml (2 t.) de sauce béchamel parfumée de muscade et 125 g (1/2 t.) de fromage râpé. Faites gratiner une vingtaine de min à 400 °F et décorez de quelques noix.

PIZZA AUX OIGNONS À LA PROVENÇALE

3 oignons espagnols
4 c. à soupe d'huile d'olive
1 c. à thé de sucre
1 ou 2 généreuses pincées d'herbes de Provence
30 olives noires dénoyautées et grossièrement hachées
1 boîte d'anchois rincés à l'eau tiède, essuyés et grossièrement hachés
6 tomates italiennes en boîte
huile d'olive

Pelez les oignons et tranchez-les en fines rondelles. Faites-les suer dans l'huile à feu moyen dans une grande casserole. Sitôt que les oignons sont tombés, laissez cuire tout doucement à couvert pendant au moins 30 min. Une heure de cuisson lente et ils n'en seront que meilleurs! Ôtez le couvercle, montez la flamme, ajoutez le sucre et brassez jusqu'à ce que l'eau de végétation se soit évaporée et que la compote commence à caraméliser. Parsemez de fines herbes et réservez. Garnissez d'abord les croûtes de compote froide. Ajoutez les olives, les anchois, les tomates concassées et enfin de l'huile d'olive au goût. Et puis hop! au four!

Oubliez encore une fois la pizza. Dans une petite casserole, mélangez tous les ingrédients de la garniture, mouillez d'un petit verre de vin blanc sec, n'ajoutez que 2 c. à soupe d'huile d'olive et laissez réduire 1 min ou 2. Servez sur des pâtes *al dente* avec du parmesan fraîchement râpé. Un mets délicieux, d'une simplicité tout à fait radieuse !

PIZZA AUX CHAMPIGNONS

1   kg (2 lb) de champignons de Paris
3 ou 4 champignons secs, réduits en poudre
       au robot
2   c. à soupe d'huile d'olive
1   noix de beurre doux
1/2   citron
persil haché
sel et poivre
85   ml (1/3 de t.) d'huile d'olive

Mieux vaut ne pas garnir vos pizzas de tranches de champignons crus, car ils rendent à la cuisson une eau qui noie la pâte. Faites-les d'abord sauter à la poêle. Mais comme nos champignons ne sont pas plus parfumés qu'il faut, ajoutez à votre préparation une poudre de champignons secs. Cela leur donnera un petit goût «sauvage».

Choisissez des champignons encore bien fermés à la base. Essuyez-les, tranchez-les en fines lamelles et faites-les sauter dans une grande poêle à feu moyen dans l'huile d'olive et le beurre doux. Ajoutez le jus de

citron à mi-cuisson pour les blanchir. Laissez s'évaporer toute l'eau de végétation, ajoutez du persil haché, salez et poivrez. Garnissez la croûte avec célérité et arrosez d'huile d'olive. Au four !

Vos champignons sont prêts et encore chauds ? Dans un petit bol, mélangez à la fourchette 2 jaunes d'œufs et le jus d'un citron. Ajoutez aux champignons bien chauds, mélangez et réchauffez à feu doux en brassant à la spatule. Servez ces champignons en guise d'entrée sur des toasts ou nappez-en de fines escalopes de veau farinées et à peine sautées à la poêle.

Régal pascal

Pâques revient inlassablement tous les ans, comme mars en carême. Aussi me demandez-vous quelques plats faciles à faire mais tout de même surprenants. Quel plaisir! Pour une fois je n'aurai pas à vous faire sourire ou rêver, rire ou même pleurer pour vous amener à cuisiner. Voici donc neuf plats tout simples, autant de véritables promesses de bonheur! Car, pour moi, le bonheur c'est ça: une table garnie, des gens qu'on aime et dehors, le printemps et le désir qui éclatent!

Cette jardinière de légumes en sabayon par exemple: une perfection! Mais je ne m'en vante pas et je dois rendre à César ce qui lui revient de droit. C'est Giuliano Bugialli, un des grands de la cuisine italienne, qui m'en a donné l'idée. Lui-même l'a dénichée quelque part dans le Piémont. Recette surprenante! s'exclameront ceux qui ne connaissent du sabayon que ses versions sucrées. Mais je vous le dis haut et fort, il est parfait… et si simple. Comme le sont d'ailleurs ces crostinis gorgés de soleil et qui ne demandent que des ingrédients de première fraîcheur: des olives noires de Kalamata, des herbes et du jus de citron frais, de l'huile d'olive pressée à froid.

Idem pour les Délicieuses au fromage… suisse (cela va de soi), qui garde tout frais en mémoire son goût d'amande. Et pour les parfumer, jetez-moi de grâce cette vilaine poudre de muscade éventée qui vous attend dans l'armoire depuis Pâques dernier. Râpez plutôt une vraie noix de muscade, ne serait-ce que pour humer son capiteux arôme.

Mon jambon à l'érable sera divin si vous parvenez à trouver une petite bête dont le boucher n'aura pas cru bon d'enlever la couenne, qui protège la viande du dessèchement et l'empêche de s'effilocher au cours de la cuisson. Pour ce qui est de ce lapin aux poires et au gingembre, n'allez surtout pas utiliser du gingembre en poudre. Maintenant, on peut trouver presque partout de vraies racines.

J'ai pendant des années cherché une recette d'Alaska Pie, ce dessert savoureux qui fit les délices de mon enfance : sur une génoise ou des doigts de dame humectés de liqueur, une glace à la vanille ou au chocolat, à moins que vous ne préfériez un parfait. Par-dessus, une belle meringue dorée qui l'empêche de fondre. Une meringue de blancs d'œufs et de sucre ne convient pas ; je vous en propose une autre qui me vient de chez Jacques Pépin, dont on ne saurait trop recommander les livres de techniques. En anglais seulement, hélas.

Enfin, pour conclure, ces œufs fourrés de ganache pralinée. D'une incroyable simplicité. L'important ici, encore une fois, c'est la fraîcheur et la finesse du produit. N'utilisez qu'un chocolat européen de qualité, le Valrhona par exemple... Ça y est, la cuisine est à vous, faites vos œufs !

JARDINIÈRE DE LÉGUMES EN SABAYON À LA MANIÈRE DE GIULIANO BUGIALLI

Quelle meilleure façon de célébrer le retour du printemps que de présenter à vos convives une jardinière de légumes primeurs ! Vous restez sans réponse ? Qui ne dit mot consent ! Ces légumes, vous les servirez crus ou à peine pochés puis

plongés dans l'eau glacée pour qu'ils restent bien croquants. Haricots verts ou haricots jaunes, petites carottes, oignons verts, pois mange-tout, courgettes en petits bâtonnets, brocolis ou choux-fleurs... Malheureux ! N'allez-vous pas oublier les asperges et les feuilles d'endives ? Disposez ensuite tous vos légumes dans un plat, avec tout le savoir-faire qui vous caractérise. Nappez-les de sabayon ou servez le sabayon en saucière.

6   *jaunes d'œufs*
250 ml (1 t.) de vin blanc sec
1   pincée de sel
poivre du moulin

Si vous avez un bain-marie, tant mieux. Sinon, pas de problème. Votre cul-de-poule fera fort bien l'affaire. Un cul-de-poule, vous le savez, c'est un bol métallique en forme de demi-sphère comme on trouve dans toutes les cuisines. Même la vôtre !

Armé d'un fouet ou d'une mixette, fouettez ensemble tous les ingrédients dans la partie supérieure de votre bain-marie ou dans votre cul-de-poule. Sitôt que les ingrédients sont bien mélangés, posez le cul-de-poule ou la partie supérieure de votre bain-marie sur sa casserole d'eau frémissante. Important : l'eau ne doit pas bouillir à gros bouillons, mais à peine frémir. Plus important encore, la base du contenant supérieur ne doit pas entrer en contact direct avec l'eau bouillante, ce qui ferait coaguler les jaunes au fond. Surtout, évitez de trop cuire. L'ébullition ferait « grainer » les jaunes... Surtout, ne vous inquiétez pas. Je vous le jure, c'est tout simple.

Voilà, vous fouettez depuis 4 ou 5 min… Le mélange a quadruplé de volume. La mousse toute légère se tient en pic. C'est chaud au doigt. C'est prêt. Nappez de sauce les assiettes bien chaudes garnies de petits légumes croquants. Sur le sabayon, votre saumon poché en darnes ou en filets. Vite à table !

Note : Étrangement, Bugialli recommande de brasser le sabayon à la cuiller de bois, en prenant bien soin de toujours tourner dans le même sens… la sauce ajoute-t-il, est prête lorsqu'elle nappe la cuiller. N'en faites rien. Pour une sauce toute légère, vive le fouet !

CROSTINIS AUX CHAMPIGNONS ET AUX OLIVES NOIRES

Les crostinis sont des petits canapés faits de pain frit à l'huile et garnis de diverses manières. Je vous suggère plutôt de faire griller tout doucement des tranches de baguette au four, sur une plaque, à 225 °F pendant une heure. Elles seront dorées de part en part, délicieuses, aussi croquantes froides que chaudes.

1	baguette
500	g (1 lb) de champignons de Paris

huile d'olive

1/2	citron
1	c. à thé d'herbes de Provence ou d'un mélange de thym et de romarin
1	pincée de poivre de Cayenne
2	gousses d'ail pelées, dégermées et grossièrement hachées
500	g (2 t.) d'olives noires dénoyautées et hachées
1	boîte d'anchois rincés à l'eau tiède
4	c. à soupe d'huile d'olive première pression

Ne lavez pas les champignons. Essuyez-les bien, puis hachez-les ensuite assez grossièrement. Faites-les sauter à feu moyen dans l'huile d'olive. S'ils rendent beaucoup d'eau à la cuisson, égouttez-les au tamis et remettez-les à la poêle avant d'ajouter le jus de citron, les herbes, le poivre, l'ail, les olives et les anchois réduits en purée. Faites sauter 1 ou 2 min de plus puis laissez refroidir avant d'ajouter l'huile d'olive première pression.

DÉLICIEUSES AU FROMAGE

200 g (7 oz) de gruyère ou d'emmenthal
râpé grossièrement
3 ou 4 blancs d'œufs légèrement battus en
omelette à la fourchette
1 pincée de poivre de Cayenne
1 pincée de muscade
1 pincée de poivre noir
chapelure fine

Vous aimez le chèvre chaud en salade ou bien les œufs pochés sur un effiloché d'endives, heureux mariage de la chaleur onctueuse et de la fraîcheur acidulée des laitues ? Vous serez ravi de la combinaison, à la fois « filantes » et croquantes, de ces Délicieuses à l'emmenthal ou au gruyère sur leur lit de mâche, de cresson, de radicchio, de frisée ou d'endives. Vous n'avez qu'à faire une vinaigrette toute simple : jus de citron ou de lime, huile d'olive, un soupçon de moutarde de Dijon, poivre du moulin et, si le bonheur total ne vous angoisse pas trop, quelques gouttes de vinaigre balsamique…

Dans un bol, mélangez le fromage, les blancs d'œufs et les épices. Faites-en des billes grosses comme des œufs de caille. Roulez-les ensuite dans la chapelure et plongez-les en haute friture dans l'huile végétale à 375 °F, le temps qu'elles dorent. La vapeur produite par l'eau des blancs d'œufs restera emprisonnée dans le fromage fondu à la surface : ainsi, les boules se gonfleront. Et vous aurez réalisé un miracle !

JAMBON AUX ANANAS CONFITS À L'ÉRABLE

1 jambon entier ou un demi avec un
os, cuit ou semi-cuit
40 clous de girofle
1 ou 2 ananas frais en tranches ou
1 ou 2 boîtes d'ananas en conserve
1 boîte de sirop d'érable

Dans une grande casserole, recouvrez le jambon d'eau froide et amenez-le à ébullition sans autre cérémonie. Laissez-le ensuite doucement frémir pendant 30 min, même si on vous a vendu un jambon cuit ou semi-cuit. L'opération n'a pas seulement pour but d'attendrir la viande, mais elle est essentielle pour éliminer en partie le sel et les agents chimiques de conservation qu'elle contient. Ajoutez pendant la cuisson ce qu'il faut d'eau bouillante pour que le jambon demeure bien immergé.

Égouttez le jambon, piquez-le de clous, recouvrez-le de tranches d'ananas et versez le sirop d'érable dessus. Mettez-le au four à couvert pendant 60 min à 275 °F. Puis faites-le cuire 30 min de plus à découvert à la même température. Le sirop et les jus du jambon et de l'ananas vont s'amalgamer pour faire une sauce onctueuse. Quant aux ananas caramélisés, ils vous feront fondre à votre tour de plaisir !

PETITES CÔTELETTES D'AGNEAU

200 g (2 t.) de chapelure
250 g (1 t.) de parmesan frais râpé
1   c. à thé d'herbes de Provence
12   petites côtelettes d'agneau à la
     température de la pièce
farine
2 ou 3 œufs battus en omelette
4   c. à soupe d'huile d'olive
2   noix de beurre doux

Mélangez la chapelure, le fromage et les
fines herbes. Dégraissez vos côtelettes si
votre boucher a été négligent de ce côté.
Farinez-les légèrement, plongez-les dans les
œufs battus puis retournez-les dans la
chapelure assaisonnée de parmesan et de
fines herbes afin qu'elles en soient bien
enrobées. Pressez la chapelure avec les
doigts ou la paume de la main pour vous
assurer qu'elle adhère aux côtelettes.
Gardez en réserve les côtelettes « chape-
lurées » sur du papier ciré jusqu'au moment
de les faire dorer à la poêle dans l'huile
d'olive et le beurre doux bien chauds.
Lorsqu'elles sont cuites, réservez-les à four
chaud sur du papier absorbant.

En guise d'accompagnement, des tomates à
l'étuvée parfumées d'ail et d'huile d'olive,
des tranches d'aubergines grillées, quelques
tiges de cresson frais ou de fines rondelles
de citron feront très bien l'affaire.

POIRES AU VIN ROUGE ET AU POIVRE

4 ou 6 poires mûres mais encore bien
     fermes
1   bouteille de vin rouge bien corsé
230 g (1 t.) de sucre
1   c. à soupe de poivre noir en grains

Pelez les poires mais évitez de vous en
prendre à la queue. On a beau être poire…
quand même ! Enlevez cependant la
« mouche » à l'aide de la pointe de l'économe. Mettez-les aussitôt dans une casserole assez grande pour les contenir toutes.
Recouvrez-les de vin rouge. Ajoutez le
sucre et le poivre, et amenez à ébullition.
Laissez frémir tout doucement jusqu'à ce
que les poires soient tendres, de 15 à 30
min. Laissez-les refroidir dans leur jus de
cuisson et servez.

LAPIN AUX POIRES PARFUMÉ AU GINGEMBRE

4 ou 6 *poires mûres au vin rouge*
1 ou 2 *carottes en fines rondelles*
1 ou 2 *oignons moyens grossièrement hachés*
1 ou 2 *branches de cœur de céleri finement hachées*
2 *c. à soupe d'huile d'olive*
2 *noix de beurre doux*
1 *boîte de consommé de bœuf*
1 *c. à thé de coriandre*
2 *généreuses pincées de thym sec*
1 *feuille de laurier*
1 *lapin de 1 kg (2 lb) environ, coupé en 8 morceaux*
farine
1 *morceau de gingembre frais gros comme un œuf de caille*

Préparez les poires comme dans la recette précédente, sans les sucrer toutefois. Réservez-les dans leur vin de cuisson.

À feu moyen, faites revenir dans une casserole les légumes dans l'huile et le beurre sans qu'ils se colorent. Ajoutez ensuite le vin de cuisson des poires, le consommé et tous les aromates à l'exception du gingembre. Laissez frémir à couvert pendant que vous ferez dorer les morceaux de lapin farinés, dans une poêle, avec un peu de beurre et d'huile.

Il ne s'agit pas de faire cuire le lapin, mais seulement de sceller les jus dans la viande. Dès que les morceaux commencent à dorer, mettez-les à cuire dans la sauce, à couvert, jusqu'à ce que la bestiole soit tendre à la fourchette, soit entre 30 à 60 min. Réservez le lapin.

À feu moyen, réduisez la sauce de moitié. Remettez les morceaux de viande dans la sauce, ajoutez les poires et réchauffez.

Au moment de servir, parfumez au jus de gingembre frais. Pour ce faire, pelez le gingembre à l'économe, tranchez-le en petits morceaux et extrayez-en le jus au presse-ail. C'est pas sorcier!

OMELETTE SURPRISE OU ALASKA PIE

6 *blancs d'œufs*
1 *pincée de sel*
230 *g (1 t.) de sucre*
4 *jaunes d'œufs*
12 *doigts de dame mouillés de quelques gouttes de liqueur*
1 *l (4 t.) de glace à la vanille, au café ou au chocolat*

Dans un grand bol, montez les blancs d'œufs et le sel en neige ferme mais encore brillante. En continuant de fouetter, ajoutez 115 g (1/2 t.) de sucre et battez quelques secondes de plus. Réservez.

Fouettez les jaunes d'œufs et le reste du sucre jusqu'à ce que le mélange forme ruban. Mélangez ensuite les jaunes et les blancs à la spatule en repliant le mélange, de façon à incorporer le maximum d'air.

Préchauffez le four à 450 °F. Beurrez le fond d'une assiette de service. Saupoudrez un peu de sucre dans le fond et déposez-y les doigts de dame (ou une génoise) imbibés de liqueur. Très vite, garnissez de crème glacée, nappez de meringue et mettez aussitôt à cuire 5 min au four ou 2 ou 3 min sous le gril à température maximale.

Vous pouvez remplacer la glace par des fruits frais ou pochés. Ou être vraiment cochon et garnir les doigts de dame de fruits et de crème glacée!

ŒUFS DE PÂQUES PRALINÉS

12   *œufs extra gros*
12   *cerneaux de noix de Grenoble*

Le pralin :
230 g (1 t.) de sucre
125 ml (1/2 t.) d'eau
165 g (1 t.) d'amandes en peau

La ganache :
250 ml (1 t.) de crème à 35 %
500 g (1 lb) de chocolat grossièrement
      haché
4   c. à soupe de Grand Marnier ou de
      crème de menthe blanche

À l'aide d'un coupe-œuf ou de petits ciseaux, pratiquez une ouverture de 3/4 de po à la base des œufs. Videz-les et faites sécher les coquilles au four à 250 °F une dizaine de minutes.

Pour faire le pralin, faites cuire à feu moyen le sucre, l'eau et les amandes dans une petite casserole : le caramel sera prêt quand le thermomètre indiquera 330 °F. Versez-le alors sur une plaque huilée et laissez-le refroidir.

Cassez-le en morceaux et réduisez-le en poudre au robot.

Pour la ganache, amenez la crème à ébullition dans une casserole assez grande pour qu'elle ne déborde pas. Dès que la crème bout, retirez la casserole du feu et ajoutez le chocolat en morceaux. Brassez doucement avec une cuiller de bois jusqu'à ce qu'il ait fondu puis parfumez d'alcool. Laissez tiédir la ganache avant d'ajouter le pralin. Farcissez-en vos œufs à la poche à douille puis masquez l'ouverture avec un cerneau de noix de Grenoble.

Servez dans des coquetiers, sur un nid de paille ou mieux encore, dans une boîte à œufs. Cela vous inscrirait tout à fait dans la tradition hyperréaliste issue de la postmodernité, comme dirait Marie-France Bazzo…

Un zeste de soleil

Pour Marie-Jeanne Préfontaine.

Madame,
Il faisait froid à fendre l'âme. On entendait presque craquer les pierres grises des maisons cossues de la rue Saint-Denis, à Montréal. Vous sortiez du restaurant L'Express. Ravissante comme toujours. Vison noir, bottes de cuir verni, toque de zibeline et foulard d'alpaga. Vos yeux de braise. L'hiver pour vous n'existait pas. On vous aurait dit tout droit sortie du magazine *Elle.* Et puis vous m'avez aperçu, haletant, vociférant contre le vent, sans foulard ni gants, sans chapeau, manteau de printemps entrouvert, souliers d'été.

Je n'oublierai jamais ce regard incrédule. Stupéfaite, vous alliez vous inquiéter de moi, me dire, maternelle: «Pauvre fou, va t'habiller, tu vas attraper ton coup de mort!» Mais vous n'avez rien dit, en pensant peut-être: «Que le diable ou que l'hiver l'emportent!» Vous êtes femme jusqu'au bout des ongles et partant, adepte, pour ne pas dire soumise à la réalité. «L'hiver est là, vous dites-vous, autant s'en protéger.» L'homme au contraire a souvent avec la réalité un rapport adversaire. Un rapport, disait Hegel, de «négation constructive».

Ainsi arrive-t-il à certains d'entre nous de nier tout simplement l'hiver pour en venir à bout ! Voilà pourquoi sans doute les hommes sont plus souvent poètes, fous ou politiciens, ce qui d'ailleurs revient au même.

Ainsi, ma vie est un combat sans trêve. Rhumes, grippes, bronchites, laryngites, sinusites, engelures : un triste cortège de combats perdus. Je perds des batailles, c'est vrai, mais je finirai par gagner la guerre ! Inspiré par Jean-Marc Chaput, je dis merde à l'hiver, persuadé que j'en viendrai à bout. « Vas-y, me dis-je virilement, t'es capable ! » Il m'arrive parfois, hélas ! d'avoir l'impression de mener un combat inutile. Je crois devoir me rendre à vos arguments et croire comme vous que mon obstination voisine la folie. Mais j'ai heureusement des alliés qui font preuve d'un courage jugé contre nature.

C'était rue Saint-Denis, rappelez-vous. Honteux, je me suis enfui, mais peut-être m'avez-vous aperçu m'engouffrant chez Marcel Proulx, horticulteur. Le frimas en vitrine cachait aux passants transis son terrain de bataille, mais il n'en combattait pas moins. Je le surpris debout comme un soldat, sauvant *in extremis* un pamplemoussier d'une blessure certaine. Deux fruits, gros comme des cantaloups, menaçaient de casser la branche qui les nourrissait. Pour les retenir, Proulx venait de confectionner une sorte de sac en mousseline retenu par un tuteur de bambou. On aurait dit l'habilleur de Mitsou ! Tout autour, d'autres arbustes tout aussi pleins de fleurs et de fruits : mandariniers, orangers, kumquats et citronniers. La boutique embaumait le jasmin. Les hibiscus s'éclataient : rouges, roses et or.

J'emportai chez moi un citronnier. Il fait de la fenêtre de ma cuisine un jardin andalou…

Mais laissez-moi plutôt vous inviter à Hydra. De votre petite maison de crépi blanc, vous pourrez voir la mer. La soupe avgolemono, faite de bouillon de poulet, de jaunes d'œufs et de jus de citron, tient du réalisme magique. Mais avant de partir à l'aventure et de me suivre plus loin, armez-vous d'un citron bien lustré, jaune ou vert. De l'ongle, grattez un peu la peau pour que s'échappent les huiles parfumées. Engourdie par l'hiver, votre mémoire du soleil s'éveille. Ça y est ! Vous vous souvenez, je le sais, vos narines palpitent. Une pâte sablée, c'est une plage sous vos pieds. Ces tranches de citron confit, on dirait le soleil dans les vagues. Et si la neige dehors vous menace, n'en faites pas tout un plat. La vie est une assiette. Cassez-la ! Que le réel éclate ! Quant à moi, je vous quitte. Je sors encore pour engueuler l'hiver : toujours sans chapeau, ni foulard ni bottes. Comptez sur moi. Je vais gagner la guerre. Mars sera difficile, puis viendront avril et mai. Vous n'aurez plus alors, madame, qu'à me remercier…

SOUPE AVGOLEMONO

1.5   l (6 t.) de bouillon de poulet
110   g (1/2 t.) de riz
3   jaunes d'œufs
1 ou 2 citrons jaunes ou verts
persil, menthe ou coriandre frais
tranches fines de citron
sel et poivre

Amenez le bouillon à ébullition. Ajoutez le riz et laissez mijoter tout doucement, le temps qu'il faut pour le cuire *al dente*. Mélangez les jaunes d'œufs battus à la fourchette au jus de citron et jetez dans le bouillon. Ramenez à ébullition sans vous inquiéter, le citron empêchera les jaunes de coaguler.

Servez cette soupe décorée d'herbes fraîches et de tranches de citron. Pour en faire une soupe-repas, ajoutez-y du poulet cuit en petits morceaux…

CÉVICHE DE PÉTONCLES AU CITRON VERT

20   gros pétoncles frais
1   citron vert
4   c. à soupe d'huile d'olive vierge
2   poivrons rouges en conserve (dans l'huile ou l'eau salée)
4   c. à soupe de câpres (les plus petites sont les meilleures)
quelques grains de poivre rose
persil frais
coriandre fraîche
citron vert

Rincez les pétoncles à l'eau froide et tranchez-les en lamelles de 1 cm. Dans un bol de porcelaine ou de verre, recouvrez-les de jus de citron vert et laissez-les « cuire » au frigo pendant 3 ou 4 h. Ajoutez l'huile d'olive, les poivrons en lanières, les câpres. Quelques grains de poivre rose peut-être, du persil frais, ou mieux encore, de la coriandre et quelques tranches fines de citron vert en pelure…

SAUMON POCHÉ AU BEURRE BLANC DE CITRON

4   darnes ou filets de saumon
1   citron
1   pincée de sel
poivre du moulin
1   petite échalote finement hachée
100 à 150 g (3 à 5 oz) de beurre doux froid en 5 ou 6 morceaux

Vous avez tout doucement poché dans un fumet, un court-bouillon ou simplement à l'eau salée à peine frémissante votre saumon, en darnes ou en filets. Vos pommes de terre vapeur sont prêtes. Vous n'avez plus qu'à monter un beurre blanc pour régaler vos convives les plus exigeants.

Dans une petite casserole, réduisez presque à sec le jus de citron, le sel, le poivre et l'échalote. Retirez la casserole du feu et ajoutez ensemble tous les morceaux de beurre. Montez la sauce au fouet pour que le beurre fonde sans se séparer, qu'il fasse une émulsion avec le jus concentré de citron. Si la casserole n'est plus assez chaude, remettez-la quelques secondes sur le feu tout en brassant, mais prenez soin d'éviter toute ébullition.

Nappez le poisson de la sauce et garnissez de persil frais haché ou mieux encore d'aneth frais.

POULET AU CITRON
À LA CRAPAUDINE

1   poulet
2 ou 3 citrons
1 ou 2 gousses d'ail pelées, dégermées
        et pressées
sel et poivre
persil plat

Dans *Le Goût de l'Italie,* Giuliano Bugialli nous propose cette façon toute simple de préparer le poulet au citron. Un plat qui tient de la perfection.

Pour apprêter votre poulet «à la crapaudine», ouvrez-le en deux par devant, à l'aide d'un couteau bien tranchant. Retournez-le et pressez-le du plat de la main sur la colonne vertébrale pour qu'il soit bien à plat. Ainsi préparé pour griller plus rapidement et plus uniformément, le poulet est d'abord arrosé de jus et parfumé avec l'ail. On le sale et on le poivre au goût. On le laisse au comptoir pour éviter que la chair froide de la volaille ne soit saisie par la chaleur du four.

Une heure plus tard, c'est le temps de le mettre à cuire sur une lèchefrite, garni de moitiés de citrons pressés. Le four est chaud ; les citrons prendront donc une couleur caramel doré… Temps de cuisson ? Tout dépend de la grosseur de l'oiseau, bien sûr : 45 min au moins à 375 °F, une heure ou un peu plus peut-être.

Garnissez-le de persil plat et servez-le avec de simples nouilles au beurre *al dente*.

TARTE AU CITRON À LA FRANÇAISE ET SES CITRONS CONFITS

170 ml (2/3 de t.) de jus de citron frais
2   c. à soupe de jus d'orange concentré
     (facultatif)
115 à 170 g (1/2 à 3/4 t.) de sucre
125 ml (1/2 t.) de crème à 35 %
4   gros œufs de 60 g (2 oz) chacun
2   jaunes d'œufs

La pâte sablée :
1   gros œuf
1   pincée de sel
125 g (1/2 t.) de sucre
quelques gouttes de vanille
160 g (1 t.) de farine tout usage tamisée
125 g (1/2 t.) de beurre doux, ferme
     mais malléable

Les citrons confits :
2   citrons en tranches très fines avec
     leurs écorces
250 ml (1 t.) d'eau
230 g (1 t.) de sucre

Dans un bol, battez au fouet ou à la mixette le jus de citron et d'orange, le sucre et la crème. Ajoutez ensuite un à un les œufs et les jaunes. Versez cet appareil dans une croûte de pâte sablée ou sucrée cuite à blanc et refroidie. Mettez aussitôt à cuire au four préchauffé à 375 °F pendant

15 à 20 min, assez longtemps pour que le flan prenne. La lame d'un couteau doit pouvoir y être plantée et ressortir sans bavure. Laissez refroidir sur une grille et garnissez de rondelles de citron confit.

Au fouet, battez en omelette l'œuf, le sel, le sucre et la vanille. Mélangez rapidement à la spatule ou à la cuiller de bois. Voici venu le temps de « sabler » la pâte. Prenez-la dans vos blanches mains et faites-la tomber comme du sable entre vos mains. Faites comme si vous vous frottiez les mains de plaisir. Ajoutez le beurre à la farine sablée et pétrissez le tout sur un plan de travail fariné. Enveloppez la pâte d'une pellicule plastique et laissez-la reposer 2 ou 3 h au frigo avant de la rouler.

Amenez l'eau et le sucre à ébullition. Mettez dans le sirop les tranches de citron et laissez-les frémir tout doucement pendant 1 h à feu très doux. Égouttez-les sur tamis avant d'en garnir la tarte…

CITRONS GIVRÉS

citrons
230 g (1 t.) de sucre
500 ml (2 t.) d'eau
250 ml (1 t.) de jus de citron jaune ou
        vert
1   blanc d'œuf (facultatif)

Prélevez d'abord au couteau dentelé un petit chapeau pour ensuite vider les citrons à la cuiller. Assurez-vous qu'aucune membrane n'encombre encore les écorces. Réservez le jus pour faire le sorbet et mettez les écorces au congélateur : elles doivent être bien congelées avant d'être remplies de sorbet au citron.

Dans une casserole, faites fondre à feu doux le sucre dans l'eau. Laissez refroidir. Ajoutez le jus de citron et «turbinez». En fin de parcours, alors que le sorbet a la consistance de la «sloche», ajoutez un blanc d'œuf mélangé à la fourchette avec un peu de sorbet. Il n'en sera que plus aérien. Le sorbet sera meilleur si on le mange presque aussitôt, quelques heures à peine après avoir été fait.

Péchés minceur

Pour Sylvie Dupont

Chère amie,
J'ai beau faire l'éloge de Reubens et des rondeurs appétissantes, vous préférez Giacometti. Votre ambition? Être une femme moderne : un roseau pensant. Les sourires conquérants des mannequins de *Elle Québec* vous servent à m'accabler : « Aucune d'elles, me dites-vous, n'a cédé à vos fourbes appâts, à vos recettes qui causèrent mon naufrage. Elles vous lisent peut-être pour les bonheurs subtils de votre prose mais ne vous écoutent pas. Elles se contentent de manger des yeux les photos. Hélas! je n'ai pas eu cette sagesse. Vos truffes au chocolat, je les ai faites et, je l'avoue, refaites. Votre foie gras de canard au chablis, le voilà sur mes hanches! À mon tour donc de vous séduire! Je vous rends mes bourrelets. Prenez-les et gardez-les! Pas question, me dites-vous, de nous "faire le coup des salades" et de nous chanter hypocritement les mérites de la carotte crue, du céleri ou du fromage sans gras. Vos lectrices, me dites-vous, méritent le plaisir! »

Eh bien, sachez que je fréquente pour vous depuis des semaines les apôtres de la cuisine maigreur, Michel Guérard et son complice Alain Gaumont, auteurs de *Minceur exquise* chez Robert Laffont. Prenez, par exemple, leur glace hypocalorique : vous remplacez les jaunes d'œufs, le sucre fin, la crème des glaces gourmandes par du fromage blanc sans matières grasses et de l'édulcorant artificiel. J'en ai mangé et j'en frissonne encore. Que dire de cette sauce au chocolat pareillement inspirée? Remplacez tout simplement la crème par de l'eau, le sucre par de l'aspartame. J'y ai goûté. «C'est en dessous de tout», dirait Suzanne Lévesque! J'ai même préparé cette vinaigrette hypocalorique d'une autre bible de la «minceur oblige»: la fécule de maïs et l'eau remplacent l'huile d'olive! Dans ces conditions insupportables, vive l'abstinence!

Que diriez-vous plutôt d'un peu de poésie? Citant Verlaine, je m'offre à vous dans mon plus simple appareil. Nature, pour tout dire. «Voici des fruits, des fleurs, des feuilles et des branches, et puis voici mon cœur qui ne bat que pour vous…» «Pour ce qui est des fleurs, des feuilles et des branches, me dites-vous, mon fleuriste me comble. Et un fruit n'est qu'un fruit; moi, je veux des desserts.»

Ce qui manque au fruit nature, je le sais, c'est la culture elle-même. À moins que ce ne soit, dirait Françoise Dolto, l'attention de la mère… Ce qu'on ajoute à la nature en cuisinant, c'est le plaisir du temps qu'on prend à dire en silence ce qu'on ressent pour ceux dont on soigne le rêve. Le melon, même parfumé de soleil, n'est toujours qu'un melon? Aussi vous l'offrirai-je en boules parfumées au miel ou à la menthe, mouillé peut-être de porto bien vieilli. Il en va de même pour l'orange. Je la pèlerai à vif, libérerai amoureusement ses quartiers des membranes filandreuses qui les emprisonnent, les ferai macérer dans un sirop au miel bien zesté, parfumé à l'eau de rose ou de fleurs d'oranger… les fraises sur coulis de mangues ou les framboises sur coulis de kiwis sont des «plus-que-fraises» et des «plus-que-framboises». Que dire des figues, des pêches ou des poires si doucement pochées au sirop de vanille et à peine sau-

poudrées de cacao amer? Et des granités fleurant bon les épices et les herbes, et des sorbets purs fruits: nature transcendée.

Vous ne dites plus rien? Serait-ce que vous me pardonnez? Me laisserez-vous vous proposer enfin un sabayon voluptueux? Le plaisir de tricher rend l'ascèse plus douce… Bon appétit quand même…

ASPIC DE FRUITS ROUGES À LA MENTHE

Je me plaignais tantôt de Guérard et Gaumont. Injustement puisque, m'en prenant au pire, j'oubliais le meilleur. Leur aspic de fruits rouges à la menthe, par exemple. On dirait le printemps figé dans le rubis. Je m'en suis inspiré pour vous proposer, non pas une recette, mais plutôt une façon d'inventer votre propre aspic au gré des saisons et de votre inspiration.

D'abord, parlons de la gelée. Pour 6 gourmands au régime, prévoyez tout de même 1/2 l de gelée. Il vous faudra par conséquent une enveloppe de gélatine en poudre ou 6 feuilles de gélatine. Vous êtes au régime, mais ce n'est pas une raison pour vous priver, non? Votre gelée, vous la ferez au vin rosé, pour la couleur et le parfum de la Provence, à moins que vous ne préfériez le vin blanc sec que vous colorerez de quelques gouttes de grenadine ou encore de crème de cassis, en l'honneur du chanoine Kir. Vous sucrerez au goût, légèrement j'espère. Mais évitez de grâce les édulcorants artificiels qui laissent un arrière-goût déplaisant, et rappelez-vous que 1 c. à thé de sucre ne représente après tout que 16 calories.

*fraises, framboises, groseilles, et bleuets en
quantité suffisante pour garnir votre
moule ou vos ramequins.*
1   *enveloppe (ou 6 feuilles) de gélatine*
500 *ml (2 t.) de vin rosé ou blanc*
115 *g (1/2 t.) de sucre*
feuilles de menthe pour décorer

Faites amollir la gélatine en feuilles ou
gonfler la gélatine en poudre dans l'eau
froide pendant 5 min. Amenez le vin à
ébullition et laissez-le frémir pendant
2 min pour permettre à l'alcool de s'évaporer. Retirez du feu, ajoutez le sucre,
brassez bien, ajoutez la gélatine et continuez à brasser pour qu'elle se dissolve bien.
Laissez refroidir sur le comptoir.

Garnissez à mi-hauteur votre moule ou vos
ramequins individuels de fruits frais ou
pochés. Versez dessus la gelée liquide.
Mettez au frigo 2 h au moins avant de
démouler. Pour ce faire, trempez le moule
dans l'eau chaude quelques secondes,
recouvrez-le d'une assiette et renversez.
Décorez de feuilles de menthe fraîche et
nappez d'un coulis.

ASPIC DE PRUNEAUX OU D'ABRICOTS AU THÉ

Vous pouvez prendre d'autres fruits que
ceux que je vous suggère dans la recette
précédente et remplacer le vin par du jus
de fruits ou du thé noir ou vert. Dans ce
cas, je vous recommande de remplacer les
fruits frais ou pochés par des fruits secs

(pruneaux ou abricots) que vous ferez
d'abord gonfler dans l'eau froide pour les
pocher ensuite dans le thé une dizaine de
minutes. Avec le thé de pochage, faites
votre gelée en respectant les proportions de
la recette de base. Garnissez vos ramequins
ou votre moule de fruits, et le tour est
joué!

COULIS DE FRUITS DIVERS

Les fraises ou les framboises congelées font
d'admirables coulis. Décongelez-les, passez-
les au robot puis au tamis fin. Ajoutez-y le
jus d'un citron vert ou jaune. Parfumez de
quelques gouttes de rhum brun ou de
vodka, de kirsch, de Grand Marnier ou de
Cointreau.

Si vous préférez les abricots, les kiwis, les
mangues ou les poires, pelez-les, passez la
chair au robot, puis au tamis. Ajoutez le jus
d'un citron, un soupçon de sucre et un peu
d'alcool ou de liqueur fine.

SORBETS PURS FRUITS

*Je vous donne ma façon de faire, qui vaut pour
tous les fruits sauf les agrumes.*

500 *ml (2 t.) de purée de fruits*
115 *g (1/2 t.) de sucre à fruits*
le jus d'un citron vert ou jaune

Pelez les fruits s'il y a lieu. Au robot, transformez la chair en purée. Passez au tamis, sucrez, « citronnez » et repassez au robot : c'est aussi simple que ça. Si vous remplacez le sucre par de l'édulcorant artificiel ou si la purée vous semble trop épaisse, ajoutez un peu d'eau et passez à nouveau au robot. (Les petites sorbetières manuelles qu'on refroidit au congélateur donnent des résultats surprenants.)

Quelques granités

Alors que les sorbets sont célébrés pour la finesse de leurs cristaux, les granités se caractérisent au contraire par la présence souhaitée de cristaux en paillettes. On dirait de la « sloche ». On les fait à base d'eau sucrée, parfumée d'épices ou de fines herbes, à base de vin ou de jus de fruits. Il suffit de verser la préparation dans un plat à large bord et de mettre au congélateur. Quand la glace commence à se former, travaillez la surface à la fourchette pour permettre la formation de cristaux et pour éviter que le mélange fige d'un seul bloc. Répétez cete opération toutes les 10 min, jusqu'à ce que la préparation soit congelée.

Pour faire le granité du chanoine Kir, colorez une bouteille de vin blanc sec de quelques gouttes de crème de cassis. Faites congeler en travaillant à l'occasion…

Pour le granité au pamplemousse : 2 ou 3 t. de jus de pamplemousse sucré au goût et parfumé d'un soupçon de rhum ou de liqueur fine. Procédez ensuite comme pour les autres.

Pour un granité à l'orange et au citron, ajoutez un peu de jus d'orange concentré, de zeste finement râpé et quelques gouttes de liqueur d'orange à votre jus d'orange frais. Au moment de servir, mouillez-le de quelques gouttes de grenadine ou de crème de cassis.

Les sirops de pochage décrits ci-dessous peuvent faire de rafraîchissants granités. Passez le sirop froid au tamis fin pour éliminer les fines herbes, les épices et les parcelles de fruits pochés. Si le sirop vous paraît trop sucré, ajoutez le jus de 1 ou 2 citrons verts ou jaunes, 1 verre de vin rouge ou blanc et 1 t. d'eau. Mettez au congélateur et procédez comme pour tous les autres.

FRUITS POCHÉS

Le sirop de vin rouge au poivre noir :
1   bouteille de vin rouge bien corsé
230 g (1 t.) de sucre
1   c. à soupe de poivre noir en grains

Le sirop de vin blanc aux fines herbes :
1   bouteille de vin blanc sec
230 g (1 t.) de sucre
1 ou 2 feuilles de laurier ou une branche
     de thym ou de romarin

Le sirop miellé au parfum d'agrumes :
1   l (4 t.) d'eau
350 g (1 1/2 t) de sucre
250 ml (1 t.) de miel doux
les zestes d'un citron et d'une orange
     en fines juliennes

Les trois sirops se préparent de la même manière. Vous amenez les ingrédients à ébullition et laissez frémir une dizaine de minutes. Ainsi, le sucre fond, l'alcool s'évapore et les aromates parfument le sirop. Vous pochez les fruits immédiatement ou réservez le sirop au frigo.

Choisissez des fruits parfumés mais à la chair encore ferme. Le temps de pochage variera évidemment selon le degré de maturité et la grosseur des fruits. Trois ou quatre minutes pour les abricots, une dizaine de minutes pour les nectarines, un peu plus pour les grosses pêches. Pour savoir s'ils sont cuits, percez la chair à l'aide d'un couteau. Laissez ensuite refroidir les fruits dans le sirop.

Servis tel quel, bien froids dans leur sirop, tous les fruits pochés font d'admirables desserts. Ils auront encore plus fière allure si vous les dressez sur un coulis à couleur et saveur contrastées. Comble de raffinement, vous pouvez offrir à vos convives une assiette composée de fruits frais et pochés, les uns nappés de coulis, les autres de sauce au chocolat ou de sabayon à l'orange.

SABAYON À L'ORANGE
ET AU CITRON

Vous êtes à la diète, je sais, mais je n'ai pas pu résister…

4   œufs entiers
le jus de 2 citrons et leurs zestes en
   fines juliennes

125 ml (1/2 t.) de jus d'orange concentré
115 g (1/2 t.) de sucre
125 g (1/2 t.) de beurre mou (facultatif)

Au bain-marie, montez énergiquement tous les ingrédients au fouet ou à la mixette jusqu'à ce que le sabayon soit bien mousseux. Évitez que l'eau bouillante n'entre en contact avec le fond de la partie supérieure et évitez surtout l'ébullition, sans quoi les œufs risquent de coaguler. À l'abri des regards indiscrets, plongez votre index dans le sabayon. C'est prêt quand c'est bien chaud, mais encore supportable ! Pour arrêter la cuisson, plongez aussitôt le bain-marie dans l'eau froide, tout en continuant de fouetter quelques secondes.

Le sabayon peut être servi chaud ou tiède. Si vous le servez tiède, recouvrez-le d'une pellicule plastique pendant le refroidissement pour qu'il ne se dessèche pas en surface. Dans les deux cas, il donne un merveilleux dessert. Garnissez-en des coupes dont vous aurez givré les bords de sucre. Décorez de fruits frais ou de quartiers d'agrumes.

Pour un dessert somptueux, saupoudrez 1 c. ou 2 de sucre fin et faites gratiner directement sous le gril à chaleur maximale, 30 s ou 1 min au plus.

Un été épicé

On « parle poulet » à Tokyo, à Londres, à Caracas et Calcutta. On fait la queue à Moscou pour un Big Mac. *Perestroïka ! Glasnost !* Un chausson aux pommes avec ça ? Le village global s'est mis à l'heure de l'oncle Sam ! *Time is money ! Fast food !* Au suivant ! Les « barbares » réussiront-ils à arracher au monde toute mémoire culinaire ? Qu'on se rassure. Pour une fois les pessimistes ont tort et c'est Hegel qui avait raison : « Tout porte en germe son contraire. » On n'a jamais mieux mangé, foi de Colonel. À l'heure du lunch on se sustente, sans plaisir, à la course, mais le temps qu'on a ainsi sauvé, on le reprend chez soi où on cuisine désormais par plaisir. En y mettant la patience nécessaire et le temps qu'il faut…

Loin de disparaître, les savoirs culinaires du monde sont à notre portée. On peut manger chez soi à l'heure de Tokyo, de New Delhi ou de Marrakech, faire dans son jardin le tour du monde. Il suffit pour cela de plonger dans l'inconnu et de se mettre à l'écoute d'autres savoirs que les nôtres. On prend la route des épices en les apprivoisant une à une : cumin, cardamome, coriandre, clou de girofle, cannelle… ailleurs que dans la tarte aux pommes !

Je vous propose trois menus d'été faciles à préparer et qui vous permettront de profiter de la brise. Des recettes « inspirées » du Japon, de l'Inde, du Maghreb. Aucune n'est authentique, mais on y retrouve l'âme des cultures qui les ont vu naître. Elles sont d'ailleurs, mais elles sont d'ici ! Il ne vous reste plus qu'à imaginer le décor. Vous dégusterez peut-être les crevettes tandouri en écoutant le sitar de Ravi Shankar… Pour mieux goûter les nouilles «soba», fermez les yeux: vous entendrez le vent caresser les bambous à l'ombre de votre pagode! Et la saveur de l'agneau vous fera rêver: vous entendrez l'appel étrange du muezzin. À la mosquée, il est midi!

Vous n'avez pas de four cylindrique en argile pour la cuisson du tandouri? Qu'à cela ne tienne, contentez-vous du barbecue. À moins que vous ne creusiez dans votre jardin un trou d'un pied de profondeur, au fond duquel vous mettrez des braises de charbon de bois comme le font les tribus nomades du Nord-Ouest de l'Inde! Et si je vous suggère de colorer votre marinade tandouri à la teinture végétale, c'est pour le coup d'œil, mais c'est aussi pour sourire à la tradition: en Inde, les grillades tandouri sont colorées en signe d'authenticité. Question de caste! Et retenez que la marinade pour poissons et fruits de mer convient également aux viandes et aux légumes grillés à haute flamme. Pour les viandes, j'ajouterai un peu de cardamome et de coriandre en poudre, un soupçon de safran et du yogourt. J'insiste: improvisez! Tout le plaisir de cuisiner est là!

Quelques mots en terminant pour chanter les louanges de l'agneau québécois. Au risque de paraître chauvin, j'affirme haut et fort qu'il n'a rien à envier au fameux présalé de nos cousins de France. Mais nos producteurs ne suffisent pas à la demande. Aussi sommes-nous friands d'agneau importé de Nouvelle-Zélande. Une chair congelée qui convient mieux aux plats cuisinés. Il y a

aussi cet agneau frais et emballé sous vide qui nous arrive par avion d'Australie. N'hésitez pas, il est exquis!

POISSONS ET FRUITS DE MER À LA MODE TANDOURI

1 ou 2 grosses gousses d'ail pelées et dégermées
gingembre frais (gros comme une noix de Grenoble)
2   c. à thé de moutarde de Dijon
3   c. à soupe d'huile d'olive
2 ou 3 pincées de poivre de Cayenne ou quelques gouttes de Tabasco
1   c. à thé de paprika
1   c. à thé de thym
125 ml (1/2 t.) de yogourt (facultatif)
2   c. à thé de colorant végétal jaune
4 à 6 darnes de saumon bien épaisses
20 à 30 grosses crevettes
4 à 6 médaillons de homard

Broyez le gingembre pelé et l'ail au robot culinaire. Ajoutez la moutarde, l'huile, le poivre de Cayenne ou le Tabasco, le paprika et le thym. Si le cœur vous en dit, ajoutez le yogourt: le goût sera plus acidulé. Colorez la marinade de colorant végétal qui donnera au poisson grillé la couleur traditionnelle des disciples de Krishna. Mélangez bien.

Cette marinade convient parfaitement à la cuisson sur le gril des poissons à chair ferme, en darnes ou en brochettes. Elle convient tout aussi bien à la préparation de crevettes, de médaillons de homards ou de pétoncles en brochettes. Si vous optez pour les darnes de saumon, faites-les mariner pendant 1 h ou 2 au réfrigérateur. Essuyez-les et badigeonnez-les d'huile végétale à l'aide d'un pinceau. N'oubliez pas de huiler votre grille. Grillez-les 2 ou 3 min de chaque côté, pas plus !

Le même principe s'applique aux crevettes décortiquées et «déveinées». Mais après les avoir fait mariner, ne les essuyez pas et badigeonnez la grille avec de l'huile végétale. Évitez de trop les cuire. Elles sont prêtes dès qu'elles sont fermes !

Pour ce qui est du homard, tronçonnez les queues, mais gardez les médaillons en carapace. Laissez-les mariner et faites-les griller sans embrocher, la carapace sur le gril.

SUPRÊMES DE POULET FRANCO-NIPPO-CALIFORNIENS

160 g (1 t.) d'amandes mondées
quelques noisettes et noix de Grenoble
    (facultatif)
85 ml (1/3 de t.) de bouillon de
    poulet ou de vin blanc sec
2 c. à soupe de vinaigre de riz ou de
    vinaigre de vin blanc

2 c. à soupe de sauce soja
4 c. à soupe de sirop d'érable ou
2 c. à soupe de sucre blanc
4 à 6 beaux suprêmes de poulet bien
    en chair

Cette recette surprenante s'inspire à la fois de la tradition japonaise, de la nouvelle cuisine française et de la témérité californienne.

Pour la sauce, faites dorer les amandes à four moyen sur une plaque à biscuits. Ajoutez, si vous voulez, quelques noisettes et noix de Grenoble. Passez-les ensuite au robot culinaire afin de les réduire en une fine poudre et mouillez-les petit à petit avec l'eau et le bouillon (ou le vin, que vous aurez d'abord fait frémir à feu moyen quelques secondes). Ajoutez le vinaigre, la sauce soja, le sirop ou le sucre. Réservez.

Dépecez les suprêmes. Dans une casserole, couvrez-les d'eau froide légèrement salée. À feu moyen, amenez à ébullition et laissez frémir 1 min ou 2. Aussitôt que la chair est ferme, retirez-les du feu pour les laisser refroidir dans leur eau de cuisson. Égouttez et séchez les suprêmes, recouvrez-les de pellicule plastique et gardez-les au frigo jusqu'au moment de servir.

Servez les suprêmes sur un lit de sauce aux amandes. Garnissez de mâche tendre ou de belles feuilles d'endives, de radicchio (laitue rouge amère) ou de cresson. Pour une touche californienne, décorez de quelques tranches d'avocat arrosées d'un peu de jus de citron. À moins que vous ne préfériez des quartiers d'oranges ou de pamplemousses pelés à vif. Ou que diriez-vous de boules de melon ou de cantaloup, pour le goût et pour la couleur ? Pour une touche hawaïenne, accompagnez plutôt de tranches d'ananas. Pour une note québécoise, optez pour les quartiers de pommes arrosés de jus de citron…

PLEUROTES À LA SAUCE PONZU

2   citrons verts
sauce soja
1 ou 2 pincées de sucre
1   kg (2 lb) de pleurotes
      (ou de champignons de Paris)
huile végétale

Pour faire la sauce ponzu, ajoutez au jus de citron une quantité égale de sauce soja et le sucre. Réservez.

Optez pour de beaux pleurotes à la chair bien ferme. Évitez les champignons marqués de taches jaunes aux extrémités, signes qu'on les a cueillis depuis longtemps. Choisissez des champignons de grosseur moyenne (les tiges des plus gros sont dures et filandreuses). Badigeonnez-les d'huile

végétale et faites-les griller 2 ou 3 min à chaleur moyenne en les retournant de temps à autre. Évitez de trop les cuire : ils perdraient leur goût subtil.

Déposez-les dans un saladier et arrosez-les de sauce. Mélangez bien et servez aussitôt, garnis d'échalotes ou de ciboulette.

SALADE DE NOUILLES DE SARRASIN TOKYO-MONTRÉAL

4   l (8 t.) d'eau
400 g (12 oz) de pâtes

Rien de plus rafraîchissant en pleine canicule que ces nouilles servies bien froides sur un lit de feuilles d'érable (non comestibles évidemment). Parce que les nouilles de sarrasin se marient merveilleusement à la sauce, je vous les recommande. Mais le plat sera tout de même exquis si vous choisissez des pâtes au blé entier ou à la semoule de blé dur. Évitez les pâtes fraîches ou aux œufs.

Pour réussir cette recette toute simple, il importe au plus haut point de s'inspirer de la façon japonaise de cuire les nouilles. Parce qu'il s'agit de pâtes froides, pas question de les cuire à l'italienne à gros bouillons ! Il faut au contraire que l'eau frémisse à peine… Pour ce faire, amenez à ébullition de l'eau froide non salée. Jetez-y les pâtes et brassez à la cuiller de bois pour éviter qu'elles ne s'agglutinent.

Aussitôt que l'eau recommence à bouillir, jetez-y 85 ml (1/3 de t.) d'eau très froide. Laissez mijoter 1 ou 2 min et puis arrêtez de nouveau l'ébullition avec une «douche froide»: 125 ml (1/2 t.) d'eau glacée. Ainsi rafraîchies pendant la cuisson, les pâtes cuites resteront fermes. Puis laissez mijoter jusqu'à ce qu'elles soient cuites mais encore fermes sous la dent. Égouttez-les et rincez-les aussitôt à l'eau très froide pour les plonger ensuite dans l'eau glacée. Égouttez-les bien à nouveau et mettez-les dans un bol, puis mouillez-les de cette sauce toute simple qui s'inspire à la fois du savoir-faire japonais et de nos propres traditions culinaires.

250 ml (1 t.) de thé vert froid
60   ml (1/4 de t.) de saké
60   ml (1/4 de t.) de sauce soja
1   c. à soupe de sirop d'érable ou
1   c. à thé de sucre
gingembre frais (gros comme une noix de Grenoble)
feuilles d'érable (ou autres)
radis roses ou daikons grossièrement râpés
oignons verts (nos échalotes)

Au Japon, on sert traditionnellement les nouilles «soba» (à la farine de sarrasin) froides dans une sauce faite de dashi, sorte de court-bouillon aux parfums de varech et de thon séché. Je propose de remplacer le dashi par une infusion légère de thé vert. De la même manière, je remplace le mirin traditionnel, un vin de riz très doux, par un peu de saké et de sirop d'érable pour son goût de bois.

Faites frémir pendant quelques secondes à feu moyen le thé et le saké. Ajoutez la sauce soja, le sirop d'érable ou le sucre, et le gingembre que vous aurez d'abord pelé puis réduit en purée au robot. Versez cette sauce sur les nouilles égouttées et laissez-les au frigo pendant au moins 1 h.

Au moment de servir, déposez un nid de nouilles sur des feuilles d'érable et décorez de tranches de radis roses (ou daikons) et d'oignons verts hachés.

CARRÉ D'AGNEAU MAROCAIN ET PROVENÇAL

250 ml (1 t.) d'huile d'olive
1 ou 2 c. à thé de moutarde de Dijon
1   citron vert
1 ou 2 gousses d'ail dégermées et pressées
1   oignon moyen finement haché
poivre
2   généreuses pincées de thym
2   généreuses pincées de romarin
2   pincées de cumin
2   pincées de paprika
2   pincées de piment doux
1   pincée de poivre de Cayenne
1   poignée de persil plat italien
quelques feuilles de menthe fraîche
1   carré d'agneau (4 ou 6 côtes par personne) ou des cubes d'agneau (5 ou 6 par personne)

Si vous vibrez d'émotion devant un gigot d'agneau à la provençale, piqué d'ail, parfumé de thym, de romarin et embaumant la moutarde, mais que vous salivez tout autant à l'idée d'un méchoui fleurant bon le cumin et la coriandre, voici une recette qui comblera tous vos désirs puisqu'elle s'inspire des cuisines marocaine et provençale. Le mariage des deux cultures est exquis et le plat, fort simple à préparer. L'agneau frais peut être rôti sur barbecue, que ce soit en brochettes, en carré ou en gigot papillote. Dans tous les cas, la marinade est la même.

Pour donner à cette marinade un goût de soleil, il faut la faire avec de l'huile d'olive première pression. Joignez-y moutarde et jus de citron, et fouettez à la fourchette. Ajoutez l'ail, l'oignon, du poivre fraîchement moulu, du thym et du romarin, frais de préférence. Voilà pour la Provence ! Pour la touche maghrébine, rehaussez avec le cumin, le paprika, le piment doux et le poivre de Cayenne. Ajoutez le persil plat italien finement haché et, si le cœur vous en dit, quelques feuilles de menthe fraîche.

Dans cette chermoula, faites macérer 1 h ou 2 votre carré d'agneau ou ces beaux cubes de viande dont vous ferez des bro-

chettes… Ou enduisez votre gigot 2 h avant de le griller et arrosez-le pendant la cuisson avec la marinade jusqu'à ce qu'il soit à la fois bien grillé à l'extérieur et encore rose sans être saignant à l'intérieur. Temps de cuisson ? Cela dépend du vent et de la chaleur de votre barbecue. Mais de toute façon, vous saurez que le gigot est prêt en le tranchant à mesure qu'il grille, comme le font les Berbères. C'est aussi simple que ça !

SALADE DE CITRONS VERTS ET D'OIGNONS

1   *oignon rouge*
1 ou 2 citrons verts
persil
feuilles de menthe fraîche

Cette recette vous rafraîchira pendant la canicule ! Pelez l'oignon rouge (pour la couleur) et tranchez-le en fines rondelles. Détachez les anneaux et laissez-les tremper dans l'eau très froide pendant quelques heures au frigo. Cela les rendra à la fois croquants, digestibles et très doux. Égouttez-les et séchez-les. Ajoutez quelques citrons verts pelés à vif et tranchés en fines rondelles. Salez, poivrez et garnissez de persil haché ou de feuilles de menthe fraîche.

SALADE FROIDE DE COUSCOUS À LA MAGHRÉBINE

1	boîte de bouillon de poulet ou de consommé de bœuf
1	pincée de pistils de safran (évitez le safran en poudre ou, pire le safran d'Amérique)
3	c. à soupe d'huile d'olive
435	g (2 t.) de couscous précuit
2 ou 3	citrons verts
1	tomate
1	branche de céleri
1 ou 2	poivrons verts
1 ou 2	carottes

persil italien, menthe fraîche, basilic ou
    coriandre,
noix, dattes, raisins secs,
    orange (facultatif)

1	pincée de poivre de Cayenne

poivre
huile d'olive vierge
citron

Amenez à ébullition le bouillon de poulet ou le consommé de bœuf. Éteignez le feu et ajoutez le safran. Laissez infuser une dizaine de minutes puis amenez de nouveau à ébullition. Retirez du feu, ajoutez le couscous et l'huile d'olive, et laissez gonfler. Prenez soin de bien séparer les grains à la fourchette.

Mettez le couscous dans un saladier. Arrosez avec le jus des citrons verts et composez ensuite une salade « à votre manière » en ajoutant fruits, noix et légumes du jardin.

Une belle grosse tomate gorgée de soleil ferait des merveilles. Elle sera meilleure si vous la pelez et l'épépinez. Il suffit pour cela que vous l'immergiez dans l'eau bouillante une dizaine de secondes et que vous la peliez dans un bol d'eau glacée. Extrayez les pépins et l'eau de végétation, coupez-la en gros dés et hop! dans la salade.

Si le cœur vous en dit, ajoutez une branche de céleri en fines tranches, des poivrons en fines lamelles pour la couleur, des carottes crues en fines rondelles et du persil, beaucoup de persil plat italien finement haché. Vous avez de la menthe fraîche? N'hésitez pas! Et pourquoi pas du basilic, de la coriandre fraîche, des amandes, des noisettes ou des pignons? Ou encore quelques dattes, des raisins de Corinthe ou Sultana et des quartiers d'oranges? Et pour couronner le tout, du poivre de Cayenne et du poivre de votre moulin. Enfin, si vous en avez sous la main, quelques gouttes d'eau de fleurs d'oranger ou d'eau de rose. Goûtez et ajoutez si vous le voulez de l'huile d'olive vierge et du jus de citron.

SALADE DE RIZ À L'INDIENNE

2   l (8 t.) d'eau froide salée
1   petit bâton de cannelle
10 ou 15 clous de girofle
30   grains de poivre
430 g (2 t.) de riz à grains longs ou
      basmati
4   c. à soupe d'huile végétale
1   orange
amandes effilées ou noisettes
raisins de Corinthe ou Sultana
1 ou 2 pincées de cardamome en poudre

Aromatisez l'eau avec la cannelle, les clous de girofle et le poivre. Amenez à ébullition et laissez frémir une dizaine de minutes pour bien parfumer l'eau de cuisson du riz. Faites ensuite bouillir à gros bouillons, ajoutez le riz et, après une dizaine de minutes, goûtez-y. Le riz doit être cuit mais encore ferme. Égouttez-le, rincez-le à l'eau froide, égouttez à nouveau et mettez-le dans un saladier. Arrosez d'huile et mélangez bien pendant que le riz est tiède pour éviter qu'il ne s'agglutine. Ajoutez au goût des amandes, des noisettes, des raisins de Corinthe ou Sultana, des quartiers d'oranges ou un poivron vert en lanières pour la couleur. Garnissez du zeste d'une orange tranché en julienne et blanchi 1 min dans l'eau bouillante. Il ne reste plus qu'à parfumer avec la cardamome. Servez cette salade bien froide.

Braises en ville

Pour Pierre Normandin, poutinomane.

É trange peuple que le nôtre. Sitôt l'hiver venu, on rêve au sable chaud et à la mer. Aux autres la neige et les sapins! À nous le bikini, la brosse à dents! Les gentils membres du Club Med n'ont qu'à bien se tenir! Bas les pattes et haut les mains (ou vice versa!). Et puis au cœur de l'été, voilà qu'on rêve déjà à Noël qui s'en vient. Tant et si bien que les Québécois ont inventé cette fête étrange: Noël au camping. Pas de flocons de neige; par contre, des mouches noires — merci dame Nature d'avoir pensé à nous. À minuit, on assiste à la messe en bermudas. On revient réveillonner au barbecue au gaz. On échange des cadeaux, on chante des cantiques. Certains vont même jusqu'à garnir de boules l'épinette gracile qui décore le stationnement champêtre de la tente-roulotte à Venise-en-Québec!

Dotés d'un sens infini de la contradiction, nous cultivons une esthétique de l'absurde. La poutine en est le fleuron désastreux. Mais il peut arriver que le délire en matière culinaire donne des résultats surprenants. J'ai imaginé cette « salsa de Noël » pour faire rire vos convives. Une marinade d'atocas et de poivrons, ça va pas, non! Eh bien qu'ils rient, mais qu'ils y goûtent. Ce sera à votre tour de rire, car ils en redemanderont.

FILETS DE SAUMON
« À L'UNILATÉRALE »

filets de saumon
huile d'olive

Seule règle d'or : que vos filets de saumon soient frais. La congélation dessèche trop les chairs pour les soumettre ensuite à la flamme du gril. Plus gras que le saumon du Pacifique, le saumon de l'Atlantique convient davantage à la cuisson sur le gril.

Votre poissonnier aura gratté la peau pour enlever les écailles. Il ne vous restera plus qu'à enlever les petites arêtes qu'il aurait pu oublier, distrait par vos charmes… Passez doucement l'index sur la peau et vous découvrirez immédiatement sous la surface les arêtes que vous pourrez extraire avec une pince à sourcils (c'est l'outil idéal !).

Badigeonnez la chair d'huile d'olive et prenez soin de bien huiler la grille. Grillez le saumon côté peau à distance moyenne de la braise, le temps qu'il faudra pour que la peau soit rôtie, que le centre du filet soit bien chaud, mais que la chair reste encore crue à la surface… Un très agréable contraste de chaleur et de texture. Vous servirez, j'espère, ce saumon accompagné d'une exquise fondue d'oranges et de tomates.

FONDUE D'ORANGES
ET DE TOMATES

2	*belles tomates mûres et parfumées mais encore fermes*
2	*oranges*
1	*oignon moyen ou 3 échalotes finement hachés*
3	*c. à soupe d'huile d'olive*

sel et poivre
fines herbes au goût

Ébouillantez, pelez, épépinez et tranchez les tomates en gros dés. Réservez. Pelez les oranges à vif et tranchez-les en fines rondelles. Enlevez les pépins et réservez.

Dans une grande casserole, à feu moyen, faites revenir l'oignon dans 1 c. à soupe d'huile d'olive. Ne pas laisser colorer. Ajoutez les dés de tomates. Il s'agit tout simplement de les réchauffer sans pour autant les faire fondre. Ajoutez les rondelles d'oranges. Sitôt qu'elles sont chaudes, ajoutez 2 c. à soupe d'huile d'olive, assaisonnez et brassez à la fourchette pour faire l'émulsion. Garnissez de fines herbes.

BROCHETTES DE DINDE À LA SAUGE

cuisses de dinde
citron
huile d'olive
sauge

Plus grasse, la chair des cuisses de dinde s'accommode mieux de la cuisson sur le gril que la chair blanche des suprêmes. Prélevez d'abord la peau puis, armé d'un petit couteau bien tranchant, enlevez les os et les tendons. Taillez la chair en bouchées et faites-les mariner 3 ou 4 h au frigo dans un mélange de jus de citron et d'huile d'olive parfumé à la sauge.

Sortez la viande à la température de la pièce 15 min avant de la soumettre au feu du gril, car un contraste trop violent racornirait les chairs. Préparez les brochettes en ne cédant pas à la tentation de mettre toute une dinde sur une petite tige de bois de quelques centimètres ! Vous garnirez plutôt les brochettes de 5 ou 6 bouchées en prenant soin de bien les séparer pour qu'elles puissent griller partout. Saisissez-les à la flamme très chaude. Prenez garde de les trop cuire. Aussitôt que la chaleur les a traversées, elles sont prêtes.

SALSA ACAPULCO-QUÉBEC

1/2 boîte d'atocas en conserve
le jus de 2 citrons verts ou jaunes
2 c. à soupe d'huile d'olive
2 poivrons rouges parés
1 oignon moyen grossièrement haché
1 ou 2 généreuses pincées de poivre de Cayenne ou quelques gouttes de Tabasco
quelques feuilles de persil plat, menthe, coriandre ou basilic

Mélangez tous les ingrédients au robot pendant quelques secondes à peine. N'en faites surtout pas une purée lisse : ce sera meilleur si on peut encore percevoir le croquant des poivrons et de l'oignon sous la dent. Servez avec les brochettes de votre choix…

LATKES : BEIGNETS DE POMMES DE TERRE À LA JUIVE

4 grosses pommes de terre
1 oignon de grosseur moyenne
2 œufs
3 c. à soupe de farine
1 c. à thé de poudre à pâte
beurre et huile végétale

Pelez et râpez les pommes de terre et l'oignon. Ajoutez les œufs battus en omelette, puis les autres ingrédients. À la poêle, à feu moyen, dans un peu de beurre et d'huile végétale, versez la pâte à la cuiller. Faites bien dorer les beignets d'un côté, puis de l'autre. Servez aussitôt ou réservez-les puis réchauffez-les sur le gril.

FILET DE PORC
À LA DIJONNAISE

1   kg (2 lb) de filet de porc ou de côtelettes en tranches de 2 cm

La marinade :
4   c. à soupe d'huile d'olive
2   c. à soupe de jus de citron
2   gousses d'ail pelées, dégermées et pressées
1   c. à soupe de moutarde de Dijon

La sauce :
250 ml (1 t.) de crème à 35%
2   c. à soupe de moutarde de Dijon

Faites mariner le porc au réfrigérateur pendant 3 ou 4 h. Prenez soin de le sortir 15 min avant la cuisson.

Faites griller le filet entier ou en brochettes sur tiges de bois, à distance moyenne de la braise. Surtout, huilez bien la grille et évitez de trop cuire le porc. Depuis une dizaine d'années, les producteurs de porc proposent aux consommateurs une viande beaucoup plus maigre que naguère. Tant mieux pour la santé, mais tant pis pour la tendreté : trop cuite, la chair maigre du porc sèche et racornit. Il faut donc que la chair soit bien dorée en surface mais presque rose à l'intérieur.

Pour préparer la sauce, amenez la crème à ébullition dans une casserole assez grande pour éviter qu'elle ne déborde. Baissez le feu et laissez réduire du tiers. Ajoutez la moutarde, et le tour est joué. Nappez-en le porc et servez aussitôt accompagné de fenouil ou de poireaux grillés.

Dans la sauce, vous pouvez remplacer la moutarde de Dijon par de la moutarde de Meaux.

FENOUILS ET
POIREAUX GRILLÉS

1   bulbe de fenouil par personne
poireaux
huile d'olive

Si vous optez pour le fenouil, prévoyez un petit bulbe par personne. Enlevez les plus grosses tiges et la « verdure », et tranchez le bulbe en deux dans le sens de la longueur. Faites cuire à la vapeur dans une marguerite jusqu'à ce qu'ils soient tendres mais encore croquants. Rincez-les à l'eau froide pour arrêter la cuisson, essuyez-les, badigeonnez-les généreusement d'huile d'olive et réservez-les.

Faites-les ensuite griller à distance moyenne de la braise jusqu'à ce que le pourtour commence à noircir. Vous verrez, la braise aura permis au goût d'anis du fenouil de se développer. Je vous envie !

On peut apprêter les poireaux de la même manière. D'abord, lavez-les bien pour enlever toute trace de sable. Il vous suffit pour cela de les trancher par moitié en longueur en prenant soin de laisser intacts quelques centimètres à la base. Ouvrez les feuilles et lavez-les bien. Faites-les cuire à l'eau salée ou à la vapeur. Une fois cuits, rincez-les à l'eau froide pour qu'ils restent bien croquants. Épongez-les et badigeonnez-les généreusement d'huile. N'oubliez pas de huiler la grille avant de les griller.

BROCHETTES GÉORGIENNES

1 kg (2 lb) de filet de bœuf en cubes
      de 2 cm

La marinade :
5   c. à soupe d'huile végétale
1   c. à soupe de moutarde de Dijon
1   citron
1   feuille de laurier

Mélangez les ingrédients de la marinade. Faites-y macérer les cubes de viande 3 ou 4 h au frigo et sortez-les 15 min avant la cuisson. Faites tremper les brochettes de bois 1 h ou 2 pour éviter qu'elles ne brûlent au moment de la cuisson. Préparez les brochettes et faites-les griller près des braises pour que l'extérieur soit bien rôti et le centre encore saignant.

SALADE TIÈDE DE HARICOTS SECS ET FRAIS

La salade :
500 g (1 lb) de haricots secs rouges ou
      blancs
500 g (1 lb) de haricots verts ou jaunes
2   gousses d'ail pelées, dégermées et
      pressées
persil, coriandre, estragon et menthe
      au goût

La vinaigrette :
125 ml (1/2 t.) de vinaigre de vin
125 ml (1/2 t.) d'huile d'olive
5   c. à soupe de miel
2   c. à soupe de moutarde de Dijon
1   c. à thé de graines de coriandre
      moulues
1/2 c. à thé de cardamome en poudre

Faites tremper les haricots secs dans l'eau froide durant au moins 6 h. Égouttez-les. Mettez-les dans une casserole et amenez à ébullition. Écumez. Réduisez la flamme et faites doucement mijoter à couvert jusqu'à ce que les haricots soient cuits, mais encore

fermes. Écumez à l'occasion et ajoutez de l'eau bouillante si les haricots ne sont plus immergés. Lorsqu'ils sont cuits, égouttez-les et conservez l'eau de cuisson pour un potage, c'est plein de vitamines. Sinon envoyez-la « COD » à Louise Lambert-Lagacé qui autrement serait scandalisée d'apprendre que vous l'avez jetée !

À la fourchette, mélangez bien les ingrédients de la vinaigrette et recouvrez-en les haricots pendant qu'ils sont encore chauds. Mélangez soigneusement en évitant d'écraser les légumineuses. Réservez.

Faites cuire à grande eau ou à la vapeur dans une marguerite les haricots frais. Rincez-les tout de suite à l'eau froide pour qu'ils gardent leur couleur et restent croquants. Séchez-les et mélangez-les aux haricots secs. Ajoutez l'ail pressé.

Au moment de servir, garnissez de persil, de coriandre, d'estragon ou de feuilles de menthe. Vous hésitez ? Prenez les quatre. Ce ne sera que meilleur.

SAUCE AUX PRUNES À LA CHINOISE

500 g (1 lb) de prunes mûres mais fermes, dénoyautées, mais non pelées
150 g (5 oz) d'abricots secs
125 ml (1/2 t.) d'eau
2 citrons
115 g (1/2 t.) de sucre
1 poivron rouge en lanières
1 pomme en quartiers non pelée mais dont vous aurez enlevé le cœur
125 ml (1/2 t.) de vinaigre blanc
2 ou 3 pincées de poivre de Cayenne ou quelques gouttes de Tabasco

LES Géorgiens, ces Soviétiques du Sud, accompagnent leurs brochettes grillées d'une purée de prunes parfumée à l'ail et au jus de citron, et bien relevée de poivre de Cayenne. Laissez-moi vous proposer ma sauce aux prunes qui s'inspire plutôt de la tradition chinoise.

Amenez tous les ingrédients à ébullition. Baissez le feu et laissez frémir à couvert pendant une trentaine de minutes. Passez quelques secondes au robot ou à la moulinette. Surtout, n'en faites pas une purée lisse.

D'amour et de... morue fraîche

Une visite chez mon ami Amédée, poissonnier au marché Atwater, est l'occasion de vous proposer quelques recettes de morue fraîche et salée qui feront, j'en suis sûr, votre bonheur.

FILET DE MORUE FRAÎCHE POCHÉE AU BEURRE NOISETTE ET AUX CÂPRES

Exigez de votre poissonnier de la morue bien fraîche en généreux filets : la morue congelée s'effrite au pochage. Évitez à tout prix une cuisson trop longue. Rappelez-vous que la chair est cuite sitôt que la chaleur l'a traversée. Voilà pourquoi il vaut mieux éviter de plonger vos filets dans le liquide déjà bouillant pour les pocher. La chair trop rapidement saisie en surface commence à s'effriter avant que la chaleur n'ait le temps de pénétrer au cœur. Vous aurez donc l'excellente idée de déposer vos filets dans une casserole à fond épais. Immergez-les dans une généreuse quantité d'eau froide salée que vous amènerez tout doucement à ébullition. Le poisson se réchauffera en même temps que l'eau assurant ainsi une cuisson uniforme. Surveillez bien.

Sitôt que l'eau commence à frémir, retirez la casserole du feu, retournez les filets dans leur eau et laissez-les pocher tout doucement hors de la flamme pendant quelques

minutes : le temps qu'il faut pour que la
chair opaque se détache en beaux flocons à
la fourchette. Égouttez bien et déposez les
filets sur du papier absorbant pour pomper
le surplus d'eau. Servir aussitôt en assiette
bien chaude, arrosé de beurre noisette et
garni de câpres et de pommes vapeur per-
sillées.

Cette façon de pocher la morue convient
parfaitement à l'aiglefin et bien sûr à la
lotte…

La sauce :
4   *noix de beurre doux*
4   *c. à soupe de câpres*

Pour le beurre noisette, faites brunir à feu
moyen dans une petite casserole à fond
épais 1 noix de beurre doux par convive.
Sitôt que le beurre commence à brunir,
retirer la casserole du feu et ajouter les
câpres «non pareilles». Surtout ne pas
laisser brûler le beurre. Le beurre noir est
indigeste et amer.

FILET DE MORUE FRAÎCHE À LA PROVENÇALE

1   *oignon*
1 *ou 2 gousses d'ail pelées, dégermées et*
    grossièrement émincées
1   *boîte de tomates italiennes*
1   *généreuse pincée d'herbes de Provence*
huile d'olive

La morue à la provençale est un classique.
On fait tout simplement pocher au four les
filets de morue dans une fondue de tomate
classique.

À l'oignon grossièrement haché qu'on fait
tomber dans un peu d'huile d'olive, on
ajoute l'ail, les tomates et les herbes de
Provence. On laisse mijoter tout doucement une vingtaine de minutes à découvert. On verse la moitié de la sauce bien
chaude dans un plat à gratin. On dépose
dessus les filets de morue fraîche qu'on
recouvre du reste de la sauce. On couvre
avec du papier d'aluminium et on met à
cuire à four chaud 350 °F pendant une
vingtaine de minutes ou un peu plus : le
temps qu'il faut pour que la chair du poisson se défasse à la fourchette en flocons.

J'aime bien garnir la morue provençale de
petites pommes de terre sautées à l'huile
d'olive et parfumées de romarin.

FILET DE MORUE FRAÎCHE À LA MODE DE VERACRUZ

1	oignon

huile d'olive

1 ou 2 gousses d'ail pelées, dégermées et
     grossièrement émincées
1   boîte de tomates italiennes
1   généreuse pincée d'herbes de Provence
250 g (1 t.) d'olives vertes farcies au
     poivron rouge
1   petit piment jalapeño finement
     haché ou quelques gouttes de Tabasco

Pour les filets de morue à la mode de
Veracruz, on procède de la même façon.
On ajoute tout simplement à la fondue de
tomate classique des olives vertes farcies au
poivron rouge. On ajoute aussi, pour le
piquant, un petit piment jalapeño finement
haché ou quelques gouttes de Tabasco.

Pour la morue à la mode de Veracruz, rien
ne convient mieux qu'un lit tout simple de
riz blanc.

Filets de morue salée pochés

*Les amateurs de morue vous diront que la
morue salée est plus goûteuse que la fraîche. Le
salage donne au poisson une texture incomparable : la chair est ferme et pourtant elle fond
sous la dent. Je sais que la morue salée n'a rien
au premier coup d'œil pour faire votre conquête.
Et pourtant elle mérite elle aussi un second
regard. Elle est au cœur de la cuisine méditer-
ranéenne. Les Italiens, les Espagnols, les
Portugais, sans oublier les Provençaux, en ont
fait une religion. Prenez donc votre courage à
deux mains et demandez à votre poissonnier
500 g (1 lb) de morue salée de la meilleure
qualité : assez pour 4 à 6 convives. La chair de
la morue doit être d'un beau blanc crème
presque sans peau. À la maison, empressez-vous
de procéder au dessalage. Rien de plus simple. Il
suffit de garder au frigo pendant 24 h le poisson
recouvert d'eau bien froide, en prenant soin de
changer l'eau 3 ou 4 fois durant ce laps de
temps.*

*Une fois dessalée, vous pouvez tout simplement
faire dorer la morue au poêlon dans un peu
d'huile d'olive et un soupçon d'ail. Avec de la
sauce tomate, un délice. Vous pouvez aussi
« pulser » la chair au robot pour en faire de délicieuses croquettes à la portugaise. Mais je vous
propose plutôt de la pocher. Procédez exactement
comme pour la morue fraîche. Recouvrez d'eau
froide. Amenez à ébullition. Sitôt que l'eau
commence à frémir, retirez du feu et laissez
doucement pocher dans l'eau chaude pendant
une dizaine de minutes. Égouttez et enlevez
ensuite les arêtes et les lambeaux de peau.
Recouvrez d'eau froide. Amenez à ébullition.
Sitôt que l'eau commence à frémir, retirez du feu
et laissez doucement pocher dans l'eau chaude
pendant une dizaine de minutes. Égouttez.
Voilà la base prête pour le grand aïoli et la
brandade de morue.*

GRAND AÏOLI

Au centre d'une grande assiette de service, posez d'abord votre morue bien chaude. Entourez-la d'œufs durs en tranches. Tout autour, disposez des petits légumes pochés à grande eau salée : haricots verts et jaunes, brocoli, chou fleur et chou frisé… carottes, betteraves et navets blancs, sans oublier surtout les petites pommes cuites à la vapeur et qui conviennent admirablement à ce plat. Arrosez de quelques gouttes d'huile d'olive bien parfumée et servez avec une mayonnaise bien relevée à l'ail. Trois ou quatre gousses d'ail bien dodu, pelées, dégermées et pressées par tasse de votre mayonnaise préférée.

BRANDADE DE MORUE

2 ou 3 pommes de terre «russet» ou Idaho
500 g (1 lb) de morue dessalée et
*   pochée*
125 ml (1/2 t.) d'huile d'olive bien
*   parfumée*
250 ml (1 t.) de crème à 35%
6 à 8 gousses d'ail bien dodues pelées,
*   tranchées en deux sur la longueur*
*   et dégermées*

Certains puristes vous affirmeront haut et fort que la brandade ne saurait comporter de pommes de terre en purée. Pour peu, ils me condamneraient aux galères ! Résistez-leur : l'addition de pommes de terres rend la brandade plus onctueuse et légère. Si vous choisissez de me croire, tant mieux. Sinon, sachez que je ne vous tiendrai pas rigueur de suivre ma recette en tous points en omettant tout simplement l'addition de purée.

Ceux qui ont le bon goût de me suivre pèleront d'abord leurs pommes de terre riches en fécule. Les trancheront en quartiers, les recouvriront d'eau froide salée et les amèneront à feu moyen à ébullition. Puis ils les laisseront doucement cuire pendant une vingtaine de minutes : le temps qu'il faut pour qu'elles soient bien tendres à la fourchette. Ils les passeront encore chaudes au presse-purée ou se contenteront tout simplement de les écraser à la fourchette. Évitez de grâce le robot qui transforme la purée en colle à papier peint ! Réservez à température ambiante.

134

Vous avez mis la veille de la morue séchée à dessaler au frigo. Pochez-la comme il est dit plus haut, égouttez-la ; enlevez les petits morceaux de peau s'il y en a et les arêtes. Encore bien chaude, vous introduisez la morue dans un robot et vous la « pulsez » 3 ou 4 fois 1 ou 2 s. tout en versant par le goulot l'huile d'olive. Surtout, ne transformez pas votre morue en purée fine : il faut au contraire que restent des morceaux généreux pour la texture. Ajoutez ensuite la crème que vous aurez d'abord fait frémir pendant 5 min à découvert à feu moyen dans une casserole à fond épais avec l'ail. Pendant que la crème réduit, remuez à la spatule pour éviter qu'elle ne colle au fond. Ajoutez la crème à la morue et « pulsez » 3 ou 4 s. Ça y est voilà votre brandade classique prête : onctueuse et légère !

Versez-la dans un bol et ajoutez les pommes de terre à la spatule en procédant par mouvements circulaires de haut en bas pour que la préparation reste toute légère. La brandade se conserve fort bien au réfrigérateur. Quand vient le moment de la servir, on la réchauffe au bain-marie.

J'aime bien servir cette brandade avec la bruschetta à la romaine (voir la recette page 11). Voilà qui fait un repas exquis… pour 4 à 6 personnes. Que diriez-vous d'une petite salade… pommes croquantes et cheddar !

Pinard chez les soviets

L'art culinaire est un art subversif. Comment monter une mayonnaise, cuire ses marinades ou faire ses confitures s'il n'y a plus d'œufs, de légumes ou de fruits au marché? Savoir cuisiner, c'est se nourrir de tradition, c'est avoir la mémoire longue...

En proposant aux jeunes filles de bonne famille son encyclopédie de la cuisine russe, *Un trésor pour les jeunes ménagères* publié en 1870, Elena Molokhovets était bien loin de se douter qu'on allait l'inscrire, 50 ans plus tard, sur la liste des auteurs à proscrire. De 1874 à 1914, le livre connut un succès fou. C'était un «must», comme dirait Cartier. En 40 ans, il fut revu, corrigé et réédité 20 fois. Pas moins de 4000 recettes, autant de preuves de l'incroyable richesse de la tradition russe. Des recettes comme je les aime, sans mesures précises ni temps de cuisson: plutôt un guide mettant à la portée des femmes un savoir mis au point au cours des siècles... Tout y était, de la cuisine la plus simple à la plus compliquée. Comment faire ses conserves, saler et fumer le cochon, mais aussi comment faire bombance au carême (à l'époque, l'Église orthodoxe imposait pas moins de 250 jours de jeûne par année!). Interdits les œufs, les viandes et les produits laitiers? Voici mille façons d'apprêter légumes et poissons...

La révolution bolchevique de 1917 provoque presque aussitôt la «collectivisation» des campagnes. Au nom du peuple, l'État expulse les propriétaires terriens, mais se garde bien de rendre aux serfs récemment libérés les terres qu'ils avaient de tout temps labourées… On connaît la suite : une campagne dévastée, un pays transformé en goulag. Pour nourrir le peuple : des légumes pourris, des viandes avariées. La tradition culinaire russe devient un savoir menaçant, une mémoire subversive. L'État décide d'interdire la réédition des livres de cuisine d'avant 1917 parce qu'ils sont « bourgeois » et « contre-révolutionnaires ». Le premier en lice : le livre d'Elena Molokhovets, qu'on lira désormais en cachette. Quatre mille plats pour rêver d'abondance, quatre mille plats de « résistance ».

Glasnost, perestroïka, la tradition culinaire reprend ses droits. La fastueuse époque peinte par Anton Tchekhov dans *La Sirène* renaît de ses cendres. Jamais auteur ne sut mieux décrire l'art de se mettre à table. D'abord, expliquait le gourmand héros de cette nouvelle, durant les heures qui précèdent la fête, il faut imaginer les plats, saliver d'impatience. Enfin, la table est mise. Vous vous y installez, prenant d'abord soin de bien enfiler la serviette sous le col de votre chemise. Sur la table, une bouteille de vodka bien givrée. Prenez tout votre temps. Pas question d'en verser dans un verre à vin ordinaire ! Est-ce là une façon de traiter sa bien-aimée ? Il vous faut une coupe d'argent, un gobelet de cristal ciselé… Surtout, n'allez pas boire cul sec. Frottez-vous d'abord doucement les mains, portez au lustre du plafond un regard nonchalant, portez ensuite tout doucement la coupe aux lèvres… Une petite gorgée. Ça y est. Des étincelles jaillissent dans votre estomac, vous irradient de la tête aux pieds : c'est le temps de passer aux apéritifs. D'abord une

bouchée de hareng, quelques rondelles d'oignon, de la sauce moutarde… Pendant que les étincelles fusent encore, prenez un peu de caviar arrosé de citron si vous l'aimez comme ça. Puis un radis au sel suivi d'une autre bouchée de hareng.

Je continue : que diriez-vous ensuite d'une bouchée de blinis arrosée de beurre fondu ? Et puis une fine tranche de saumon fumé, quelques câpres, les plus petites, les « non pareilles ». Une autre bouchée de blinis, mais cette fois garnie de crème aigre, de ciboulette et de persil haché. Pour dessert, compote de fruits secs et thé bien sucré. Sainte Russie !

De la galette aux blinis

À peu près à la même époque où Molokhovets régnait sur les cuisines russes, dans les Pays d'en-haut, pour préparer la pâte de son ordinaire, Donalda mélangeait tout simplement à la fourchette dans un bol ébréché 3 t. de farine de sarrasin et 3 t. d'eau de puits. La femme de l'avare versait ensuite à la louche l'humble brouet sur les ronds fumants de suif du poêle à bois. Sur ces galettes d'infortune, madame Poudrier versait enfin parcimonieusement quelques gouttes de mélasse avant de les offrir à Séraphin.

Il aurait pourtant suffi de presque rien pour transformer ces tristes galettes des Pays d'en-haut en savoureux blinis à la russe. De quoi guérir à jamais l'avare de son vice. Eût-elle connu la recette, Donalda n'aurait pas manqué d'ajouter d'abord à ses 3 t. de farine de sarrasin 1 pincée de sel et 1 autre de sucre. Elle aurait ensuite versé dans la farine un sachet de levure Fleichmann ultra-rapide et elle aurait bien mélangé le tout avant d'ajouter à la préparation 4 œufs battus en omelette. Elle aurait ensuite ajouté au mélange 3 noix de beurre doux fondu et 3 t. de lait «chaud au doigt», c'est-à-dire à peine plus chaud que la température du corps. Au fouet, à la mixette ou au malaxeur, la femme de l'avare aurait ensuite brassé l'appareil pendant 1 min ou 2 jusqu'à l'obtention d'une pâte lisse. Elle aurait ensuite recouvert son bol d'une serviette humide et elle l'aurait réservé dans un endroit assez chaud pour que la levure puisse faire efficacement son travail. Tout près du poêle à bois, par exemple. Eût-elle été munie d'une cuisinière à gaz, Donalda aurait entreposé sa pâte dans le four éteint mais assez chaud à cause de la flamme pilote. Eût-elle plutôt été équipée d'une cuisinière électrique, la femme de l'avare aurait allumé le four pendant quelques secondes pour le réchauffer à peine avant d'y mettre sa pâte à lever.

Une quarantaine de minutes plus tard, Donalda, ravie, aurait pu constater que la levure ultra-rapide de Fleichmann avait déjà fait son travail. « Ça y est, se serait-elle exclamée, la pâte toute bouillonnante de gaz carbonique est prête à cuire. » À feu moyen madame Poudrier aurait d'abord fait fondre un peu de beurre doux dans son petit poêlon recouvert d'une pellicule antiadhésive. Sitôt que le beurre aurait moussé, elle aurait versé à la louche dans le poêlon juste assez de pâte pour en recouvrir le fond. Elle aurait attendu ensuite que la pâte fige de part en part avant de retourner la crêpe pour la dorer des deux côtés.

Enfin libérée de sa misère, Donalda aurait ensuite servi à Séraphin ses blinis accompagnés d'une saucière de beurre fondu et d'un bol de crème sure. En guise de garniture, elle lui aurait présenté des œufs cuits durs grossièrement hachés, du caviar d'esturgeon, de saumon ou de lompe et quelques belles tranches de saumon fumé.

Les blinis traditionnels sont faits de farine de sarrasin, de farine de blé ou d'un mélange de farine de blé et de sarrasin. Si le sarrasin vous déplaît à cause de son goût prononcé, il vous suffira de le remplacer en tout ou en partie par de la farine de blé. La façon de procéder reste la même.

Réservez à mesure les blinis dans le four préchauffé à 200 °F. Recouvrez-les d'un linge humide pour les empêcher de sécher. Servez-les aussitôt, accompagnés d'une saucière de beurre fondu et d'une autre de crème sure. Notez que

les crèmes sures qu'on trouve dans le commerce ne sont pas toutes d'égale qualité. Il va sans dire que la meilleure ne contiendra que des solides de lait et de la culture bactérienne. Rien de plus, rien de moins ! Pour une crème sure plus onctueuse, au goût de crème fraîche européenne, je vous conseille d'ajouter à 500 ml (2 t.) de crème sure 500 ml (2 t.) de crème à 35 %. Mélanger bien et conservez à la température de la pièce pendant 24 h avant de la réfrigérer. Vous verrez, c'est exquis, même si c'est terrible pour la ligne ! Mais une fois n'est pas coutume !

On confond souvent blinis et oladii. Les oladii sont de toutes petites crêpes à la farine de blé qu'on sert avec du miel ou de la crème sure, alors que les blinis sont des crêpes de dimension moyenne (6 ou 7 po) qu'on propose le plus souvent arrosées de beurre fondu, garnies de caviar d'esturgeon, de saumon ou de lompe, ou de poisson fumé (truite, esturgeon, saumon, morue...).

PIROJKI

Pour une quarantaine de pirojki :

La pâte feuilletée :
640   g (4 t.) de farine
1   pincée de sel
250   g (1/2 lb) de beurre bien froid coupé en lamelles
8   c. à soupe de beurre doux
8   c. à soupe d'eau glacée
La farce :
4   c. à soupe de beurre
2   oignons finement hachés

125   g (1/4 de lb) de champignons tranchés
1   bulbe de fenouil haché
750   g (1 1/2 lb) de bœuf maigre haché
3   œufs durs hachés
6   c. à soupe d'aneth frais
sel et poivre

Préparez d'abord la pâte feuilletée. Si vous n'êtes pas doué pour la pâtisserie, vous voudrez peut-être utiliser une pâte feuilletée toute préparée ; dans ce cas, achetez-la chez votre pâtissier et oubliez la pâte congelée vendue dans le commerce ! Mais si l'aventure vous tente, commencez par mélanger la farine, le sel et le beurre doux dans un grand bol. À l'aide d'un «coupe-pâte» ou de deux couteaux, travaillez bien le beurre avec la farine jusqu'à ce que vous obteniez un mélange granuleux, de la consistance d'une chapelure grossière. Versez alors l'eau glacée d'un seul coup, continuez à mélanger jusqu'à ce que la pâte soit bien homogène et façonnez une boule. Si la pâte est un peu trop sèche et s'émiette, mouillez avec quelques cuillerées d'eau ; une à la fois. Recouvrez d'un linge légèrement humide et laissez 1 h au réfrigérateur.

Pendant ce temps, préparez la farce. À feu moyen, faites fondre le beurre dans un poêlon à fond épais et faites-y rissoler les oignons en remuant de temps en temps, jusqu'à ce qu'ils soient tendres et transparents. Ajoutez les champignons tranchés et le fenouil haché, et laissez cuire 5 min. Réservez.

Augmentez le feu et faites revenir le bœuf jusqu'à ce qu'il soit bien grillé. Passez la viande et les légumes au robot ou à défaut, écrasez-les soigneusement avec une fourchette. Dans un bol, mélangez la viande et les légumes, les œufs durs hachés, l'aneth, le sel et le poivre. Rectifiez l'assaisonnement si vous le jugez nécessaire. Réservez.

Sur une surface légèrement farinée, abaissez la pâte au rouleau à pâtisserie pour former un rectangle de 3 cm d'épaisseur et continuez à rouler, jusqu'à ce que vous obteniez une bande de 18 cm sur 45 cm environ. Puis procédez au feuilletage. Couvrez la bande du quart des lamelles de beurre, repliez-la en trois, retournez-la et abaissez à nouveau en une bande large. Couvrez à nouveau du quart des lamelles de beurre, repliez et abaissez. Répétez l'opération encore deux autres fois.

Faites chauffer le four à 400 °F. Sur une surface farinée, abaissez la pâte feuilletée jusqu'à ce qu'elle ait environ 0,5 cm d'épaisseur. À l'aide d'un bol ou d'un moule en acier de 10 cm de diamètre, découpez une quarantaine de rondelles. Déposez 2 c. à soupe de garniture au centre de chacune et aplatissez légèrement. Ramenez un côté de la pâte feuilletée sur la farce et scellez bien le petit chausson en pressant les bords. Déposez les pirojki sur une plaque à four beurrée, côté couture en dessous. Faites cuire au four 30 min ou jusqu'à ce qu'ils soient bien dorés.

SUPRÊMES DE POULET À LA MODE DE KIEV

4   *gros suprêmes de poulet désossés et sans peau*
200 g (7 oz) de beurre doux
paprika
persil finement haché
farine
2   *œufs battus en omelette*
chapelure
huile d'arachide ou de maïs

Autant avouer tout de suite que le poulet à la Kiev n'a rien à voir avec la cuisine minceur, mais cette façon d'apprêter les suprêmes tient du sublime.

Aplatissez les suprêmes en escalope entre deux feuilles de papier ciré à l'aide d'un maillet ou du plat d'un couteau.

Façonnez 4 cylindres de beurre doux vous inspirant, pour ce faire, d'un tube de rouge à lèvres que vous enroberez de paprika et de persil frais finement haché. Mettez-les au congélateur pour qu'ils raffermissent. Garnissez chaque escalope d'un cylindre de beurre et enrobez-le de la chair du poulet pour former un boudin. Fermez soigneusement à l'aide de cure-dents ou de ficelle. Enveloppez chaque rouleau dans du papier d'aluminium et mettez-les au congélateur pendant une quinzaine de minutes pour que la chair se raffermisse avant de paner les rouleaux.

Enlevez le papier d'aluminium et roulez-les dans la farine. Secouez-les pour enlever l'excès, trempez-les ensuite dans l'omelette puis dans la chapelure. Réservez au réfrigérateur jusqu'au moment de frire.

Chauffez l'huile à 300 °F, pas plus. Faites dorer doucement pendant 7 ou 8 min, 10 min au plus. Déposez les suprêmes sur un lit de kacha avec une garniture de compote de fruits secs à la russe et servez aussitôt.

En incisant la chair du poulet avec la pointe de son couteau, chaque gourmand verra avec délectation jaillir le beurre fondu : c'est, je vous l'assure, du plus bel effet !

J'aime bien faire une entorse à la tradition russe en aromatisant le beurre de diverses manières. On pourra, par exemple, parfumer le beurre à la hongroise en lui ajoutant 1/2 c. à thé de paprika fort ou deux fois plus s'il est doux, ou le parfumer à l'indienne en saupoudrant 1 c. à thé de cari.

On pourra également ajouter au beurre 4 c. à soupe de persil frais finement haché. Aromatisé à l'estragon, frais ou sec, le beurre fondu fera également merveille.

Pour ceux qui, comme moi, aiment le fromage bleu, incorporez au beurre 60 g (2 oz) de bleu danois, de roquefort ou de gorgonzola !

Notez que, recouvert de chapelure, le poulet à la Kiev se congèle fort bien. Prenez soin cependant de bien le protéger dans un sac de plastique et faites-le dégeler au réfrigérateur 24 h avant de le passer à la friture.

On peut remplacer les suprêmes de poulet par des escalopes de dinde.

KACHA

500 g (2 t.) de kacha
1   œuf battu en omelette
bouillon de poulet dilué dans une
*   quantité égale d'eau*
2   noix de beurre non salé
poivre

J'adore la kacha pour son goût parfumé qui rappelle la noisette grillée et pour sa texture qui s'apparente à celle du riz sauvage. Mais comment vous décrire ce mets à la fois rustique et raffiné qui est en quelque sorte le riz du peuple russe ? Il s'agit tout simplement de graines de sarrasin, entières ou concassées, grillées, et qu'on fait doucement mijoter dans l'eau salée, le bouillon ou le consommé. Comme on fait pour le riz, on sert la kacha bien beurrée avec le poisson ou la viande.

Dans une boutique d'aliments naturels, ou même dans votre supermarché habituel, vous trouverez peut-être des graines de sarrasin déjà grillées prêtes à cuire. Sinon, pas de problème. Vous n'avez qu'à acheter des graines de sarrasin crues que vous ferez griller au four à la maison. Achetez-en une bonne quantité ; le sarrasin grillé se conserve fort longtemps. Pour le faire griller, il suffit de recouvrir une tôle à biscuit d'une couche uniforme de graines de sarrasin et de les enfourner à chaud (350 °F) pendant le temps qu'il faudra pour qu'elles soient bien dorées : couleur cannelle. Laissez refroidir avant de procéder.

Dans un grand bol, mélangez la kacha et l'œuf battu. Grillez-la ensuite à la poêle à feu moyen jusqu'à ce qu'elle soit bien sèche. Prenez soin de bien détacher les grains à l'aide d'une fourchette. Ajoutez le bouillon de poulet ou le consommé de bœuf, amenez à ébullition. À l'aide d'une cuiller de bois, mélangez bien et raclez le fond de la casserole pour détacher l'œuf qui se serait d'aventure collé au fond. Couvrez et laissez mijoter tout doucement jusqu'à ce que la kacha soit tendre et qu'elle ait absorbé son bouillon. Une vingtaine de minutes devraient suffire. Retirez du feu, ajoutez le beurre, poivrez et mélangez à la fourchette en détachant les grains.

Votre kacha sera meilleure encore si vous y ajoutez quelques champignons en lamelles que vous aurez fait d'abord revenir au beurre.

COMPOTE DE POMMES ET D'ABRICOTS SECS

400 g (2 t.) de rondelles de pommes sèches
400 g (2 t.) d'abricots secs
115 g (1/2 t.) au moins de sucre
20 grains de poivre noir
1 ou 2 clous de girofle
1/2 orange ou citron dont on prélève les zestes à l'économe qu'on détaille en fines juliennes

Rincez les fruits à l'eau froide. Dans une casserole, recouvrez-les d'eau froide et laissez-les gonfler 2 ou 3 h en ajoutant de l'eau si cela est nécessaire. Mettez le sucre, les épices et les zestes. Amenez à ébullition et laissez mijoter tout doucement pendant une quinzaine de minutes, jusqu'à ce que les fruits soient tendres. Laissez refroidir et conservez au frigo.

On peut évidemment ajouter d'autres fruits secs : pêches ou poires en tranches, raisins Sultana, figues, pruneaux dénoyautés. On peut aussi décider de parfumer le tout avec un bâton de cannelle. Pour ma part, j'ai horreur de ça !

Vodka

Pour accompagner tous ces plats, une boisson s'impose : de la vodka russe, bien frappée. Les Russes aromatisent leurs vodkas de mille manières. En voici quelques-unes, mais n'hésitez pas à laisser aller votre imagination et à composer d'autres saveurs.

VODKA AU CITRON

Prélevez à l'économe le zeste d'un citron. Faites-le macérer dans la bouteille pendant une semaine, à la température de la pièce. Enlevez le zeste et conservez la vodka au congélateur.

VODKA À L'ORANGE

Procédez comme pour la recette précédente en remplaçant le zeste de citron par un zeste d'orange.

VODKA AU CARVI

Mettez dans la bouteille 2 c. à thé de graines de carvi. Une semaine plus tard, filtrez et conservez la vodka au congélateur.

VODKA AU POIVRE

Écrasez à l'aide de la lame d'un gros couteau 5 ou 6 grains de poivre noir. Ajoutez à la vodka et laissez macérer une semaine à la température de la pièce. Filtrez et conservez également au congélateur.

Pour les jours de fête, je vous conseille de servir la vodka dans un bloc de glace. C'est très facile à faire : il vous faut simplement une grande boîte de conserve métallique vide. Lavez-la, mettez-y la bouteille de vodka. Remplissez d'eau. Centrez bien la bouteille et mettez le tout au congélateur. Quand la glace est prise, démoulez-la en déposant la boîte dans l'eau tiède. Sculptez-la ensuite à l'aide d'un couteau. Enveloppez la base dans une serviette blanche nouée en foulard et effectuez le service : vous verrez, cela fera de l'effet !

À l'est de l'Éden

« S i ma grand-mère me voyait faire, elle en mourrait de dépit! Je te le dis, elle se trancherait les veines! Un bortsch au consommé Campbell! Je la trahis, je sais, mais New York est si loin de Cracovie!» Pour peu, mon amie Eugénie allait essuyer une larme. Éprise de ballet, elle rêvait de danser un jour avec Noureev, qui venait de s'installer à New York à deux pas de chez elle. «Ce sera un pas de deux: Rudolf sera la Russie gloutonne et impériale; moi, je serai la Pologne éternelle. Il me prendra de force, mais je résisterai en lionne blessée. À la fin, il tombera, épuisé… Moi, je m'envolerai, à jamais et pour toujours, libre!» Je souriais en la regardant peler ses betteraves et les couper en cubes. «Tu vois, me dit-elle, j'ai les mains pleines de sang!» Elle rit: «Que veux-tu, je m'emporte! Je suis slave, même ici!»

«Pour faire son bortsch, ma grand-mère passait toute sa journée dans la cuisine. D'abord, elle préparait un pot-au-feu avec du bœuf, qu'elle faisait revenir dans le saindoux avec des oignons hachés. Puis elle le mouillait d'eau, ajoutait des carottes en rondelles, des feuilles de chou, 1 ou 2 branches de céleri. Elle laissait mijoter le tout jusqu'à ce que la viande soit tendre. Ça prenait des heures. Ce n'était pas du bœuf de boucherie, mais une pauvre bête qui s'était usée aux labours. De la bidoche, quoi! Une fois la viande attendric, elle la réservait, laissait réduire à petit feu le consommé pour ensuite ajouter les légumes, souvent des betteraves en lamelles, parfois des pommes de terre en cubes et même des navets. Toujours elle improvisait. Un seul élément commun à toutes ces soupes de légumes: le temps qu'elle prenait à nous faire plaisir. Le temps qu'on prend pour l'autre, c'est le temps de l'amour.» Elle soupira.

«Parfois ma grand-mère ajoutait au bortsch du saucisson polonais ou bien des saucisses qu'elle faisait d'abord griller à la poêle. Une fois, je me souviens, elle nous a fait un bortsch de poisson : mon père avait pêché une énorme carpe dans l'étang d'à côté. Cette fois, pas de betteraves en guise de légume : du chou vert, de l'oseille, des épinards et des haricots blancs qu'elle avait d'abord faits cuire à l'eau salée. Parfois elle ajoutait des champignons sauvages qu'elle allait ramasser elle-même dans la forêt.

«Mes parents ont choisi l'Amérique pour la liberté. Dans ce pays d'abondance fictive nous n'avons plus de temps pour vivre ! Mon bortsch à moi, je le fais donc en une heure ! Pas de saindoux ni de viandes ! Du beurre doux et de l'huile végétale pour faire suer mes légumes : ils sont plus croquants. Pour la couleur, j'ai un secret : à la fin, j'ajoute une betterave râpée crue que j'ai fait macérer dans du vin rouge. Ah ! si ma grand-mère me voyait !»

À table, Eugénie m'a servi son bortsch avec des petits pains à la glaçure d'ail et de sel. Des petits pains d'Ukraine. Et il ne faut surtout pas oublier la vodka. Polonaise et glacée ! Au fond, Eugénie n'a jamais trahi sa grand-mère. À New York ce soir-là, j'étais à la campagne, tout près de Cracovie !

Souvent, je m'ennuie de Pam-Pam, ce petit restaurant hongrois de la rue Stanley à Montréal où nous allions, adolescents, découvrir Budapest. C'est là que j'ai savouré pour la première fois le goulasch, ce ragoût fait de bœuf en cubes, d'oignons, de pommes de terre et de tomates, bien relevé de paprika et rendu tout onctueux par l'ajout de crème aigre. Voilà ce qui m'a donné l'idée de cette recette de jarret de bœuf «à la hongroise», version économique de mon osso buco. Le veau étant souvent hors de prix, je l'ai remplacé par du bœuf. Mais pour éviter que la viande soit filandreuse, il m'est venu à l'idée d'ajouter, comme pour le goulasch, de la crème sure et du paprika. Comme par miracle, le bœuf boit la crème et devient tout à fait tendre. Le paprika, pourvu qu'il soit hongrois, ajoute ce qu'il faut de piquant pour corriger à son tour la fadeur de la crème ! C'est délicieux servi avec des nouilles au beurre. Ou bien, comme je vous le propose ici, avec des «petits moineaux».

❧

LE BORTSCH D'EUGÉNIE

1	betterave crue, pelée et râpée
1	bouteille de vin rouge
1	dizaine de betteraves moyennes crues, pelées et détaillées en petits dés
60	g (2 oz) de beurre doux
2 ou 3	branches de céleri en fines tranches
2 ou 3	carottes en rondelles
2	oignons moyens en fines rondelles
1 ou 2	blancs de poireaux hachés
1	c. à soupe de poivre noir en grains

1   feuille de laurier et quelques pincées
     de thym
1   boîte de tomates italiennes ou
     quelques tomates fraîches
2 ou 3 boîtes de consommé de bœuf
125 ml (1/2 t.) de vinaigre de vin rouge
250 ml (1 t.) de crème sure
quelques feuilles de chou vert en
     lanières (facultatif)
aneth frais pour la décoration

Le bortsch d'Eugénie n'a vraiment rien à voir avec cet infâme liquide rose et sucré que l'on propose dans les *delicatessen,* avec ce brouet plâtreux où flottent dans la misère quelques malingres filaments de betteraves… Les quantités sont sans doute suffisantes pour une dizaine de personnes, mais elles restent approximatives. De grâce, improvisez !

Faites macérer la betterave râpée dans le vin. Dans une grande casserole à fond épais, faites fondre le beurre à feu moyen. Ajoutez les légumes et le poivre, une feuille de laurier peut-être et quelques généreuses pincées de thym. Mélangez bien à la cuiller de bois et laissez cuire tout doucement à couvert une vingtaine de minutes en brassant de temps à autre. Incorporez les tomates et recouvrez le tout de consommé. Laissez mijoter doucement jusqu'à ce que les légumes soient cuits, mais encore un peu fermes sous la dent. Ajoutez alors la betterave râpée macérée et son vin rouge, puis le vinaigre. Laissez cuire encore 5 min ou plus à découvert et le tour est joué.

Pour compléter le plat, incorporez la crème sure, mélangée à un peu de bouillon, à petites doses jusqu'à ce qu'elle soit toute diluée.

Ce bortsch est délicieux servi chaud et tout à fait sublime lorsqu'il est froid. Il est encore meilleur le lendemain. Si vous le réchauffez, évitez l'ébullition, sans quoi la crème «tournera».

Pour un bortsch à la viande, ajoutez à la toute fin du jambon en cubes ou de la saucisse que vous aurez d'abord fait griller.

PETITS PAINS SALÉS À L'AIL

Pour 16 petits pains :
125 ml (1/2 t.) d'eau tiède
1/2 c. à thé de sucre
1/2 c. à thé de sel
1   enveloppe de levure en granules
320 g (2 t.) de farine à pâtisserie
1   œuf
huile végétale

La glaçure :
2   gousses d'ail pelées et pressées
1/2 c. à thé de sel
1   c. à soupe d'huile d'olive
1   c. à soupe de vinaigre de vin
85   ml (1/3 de t.) d'eau

Ces petits pains à l'ail et au sel ont un petit quelque chose de réjouissant. Serait-ce cette pâte un peu sucrée qui contraste avec le sel et l'ail de la glaçure ? Je ne sais trop. Cependant, ce que je sais, c'est que mes convives étonnés en redemandent toujours. Ce qui me fait d'autant plus de plaisir que ces petits pains se font en un tournemain. Cette recette toute simple permet à quiconque de se faire pâtissier !

Versez l'eau tiède dans un bol rincé à l'eau chaude et essuyé. Ajoutez le sel et le sucre. Saupoudrez de levure. Après 1 min ou 2, brassez. Dans un robot, incorporez à ce mélange la farine et l'œuf. Pétrissez quelques secondes à peine, assez longtemps pour qu'une boule de pâte se forme et se détache de la paroi. Enduisez-vous bien les mains d'huile végétale pour déposer la boule de pâte dans un bol bien huilé. Couvrez-la d'un linge chaud et humide et laissez la levure faire son travail pendant 1 h. Lorsque la boule aura doublé de volume, huilez-vous les mains une fois de plus et pétrissez la boule quelques secondes pour la dégonfler. Coupez-la en 2, puis en 4, puis en 8, puis en 16 boules grosses comme une noix de Grenoble. Placez-les sur une plaque bien huilée en leur laissant assez d'espace pour qu'elles puissent tripler de volume sans se toucher. Préchauffez le four à 350 °F pendant 20 min ; cette période de temps suffira pour que les petits pains gonflent. Mettez-les alors au four pour une quinzaine de minutes jusqu'à ce qu'ils soient bien dorés. Faites-les ensuite refroidir sur une grille.

Pour préparer la glaçure, mélangez tous les ingrédients à la fourchette dans un petit bol ou mieux encore, au robot. Une demi-heure avant de servir, badigeonnez les petits pains de glaçure à l'aide d'un pinceau. Les servir à la température de la pièce.

Ces pains se conservent fort bien au frigo dans un sac de plastique pendant quelques jours. Mais évitez de les réchauffer : ça les rendrait amers.

SALADE TZIGANE

La marinade :

1	l (4 t.)	d'eau
85	ml (1/3 t.)	de vinaigre de vin rouge
1		feuille de laurier
30		grains de poivre noir
1		c. à soupe de graines d'aneth ou de carvi

La salade :

1	tout petit chou vert ou rouge effiloché
1 ou 2	tomates vertes en très fines tranches
1 ou 2	tomates rouges mais fermes, en fines tranches
1	concombre pelé et coupé en fines tranches
1	oignon rouge ou blanc en très fines rondelles
1	petit bulbe de fenouil en fines tranches (à l'horizontale)

huile d'olive
fines herbes

Importée aux États-Unis par les gitans d'Europe centrale, cette manière de préparer le chou a engendré la sinistre *coleslaw*… Comme quoi il faut à l'occasion renier les rejetons et chanter la gloire des ancêtres! On prépare cette salade tzigane au moins 5 jours à l'avance, cette période de macération permettant aux légumes d'échanger leurs parfums et de s'imprégner des aromates. Ainsi traité, le chou cru est parfaitement digestible, soyez sans crainte.

Amenez à ébullition tous les ingrédients de la marinade. Versez-la encore bouillante sur les légumes. Laissez refroidir puis gardez au réfrigérateur pendant 5 jours au moins.

Au moment de servir, égouttez la salade. Ajoutez un peu d'huile d'olive vierge et décorez des fines herbes de votre choix: estragon, menthe, thym, persil ou basilic.

JARRET DE BŒUF À LA HONGROISE

4   tranches de jarret de bœuf
farine
quelques gouttes d'huile d'olive
2   oignons moyens en rondelles
1   carotte en rondelles
1 ou 2 branches de céleri en dés
3 ou 4 gousses d'ail pelées, dégermées et
     tranchées en lamelles
3   c. à soupe d'huile d'olive
1   boîte de tomates italiennes
1   boîte de consommé de bœuf
1/2 bouteille de vin blanc sec
1   bouquet garni
1   boîte d'anchois rincés à l'eau
1   poivron en lanières
250 à 500 ml (1 ou 2 t.) de crème aigre
paprika

Farinez bien les tranches de jarret de bœuf pour les faire dorer aussitôt à feu moyen dans quelques gouttes d'huile d'olive. Réservez.

Dans une grande casserole à fond épais, faites revenir dans l'huile d'olive pendant 2 ou 3 min les oignons, carottes, céleri et ail. Ajoutez les tomates, le consommé, le vin, les aromates et les anchois. Amenez à ébullition et posez dessus les tranches de bœuf. Prenez soin de les napper de sauce et laissez doucement mijoter à couvert jusqu'à ce que la viande se détache facilement de l'os, soit un peu plus de 1 h. Tout dépend de la tendreté du bœuf. Ajoutez à la sauce un poivron en lanières et laissez cuire quelques minutes. Il doit rester croquant. Incorporez ensuite la crème et parfumez de paprika au goût. Évitez l'ébullition, sans quoi votre crème tournera. Voilà, c'est prêt.

Vous n'avez plus qu'à servir avec des nouilles au beurre ou du riz au safran.

« PETITS MOINEAUX » AU BEURRE

480 g (3 t.) de farine
4   œufs moyens ou 3 gros
250 ml (1 t.) de lait
eau salée

Mélangez les ingrédients au robot ou au fouet jusqu'à l'obtention d'une pâte lisse.

Dans une grande casserole, amenez à ébullition une généreuse quantité d'eau salée. Versez votre pâte dans une passoire à gros trous et faites-la tomber dans l'eau bouillante en vous aidant d'une spatule. On peut aussi faire tomber sa pâte dans l'eau bouillante en se servant d'une poche à douille cannelée, petite ou moyenne. Coupez la pâte au ciseau, à mesure qu'elle tombe, en tronçons de 2 ou 3 cm. Dès qu'ils flottent, en quelques secondes à peine, les spaetzle sont prêts.

À l'aide d'une écumoire, déposez-les aussitôt dans l'eau froide pour arrêter la cuisson. Puis égouttez-les sur un linge sec ou sur du papier absorbant. Au moment de servir, réchauffez-les à la poêle dans un peu de beurre fondu. Ajoutez de la crème si le cœur vous en dit.

SALADE DE FRUITS
FRAIS AU VIN DE CARAMEL

quelques fruits tranchés
230 g (1 t.) de sucre
60   ml (1/4 de t.) d'eau
1/2 citron
1/2 bouteille de vin blanc sec
menthe fraîche ou estragon

Dans une petite casserole à fond épais, versez le sucre. Mouillez-le d'eau. Ajoutez le jus de citron pour empêcher la cristallisation du caramel. À feu moyen, faites caraméliser le sucre. N'y touchez pas, mais surveillez du coin de l'œil sans quoi votre caramel risque de se transformer en charbon ! Lorsque le sucre a une couleur cuivre, c'est le temps de verser la moitié du vin blanc. Brassez bien, baissez le feu et laissez fondre le caramel. Retirez la casserole du feu. Laissez refroidir et ajoutez, lorsque le mélange est tiède, le reste du vin blanc. Versez le vin caramélisé sur les fruits et laissez-les macérer au moins 1 h au frigo.

Garnissez de menthe fraîche ou d'estragon. Vous pourrez, comme il me plaît de le faire, « reconstruire » vos fruits au moment de servir.

Souvenirs d'Indonésie

Pour Réal Mainville.

C'est au Brésil, chez un certain Anton Valdez, que j'ai découvert les délices suprêmes de la cuisine indonésienne. Valdez, né Van Heekeren, comptait parmi tous ces colonisateurs hollandais expulsés d'Indonésie en 1957, lorsque le président Sukarno a aboli la démocratie parlementaire et mis au point la « démocratie dirigée ». Prétexte pour instaurer la réforme agraire et confisquer les terres des Hollandais. Anton Van Heekeren part donc pour Amsterdam avec sa famille, abandonne sa femme et ses enfants, mais invite sa mère à le suivre au Brésil. Ils achètent une *fazenda* en jachère aux environs de Salvador de Bahia, rénovent la maison des maîtres, la *casa grande,* et se mettent à planter. Tant et si bien qu'ils ont bientôt refait fortune. Devenu Brésilien 10 ans plus tard, Anton Van Heekeren prend le nom d'Anton Valdez. « Quel nom ridicule ! » de ricaner sa mère, qui ne lui pardonnera jamais cet affront. Chaque matin, Madame part à l'aurore pour faire la tournée de ses terres et revient juste à temps pour déjeuner. Mais voilà qu'un beau jour, 3 h sonnent et elle n'est pas encore rentrée. Et on aperçoit bientôt le cheval venir au loin. Seul. Madame est retrouvée des kilomètres plus loin, humiliée de douleur dans la poussière rouge, la hanche cassée. « A-t-on idée aussi de galoper dans la campagne à 75 ans bien sonnés ? »

Pas question de chaise roulante, Madame insiste pour s'asseoir dans sa chaise : un immense fauteuil en bois de rose. Sans arrêt, Madame exige qu'on la déplace. « À la cuisine ! Au salon ! Dehors ! À l'ombre ! Au

soleil! À ma chambre! Sous les cocotiers!»
Un jour, Anton a l'idée de remplacer les
accoudoirs du fauteuil par deux longs
manches en bois. On pourra déplacer
Madame sans problème. Dans la campagne
brésilienne, une vieille Hollandaise, coiffe de
dentelle et robe de velours, paraît flotter.
Un porteur par-devant et un autre derrière.
Fier de cette procession, Anton s'exclame:
«Vous êtes impériale!»

Tous les dimanches, Anton Valdez ouvre
grandes les portes de la *casa grande*. Le
rejtaffel indonésien de Madame attire le
gratin. À l'aurore, l'impériale exige qu'on la
transporte à la cuisine. «Fais rôtir les ca-
cahuètes avant de les broyer! Petite sotte, tu
ne vas pas faire le sambal ulek sans te protéger les mains avec des gants! N'oubliez pas
le serundeng! Bon Dieu, dépêchez-vous,
mettez les viandes à macérer!»

Bardés de médailles, généraux et
colonels plastronnent. Monsieur le professeur titube. Monsieur le curé sermonne.
Mesdames placotent… Le cachaça (rhum
blanc) coule à flots! «Ne vous inquiétez
pas, mon cher Valdez, le Brésil n'est pas
l'Indonésie! Les subversifs, ici, nous savons
quoi en faire…» Dans le jardin, on a dressé
la table de riz. Sur une immense nappe de
dentelle, des riz divers: glutineux et sucré
ou jaune curcuma au lait de coco ou bien
frit à la viande de porc. Des fleurs partout,
des œufs marbrés de toutes les couleurs, des
flocons d'oignons frits, du serundeng et des
noix de cajou, des sambals, des caris de
viande et de poisson, de légumes et de
fruits. Les brochettes sont prêtes à griller.
On a soigneusement garni chaque tige de
bambou de cinq ou six bouchées de viande

ou de poisson. Chaque convive fait griller
lui-même ses satays sur la braise en tenant la
longue tige par le bout, sans risque de se
brûler. «À la bonne franquette», comme dit
Valdez.

Dans sa chaise à porteur, Madame
triomphe. À votre tour de régner. Mes
recettes, je vous le jure, sont d'une exécution si simple que vous voudrez les faire sans
aide. Donnez congé aux serviteurs et
passez-vous des militaires!

La cuisine soleil!

*Apparemment fort complexe, la cuisine indoné-
sienne est en réalité d'une très grande simplicité.
Quelques éléments «exotiques». surprennent
de prime abord: l'omniprésence de la noix de
coco sous forme de crème, de lait ou de chair
râpée servie crue, déshydratée ou bien grillée.
Extraite à la vapeur de sa chair râpée sous pression, la crème est si riche en matières grasses
qu'elle remplace un peu le beurre de la cuisine
française, tandis que le lait extrait de la seconde
pression joue un peu le même rôle que la crème
ou le bouillon de notre cuisine.*

*Le sambal, une sauce explosive faite de piment
écrasé, de sel, de vinaigre et d'épices, réplique
admirablement à la fade douceur de la noix de
coco et à l'humilité du riz, tandis que le
mélange surprenant et omniprésent du sel, de la
sauce soja et du sucre de palme vient compléter
la trame simple de cette cuisine aux milles variations possibles grâce aux notes épicées et aux
mélanges surprenants de légumes et de fruits.
Très friands de poisson qu'ils consomment en
abondance, tout simplement grillés ou bien*

pochés au lait de coco, les Indonésiens font preuve au chapitre des viandes d'une très saine retenue. Mais c'est une retenue admirable.

À preuve ces petites bouchées en brochettes qu'on appelle satay et dont je vous ferai tout un plat!

SAMBAL ULEK: PURÉE DE PIMENTS FRAIS

30   *piments chilis*
2   *c. à thé de sel*
vinaigre de vin rouge ou blanc, de cidre ou de riz

Au mélangeur ou au robot, faites une purée avec les piments en prenant bien soin, comme disait Madame, de porter des gants. Ajoutez ce qu'il faut de vinaigre pour en faire une sauce. Salez. Le sambal ulek se conserve indéfiniment au frigo.

SERUNDENG

300   *g (10 oz) de flocons de noix de coco fraîche ou déshydratée*
300   *g (10 oz) d'arachides sans peau*
2   *c. à soupe d'huile d'arachide*
3   *c. à soupe de cari*
2   *pincées de muscade*
2   *c. à soupe de cassonade*

Mélangez tous les ingrédients. Faites dorer à feu moyen dans une poêle antiadhésive

en brassant constamment à la cuiller de bois. ou mieux encore, faites dorer au four à 300 °F sur une plaque à biscuits, pendant 30 ou 40 min si vous employez de la noix de coco sèche, pendant 1 h si vous utilisez de la noix de coco fraîche. Mélangez de temps à autre pour assurer une cuisson uniforme et surveillez bien, car la noix de coco risque de brûler. Dans un bol scellé, le serundeng se conserve pendant plusieurs semaines. Les Indonésiens, qui en raffolent, s'en servent pour rehausser presque tous leurs aliments. Ça donne du piquant, du croquant!

SAUCE SATAY AUX ARACHIDES

Pourquoi céder à l'attrait trompeur de la facilité en vous contentant de ces horribles mélanges déshydratés de peanut sauce. *Pouache! De l'arachide en poudre, des oignons déshydratés, des colorants artificiels, beaucoup trop de sel et surtout une cohorte d'agents de «conservation» qui transforment votre cuisine en zone sinistrée! Place à la résistance! Quelques minutes à peine vous suffiront pour préparer une sauce satay onctueuse et parfumée. N'hésitez pas à doubler la recette: ça se conserve bien et fort longtemps au frigo. Mieux encore: ça se congèle.*

2   c. à soupe d'huile d'arachide
1   oignon moyen grossièrement haché
5   gousses d'ail pelées, dégermées et finement hachées
1   c. à thé de sambal ulek
1   pincée de curcuma ou de cari
2   pincées de coriandre en poudre
2   c. à soupe de cassonade, de mélasse ou de sirop de maïs
2   c. à soupe de sauce soya
10   c. à table de beurre d'arachide
400 ml (une boîte) de lait de coco ou
400 ml (1 1/2 t.) d'eau

Armé d'une cuiller de bois, faites revenir à feu moyen l'oignon dans l'huile jusqu'à ce qu'il commence à caraméliser. Ajoutez ensuite l'ail et faites revenir 1 min ou 2 de plus. L'ail doit à peine dorer pour éviter l'amertume. Ajoutez tous les autres ingrédients, amenez à ébullition et retirez du feu aussitôt. Cette sauce servie tiède accompagne divinement les brochettes indoné-siennes. Servie avec des légumes froids (crus ou cuits) en guise de trempette, c'est le fameux gado-gado.

SUPRÊMES DE POULET À L'INDONÉSIENNE

4   beaux suprêmes de poulet désossés, sans la peau

La marinade:
le jus d'un citron vert
2   c. à soupe de sauce soya
2   c. à soupe de sirop de maïs ou de cassonade foncée
2   gousses d'ail pelées, dégermées et pressées
1   c. à soupe de coriandre moulue
1/2 c. à thé de curcuma
1/2 c. à thé de sambal ulek
1   c. à soupe d'huile de sésame
2   c. à soupe d'huile d'arachide

Faites macérer les suprêmes dans la marinade, couvrez de pellicule plastique et réservez au frigo 1 h ou 2. À feu moyen, faites sauter les suprêmes dans l'huile 3 ou 4 min de chaque côté. Pas plus! Déposez sur du papier essuie-tout pour dégraisser, puis servez sans tarder.

FILET DE PORC À L'INDONÉSIENNE

Procédez comme pour la recette précédente. Remplacez seulement les suprêmes de poulet par 750 g (1 1/2 lb) de filet de porc, et la coriandre et le curcuma par 1 c. à table de cumin moulu et 1 c. à table de cari. Laissez mariner, faites dorer les filets à la poêle 10 min, pas plus. Accompagnez de bananes frites et de riz au lait de coco. Garnissez de feuilles de menthe ou de coriandre fraîche.

CREVETTES À L'INDONÉSIENNE

Décortiquez 750 g (1 1/2 lb) de crevettes en prenant soin de laisser la queue. À l'aide d'un petit couteau, prélevez le fil intestinal. Rincez à l'eau très froide et essuyez.

Pour la marinade, remplacez le curcuma et la coriandre de la recette de suprêmes par le zeste d'un citron prélevé à l'économe, détaillé en fines juliennes et blanchi quelques secondes à l'eau bouillante. Laissez mariner au frigo 30 min, pas plus. Faites sauter dans l'huile d'arachide 1 min ou 2. Sitôt que la chaleur a traversé les chairs, c'est prêt. Vous pouvez remplacer les crevettes par des pétoncles ou un mélange des deux. Ou encore par des darnes de saumon.

SATAYS

Les trois recettes précédentes peuvent servir à la préparation des satays indonésiens. Il suffit tout simplement de trancher porc, poulet et crevettes en petites bouchées et de garnir les brochettes de bois (qu'on aura d'abord fait tremper dans l'eau froide 1 h ou 2 pour éviter qu'elles ne brûlent). Évitez l'excès de marinade avant de les faire griller et badigeonnez-les d'huile pour éviter qu'elles ne collent. On pourra cuire ces brochettes au four et au barbecue.

GRILLADES ET BROCHETTES SATAY

Voici quelques recettes toutes simples de grillades de viande diverses, de crustacés ou de poisson qu'on peut faire en brochettes, à la poêle ou sur le grill. Encore ici, des principes très simples. Quelques ingrédients de base : toujours les mêmes. De la sauce soja, du jus de citron jaune ou vert, du sirop de maïs qui remplace ici le sucre de palme d'Indonésie. On n'aura qu'à parfumer la marinade aux épices qui conviennent à la viande choisie ou au poisson d'élection. Dans tous les cas, une même marinade de base.

La marinade de base :
Le jus d'un citron jaune ou vert
2   c. à soupe de sauce soja
2   c. à soupe de sirop de maïs

1   c. à thé de sambal ulek
1   c. à soupe d'huile d'arachide
1 ou 2 gousses d'ail pressées (facultatif)

À cette marinade de base vous ajouterez un zeste de citron jaune prélevé à l'économe et finement haché en juliennes pour faire mariner le poisson ou les crustacés.

Pour le porc, que vous ferez griller en médaillon ou embroché en cubes, vous ajouterez à la marinade de base 1 c. à soupe de cumin en poudre.

Pour les abats divers, et aussi pour le bœuf, ajoutez à la marinade de base 1 c. à soupe de ketchup ou de concentré de tomates. Parfumez de cari, de cumin ou d'une pincée de fines herbes de Provence.

Pour le poulet, j'aime bien la coriandre ou la cardamome.

Faites mariner la viande ou le poisson pendant 1 h avant de griller.

LÉGUMES À L'INDONÉSIENNE

Je vous propose trois façons d'apprêter les légumes. D'abord, les sambals de légumes, servis chauds ou tièdes. Il s'agit de légumes que vous ferez cuire al dente à grande eau salée ou dans une marguerite. Tous les légumes ou à peu près conviennent : haricots verts ou jaunes en tronçons, choux-fleurs en petits bouquets, brocolis, choux verts ou rouges cuits en quartiers puis détaillés en fines lanières, choux de Bruxelles,

carottes en bâtonnets ou pommes de terre en petits cubes. Aussitôt cuits, faites-les refroidir à l'eau froide pour qu'ils conservent bien leur couleur et qu'ils restent fermes et croquants. Au moment de servir, vous n'aurez plus qu'à réchauffer ces légumes à la poêle dans la préparation suivante :

2   c. à soupe d'huile d'arachide
1   oignon moyen grossièrement haché
2   gousses d'ail pelées, dégermées et
     finement hachées
1/2 c. à thé de sambal ulek

À feu moyen, faites revenir l'oignon dans l'huile. Ne laissez pas colorer. Ajoutez l'ail et faites revenir 1 min de plus. Ajoutez ensuite le sambal ulek et réchauffez vos légumes dans cette huile parfumée.

Vous pouvez également réchauffer les légumes dans le lait de coco parfumé de 1 pincée ou 2 de coriandre, de cardamome ou de cari. On les garnira, j'espère, de serundeng.

Une autre manière de présenter les légumes consiste à ne pas les réchauffer mais à les servir froids avec de la sauce aux arachides. Les légumes crus conviennent tout à fait à cette façon de faire. On pourra par conséquent servir endives, cresson, laitue, radis, concombre, que sais-je ? avec la sauce en saucière, diluée avec un peu d'eau, de lait de coco ou de jus de citron.

CARI D'ANANAS AU LAIT DE COCO

2   c. à soupe d'huile d'arachide
1   oignon moyen en fines rondelles
1   gousse d'ail pelée, dégermée et
     finement hachée
1 ou 2 c. à soupe de cari
1   ananas frais encore bien ferme ou
     un ananas en conserve
200 ml (1/2 boîte) de lait de coco

Faites revenir l'oignon dans l'huile à feu moyen. Dès qu'il a blondi, ajoutez l'ail et faites revenir encore 1 ou 2 min. Saupoudrez de cari et faites revenir 1 min au plus. Ajoutez l'ananas en rondelles ou en tronçons. Mélangez bien avant de verser le lait de coco. Laissez frémir 2 min et le tour est joué !

Si vous le désirez, vous pouvez remplacer l'ananas par 2 ou 3 mangues, 2 ou 3 bananes ou même par du maïs en grains auquel vous aurez ajouté du poivron rouge rôti pour lui donner de la couleur. Vous pouvez aussi remplacer le lait de coco par 250 ml (1 t.) de yogourt nature.

RIZ AU LAIT DE COCO DES JOURS DE FÊTE

Le riz occupe une place d'honneur à la table indonésienne. Le riz sous toutes ses formes. Riz à grain court cuit à la vapeur, sans sel ni corps gras «collant» à la chinoise ou à la japonaise. Riz à grain long, parfumé, tel le basmati, d'abord sauté à l'huile ou au beurre clarifié puis cuit à l'étuvée aromatisé à l'indienne… ou bien riz glutineux pulvérisé, parfumé à la cardamome qu'on sert avec des fruits. De tous ces riz, celui que je préfère est cuit à l'étuvée dans le lait de coco et parfumé à la poudre de curcuma. Pour ce «riz des jours de fête» je vous recommande le riz de Caroline à grain long converted de l'oncle Ben. Il vous suffira de remplacer la moitié de l'eau de la recette par du lait de coco en boîte et d'ajouter, pour parfumer et colorer le riz, de la poudre de curcuma : 1 c. à soupe par tasse de riz cru… Ajouter aussi avant la cuisson, 1 ou 2 généreuses pincées de noix de coco râpée si vous en avez sous la main…

300 g (1 1/3 t.) de riz
400 ml (1 boîte) de lait de coco
2   généreuses pincées de noix de coco
     séchée
185 ml (3/4 de t.) d'eau
une pincée de sel
1   c. à thé de curcuma ou de cari

Dans une casserole, amenez à ébullition le lait et la noix de coco, l'eau, le sel et le curcuma. Ajoutez le riz. Brassez bien en attendant que l'ébullition reprenne. Recouvrez et baissez le feu. Le riz doit mijoter à peine 20 min, juste assez pour absorber le lait de coco. Réservez-le ensuite à couvert pour 5 min. Le sucre contenu dans le lait de coco a peut-être fait coller un peu le riz au fond de la casserole. Tant mieux : c'est meilleur. Servez sans tarder !

BANANES FRITES

4   bananes mûres mais fermes
2   c. à soupe d'huile d'arachide
sel
1   pincée de muscade ou de macis

Pelez les bananes et tranchez-les en deux sur le long. Faites dorer à la poêle à feu moyen dans l'huile. Salez au goût, parfumez de muscade et servez chaudes ou tièdes avec les viandes, en guise d'accompagnement.

BANANES POCHÉES
AU LAIT DE COCO

4   bananes mûres mais fermes
400 ml (1 boîte) de lait de coco
cassonade

Faites pocher doucement les tronçons de bananes dans le lait de coco 1 min ou 2. Servez-les chaudes, tièdes ou froides, saupoudrées de cassonade.

SALADE DE FRUITS ÉPICÉS

2   oranges, 1 pamplemousse et 1 citron vert, pelés à vif et coupés en tranches fines
1   concombre pelé, tranché en longueur, épépiné et coupé en tranches fines
1   pomme verte en pelure coupée en tranches fines

La vinaigrette :
Le jus d'un citron
1   c. à soupe de sauce soya
2   c. à soupe de sirop de maïs
poivre de Cayenne, Tabasco ou sambal ulek au goût

Faites macérer les fruits et les légumes dans la vinaigrette 1 h ou 2. Voilà, c'est tout !

Un goût du Maroc

Pour ce voyage que je vous propose en terre marocaine, je me suis inspiré du merveilleux livre de Robert Carrier : *Le Goût du Maroc*. Je ne saurais trop vous en recommander la lecture.

POULET M'HAMMAR
À VOTRE MANIÈRE

1	*poulet bien en chair, dépecé et coupé en 4 ou 6 morceaux*
1	*botte de persil*
1	*botte de coriandre*
1 ou 2	*oignons*
ail	
1 ou 2	*carottes*
1	*pincée d'herbes de Provence*
2	*c. à thé de cumin*
1	*c. à thé de paprika*

1	*pincée de poivre de Cayenne*
1	*sachet de safran*
250	*ml (1 t.) d'eau, de consommé, de bouillon ou de vin blanc sec*
250 à 500 g	*(1 ou 2 t.) d'olives noires*

Pour 4 personnes, il vous faudra un poulet bien en chair que vous dépècerez en 4 ou 6 morceaux que vous ferez d'abord mariner pendant quelques heures dans une chermoula à votre goût. Vous aimez bien le persil plat et la coriandre ? Pourquoi choisir, me dites-vous, quand on peut jouir des deux ? Vous avez bien raison, par conséquent, de hacher grossièrement le persil et la coriandre. À ces fines herbes, ajoutez les oignons finement hachés et quelques gousses d'ail que vous prendrez soin de peler, de trancher en deux sur la longueur et de dégermer, le germe d'ail donnant une saveur amère. Vous ajouterez, si le cœur vous en dit, des carottes en petits dés, peut-être une branche de persil en dés, et pourquoi pas, des herbes de Provence? À la marocaine, vous saupoudrez de cumin, de paprika, de poivre de Cayenne et de safran. Mélangez bien le tout et enrobez vos morceaux de poulet de cette sublime préparation.

Plusieurs heures ont passé, c'est le temps de cuire le précieux volatile. Dans une casserole à fond épais, déposez amoureusement vos morceaux de poulet et leur marinade. Mouillez, au goût, avec de l'eau, du consommé, du bouillon ou du vin blanc sec. À couvert, laissez mijoter, disons, une vingtaine de minutes, avant d'ajouter de belles olives bien dodues. Vous laisserez encore mijoter quelque temps à couvert, jusqu'à ce que le poulet soit bien tendre et vous le servirez avec ces frisures d'œufs dont je vous donne tout de suite la recette.

FRISURES D'ŒUFS
AUX FINES HERBES

8   œufs
quelques branches de persil plat finement
     hachées
épices au choix
huile végétale

Rien de plus facile à préparer que ces fines omelettes, sortes de crêpes sans farine. Elles sont exquises, tranchées en nouilles et servies froides pour garnir une salade de laitue fine. J'aime aussi les servir «en nouilles» dans le bouillon de poulet ou de légumes ou pour garnir un consommé de bœuf au porto. Il m'arrive aussi de les garnir d'asperges ou de fruits de mer, roulées en crêpes et nappées d'une sauce légère. Mais je vous suggère, aujourd'hui, inspiré par Carrier, d'en draper votre poulet M'hammar. Il a raison, c'est ravissant!

Pour 4 à 6 personnes, battez les œufs en omelette dans un bol, au fouet ou à la fourchette. Ne vous escrimez pas trop. Il faut que le mélange soit homogène, sans plus. Inutile de fouetter les œufs en mousse! Ajoutez à vos œufs battus le persil plat finement haché et parfumez-les à votre goût d'épices. Une pincée de cumin, par exemple. Une autre de paprika hongrois (le seul qui soit parfumé), un soupçon de poivre de Cayenne, comme le propose Carrier. J'aime bien pour ma part parfumer mes frisures d'un peu de curcuma, pour la couleur et pour le goût. Dans le même esprit, j'aime aussi les saupoudrer de cari. À moins que vous ne préfériez ajouter à vos œufs un petit sachet de safran en poudre: une «mini-pincée».

Reste donc à les cuire. Pour ce faire, badigeonnez d'un soupçon d'huile végétale un petit poêlon recouvert d'une pellicule anti-adhésive. Bien chauffer le poêlon à feu moyen et recouvrez le fond d'une mince pellicule d'œuf battu. Ne cuire que d'un seul côté. Empilez-les comme des crêpes, les unes sur les autres, en les protégeant l'une de l'autre de papier ciré.

Quelques salades toutes simples

Voici quelques recettes de salades toutes simples qui, je crois, vous raviront. Ce sont des mélanges audacieux de fruits et de légumes, parfumés d'épices capiteuses, d'herbes odorantes et d'essences de fleurs qui ensoleilleront vos jours d'hiver.

SALADE AUX CITRONS

5 ou 6 citrons, jaunes ou verts, juteux et
parfumés
1   oignon rouge
1 ou 2 bottes de persil plat
sel et poivre

Pelez les citrons à vif, c'est-à-dire qu'armé d'un couteau d'office bien tranchant, vous ôtez l'écorce et la membrane fine qui habille l'extérieur des quartiers. Prélevez ensuite les quartiers et tranchez-les en dés.

Dans le saladier, ajoutez aux dés de citron, l'oignon rouge (ce sont les plus sucrés) finement haché et le persil finement haché (le persil plat ou «italien», comme on dit chez nous, est de loin le plus savoureux). Salez, poivrez, mélangez bien et laissez macérer une vingtaine de minutes avant de passer à table. C'est tout à fait savoureux et plein de vitamines C.

Parlant de vitamine, que diriez-vous de faire le plein de bêtacarotène ?

SALADE DE CAROTTES AU JUS D'ORANGE

quelques carottes
1 ou 2 oranges
1   pincée de sel
1   pincée de sucre glace
1   c. à soupe d'eau de fleurs d'oranger

Vous avez trouvé au marché des carottes bien sucrées. Râpez-en quelques-unes. Dans un saladier, arrosez-les de jus d'orange. Ajoutez le sel, le sucre glace et l'eau de fleurs d'oranger. On se croira dans un jardin de Marrakech.

SALADE D'ORANGES ET DE CRESSON

quelques oranges juteuses
olives noires
amandes effilées
1   botte de cresson bien croquant
1   citron
4   c. à soupe d'huile d'olive vierge
1   pincée de sel
poivre du moulin
1   généreuse pincée de cari ou de cumin

Voici une autre salade qui vous enchantera. Pelez les oranges à vif et coupez-les en tranches fines. Garnissez-les d'olives noires et de quelques amandes en tranches fines. Disposez-les savamment sur un lit de cresson bien croquant. Arrosez-les d'une vinaigrette citronnée, parfumée de cari : du jus de citron, de l'huile d'olive bien parfumée, du sel, du poivre au goût et du cari, à moins que vous ne préfériez la poudre de cumin.

SALADE DE POMMES DE TERRE

4   pommes de terre à chair jaune (Yukon Gold)
1   citron
1   botte de coriandre fraîche
quelques poivrons grillés
huile d'olive
sel et poivre

Pelez et tranchez les pommes de terre en petits dés. Recouvrez-les d'eau froide salée, portez-les à ébullition et laissez-les mijoter pendant une dizaine de minutes : elles doivent être tendres, mais encore assez fermes sous la dent. Égouttez-les et versez dessus, alors qu'elles sont encore chaudes, le jus de citron et quelques cuillers à soupe d'huile d'olive. Salez et poivrez. Garnissez de poivrons grillés en fines lanières. On en trouve en bocal d'excellente qualité. La marque Primo, par exemple. Laissez refroidir à température ambiante et servez tiède.

Votre salade de pommes de terre sera meilleure si vous ajoutez, au moment de servir, de la coriandre finement hachée.

SALADE MIMOSA

quelques betteraves
1 ou 2 oignons rouges
1   citron
huile d'olive
olives noires
1   petite boîte de filets d'anchois
2 ou 3 œufs durs

Vous avez eu la bonne idée d'acheter quelques betteraves de taille moyenne. N'allez pas les peler tout de suite ! Contentez-vous de les recouvrir d'eau froide salée, de les porter à ébullition et de les laisser doucement mijoter à couvert pendant une vingtaine de minutes ; en tout cas, le temps qu'il faudra pour qu'elles soient bien tendres.

Pendant qu'elles sont encore chaudes, pelez-les sous l'eau froide du robinet. Il suffit de frotter doucement la peau pour qu'elle s'enlève. Pendant qu'elles sont encore chaudes, tranchez-les en petits dés. Ajoutez dans le saladier les oignons rouges et arrosez d'une vinaigrette au jus de citron : la même que pour la salade de pommes de terre. Garnissez d'olives noires et de filets d'anchois que vous ferez dessaler en les rinçant quelques secondes sous le robinet d'eau tiède… Pour couronner le tout, des œufs durs froids grossièrement hachés. Vous l'avez reconnue : c'est la salade mimosa.

COUSCOUS SUCRÉ

750 ml (3 t.) d'eau
1   pincée de sel
2 ou 3 généreuses pincées de cannelle
2 ou 3 noix de beurre doux
650 g (3 t.) de semoule précuite
cannelle
sucre glace
dattes
amandes grillées

En guise de dessert, je vous propose un couscous chaud parfumé à la cannelle et tout simplement accompagné de dattes et d'amandes grillées. Il s'agit de ma version très simplifiée du couscous proposé par Carrier, au goût du Maroc.

Inutile de passer des heures à s'acharner sur le couscoussier. La semoule de couscous qu'on trouve ici est toujours précuite. Pour 4 à 6 gourmands, il vous faudra, disons, 650 g (3 t.) de semoule. Je préfère la semoule à grains moyens, mais libre à vous d'employer de la semoule à gros grains ou au contraire, la semoule fine. C'est une question de goût.

Portez l'eau à ébullition — il faut toujours un même volume de liquide et de semoule. Ajoutez le sel, la cannelle et le beurre doux. Sitôt que le beurre a fondu, versez hors flamme la semoule de blé. Pendant qu'elle absorbe le liquide, brassez le mélange à la fourchette pour séparer les grains. En 4 ou 5 min, le couscous est prêt.

Disposez-le dans le plat de service. Saupoudrez-le d'un mélange de cannelle et de sucre glace, garnissez de dattes et d'amandes grillées et servez aussitôt.

Mon ami Michel Labrecque, puriste s'il en est, s'offusque de ma façon de préparer le couscous. « Trop lourd », me dit-il, péremptoire. Le couscous est bien meilleur si on le fait dans un couscoussier, à la façon traditionnelle : les grains se séparent mieux et la préparation est beaucoup plus légère.

J'avoue que l'ami Michel n'a pas tout à fait tort. Aussi je lui propose une façon de faire qui prouve bien qu'en cuisine comme en politique, on gagne parfois à trouver un compromis honorable.

Michel acceptera donc de préparer son couscous à ma manière. Pour une semoule plus légère, il la versera ensuite dans la partie supérieure de son couscoussier pour la réchauffer pendant 3 ou 4 min à la vapeur. Voilà tout le temps qu'il faudra pour la travailler avec les doigts ou à la fourchette. Elle en sera, c'est vrai, plus légère. À défaut de couscoussier, contentez-vous, comme moi, d'en improviser un. Posez tout simplement un tamis sur une casserole où vous avez mis de l'eau à bouillir. Si vous réchauffez dans un couscoussier, sachez que je serai bien le dernier à vous en tenir rigueur.

Le saumon, prince des marées

« Le pauvre et le saumon forment un couple inséparable ! » écrivait Charles Dickens en 1850. C'est qu'à l'époque, le saumon était si abondant, remontant tous les fleuves et les rivières d'Europe au cours de la saison du frai, qu'il formait pour ainsi dire l'ordinaire des démunis. Mais c'était avant l'arrivée des frigos. Le saumon du pauvre ? Souvent avarié et trop bouilli.

Au même moment le saumon faisait honneur à la table des riches. On traitait l'humble bête avec tant de soins qu'elle y gagnait en majesté. On amenait le saumon de la rivière à la cuisine à toute vitesse et on le pochait doucement au champagne. On lui enlevait la peau et on masquait sa chair sous l'ambre de la gelée. Mieux encore, on le farcissait de mousseline de langouste, le recouvrait d'une armure de pâte feuilletée, le noyait sous l'onctueux velours de la sauce à la Nantua ! Les choses ont bien changé. Nos rivières et nos fleuves pollués ne conviennent plus qu'aux barbotes, aux anguilles et aux fonctionnaires des ministères de l'Environnement. Et on pêche maintenant au sonar les saumons qui se cachent en pleine mer. Tant et si bien que le saumon de l'Atlantique est en voie de disparition. Non seulement dans la mer… mais dans l'assiette aussi ! Parce que, comme on le sait, la rencontre du saumon et de la nouvelle cuisine fut mémorable. Le jour où les grands toqués de France se mirent avec ostentation à l'heure de la simplicité, ils prirent le saumon témoin. «Foin de ces croûtes lourdes, de ces broches au beurre qui l'emprisonnent, fini ces mousselines qui n'ont de légèreté que le nom! La nature seule peut parler.»

Pour ainsi passer de la cuisine «civilisée» à la cuisine «naturelle», les maîtres queux, comme naguère Jean-Jacques Rousseau, trouvèrent ailleurs qu'en France la source de leur inspiration. On découvrit le saumon fumé des bons Sauvages du Canada, le gravlax des Vikings et le sashimi au pays «harakiresque» des yeux bridés et de la lame fine!

À défaut de l'inventer, nos nouveaux cuisiniers redécouvrirent la roue. Pas un qui ne nous ait proposé sa version du saumon mariné à la scandinave (sel, sucre et fenouil), pas un qui n'ait rétorqué avec son tartare de saumon (chair bien fraîche du salmo solar grossièrement hachée, mouillée d'huile d'olive et de jus de citron, avec fines herbes ciselées, pointe de Cayenne et soupçon de moutarde). C'est ainsi qu'un jour, Paul Bocuse fit une «invention» et arrosa de fines tranches de saumon cru d'huile d'olive et de jus de citron, sel et poivre… fines herbes ciselées. Japonaisement inspiré, Bocuse s'exclama: «Voici mon escalope à la Renga Ya!»

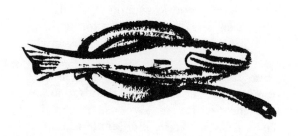

La nouvelle cuisine serait, dit-on, morte et enterrée. Malgré tout, certaines «découvertes» vont rester. Comme ces retrouvailles du saumon et de la simplicité. Comme cette façon de trancher le saumon cru en escalopes minces, ce qui rend justice à la finesse et à la texture de ce divin poisson, et lui permet de s'imbiber des parfums de vos sauces en quelques secondes. Cela vous permet en outre de «remplir» l'assiette (150 g par personne) sans pour autant la surcharger.

Profitez-en, d'autant plus que le saumon coûte de moins en moins cher grâce aux pisciculteurs qui l'élèvent en haute mer. D'ailleurs, le saumon d'élevage de l'Atlantique est un divin régal. Sublime quand il est frais; remarquable encore après la congélation.

Le saumon du Pacifique a tout, apparemment, pour séduire. Sa chair bien rouge a tout pour mettre en appétit, tandis que la chair rose de son cousin de l'Atlantique paraît indice d'anémie. En plus, le saumon du Pacifique est moins cher. Beaucoup moins cher! Marché conclu me dites-vous. J'achète! Hé bien, détrompez-vous! Le saumon du Pacifique est tout juste bon à mettre en boîte. À la rigueur, faites-en vos pâtés et terrines. À la poêle, il racornit. Au four, il sèche. Au pochage, il durcit. Tandis que le saumon de l'Atlantique se prête admirablement à toutes les formes de cuisson. Qu'on le fasse dorer à la poêle ou qu'on le soumette à l'ardeur du four, sa chair plus grasse, plus riche en albumine fond sous la dent. Au pochage, il triomphe.

On peut se contenter de pocher tout simplement son saumon à l'eau salée aromatisée de fines herbes: quelques branches de persil, quelques brindilles de thym, une feuille de laurier et quelques grains de poivre grossièrement broyés. Mais le saumon vaut qu'on se donne quand même un peu de peine. Quelques rondelles d'oignon, une branche ou deux de persil, quelques rouelles de carottes, les fines herbes de tantôt… 2 ou 3 l d'eau froide. Amenez à ébullition, laissez frémir une vingtaine de minutes et le tour est joué. Pour un court-bouillon plus savoureux encore, ajoutez un peu de vin blanc : c'est pas tous les jours dimanche !

Vous pourriez pocher votre saumon en darnes ou en filets en l'immergeant tout simplement dans le court-bouillon frémissant, comme on vous le recommande habituellement. Il vous suffirait alors d'éviter une cuisson trop longue. Quelques minutes à peine dans le court-bouillon : le poisson est prêt sitôt que sa chair devenue opaque cède à la fourchette, se détache en flocons.

Pochage parfait

Pour un pochage parfait, je vous recommande plutôt d'immerger votre saumon dans un court-bouillon froid que vous amènerez à ébullition. Vous éviterez ainsi de surprendre la chair et vous assurerez une cuisson uniforme. Sitôt que le court-bouillon commence à frémir, retirez la casserole de la flamme et laissez reposer le poisson dans son liquide de cuisson pendant 3 ou 4 min afin que la chaleur le traverse de part en part. Ainsi pochée, la chair gardera toute sa tendreté, toute son onctuosité.

Pour accompagner votre saumon poché, quelques sauces toutes simples à préparer.

SAUMON POCHÉ À LA FONDUE DE POIVRONS ROUGES

J'aime bien ces poivrons rouges rôtis importés du Mexique qu'on trouve ici en bocal de verre. C'est beau, bon, pas cher ! En 3 ou 4 min, tout au plus, vous en ferez une fondue ensoleillée pour éloigner l'hiver.

1   c. à soupe de beurre doux
1   oignon moyen finement haché ou
3 ou 4 échalotes françaises
1 ou 2 gousses d'ail pelées, dégermées et grossièrement hachées (facultatif)
3 ou 4 poivrons rouges (le contenu d'un bocal) tranchés en fines lanières
1   pincée de poivre de Cayenne ou quelques gouttes de Tabasco
un petit verre de vin blanc sec (facultatif)
60   ml (1/4 t.) de crème à 35 %
sel et poivre

À feu moyen dans un poêlon ou dans une petite casserole à fond épais, vous ferez d'abord tomber dans le beurre doux l'oignon haché ou les échalotes françaises. Vous ajouterez peut-être des gousses d'ail pelées, dégermées et grossièrement hachées. Laissez à peine colorer avant d'ajouter les poivrons tranchés en fines lanières. Ajoutez le poivre de Cayenne ou quelques gouttes de Tabasco et laissez mijoter tout doucement pendant 3 ou 4 min. Ajoutez, si le cœur vous en dit, un petit verre de vin blanc sec et laissez réduire encore 3 ou 4 min avant d'ajouter, pour conclure, la crème à 35 %. Laissez réduire encore un peu. Salez au goût. Poivrez surtout. Garnir chaque assiette bien chaude de fondue de poivrons. Déposez par-dessus votre saumon poché en filets ou en darnes. Pour la couleur et pour le goût, j'aime bien accompagner ce plat de maïs en grains bien beurré et parfumé d'un soupçon de cari.

ROSETTES DE SAUMON MISHIMA SUR DÉS DE KIWIS AU VINAIGRE DE RIZ

Inspiré, comme le fut Bocuse, par la simplicité japonaise, je vous propose, en guise d'entrée, un mariage qui me semble tout à fait ravissant, à la fois pour le palais et pour les yeux. Plutôt que de déposer vos escalopes de saumon cru à plat dans l'assiette, disposez-les en rosettes sur un lit de kiwis parfumés au vinaigre de riz et à la sauce soja. Ah ! le fin goût acidulé du vinaigre

de riz tempéré par un soupçon de sucre, la capiteuse sauce soja, la transparence lumineuse du saumon sur pulpe d'émeraude…

On dirait un poème japonais : quelques traits, quelques images, quelques mots, un haïku *pour évoquer la mer !*

4   *kiwis mûrs mais encore fermes*

La sauce :
5   *c. à soupe de vinaigre de riz*
5   *c. à soupe d'eau*
1   *c. à soupe de sucre*
1   *c. à soupe de soja*

Mélangez bien tous les ingrédients de la sauce pour dissoudre le sucre. Réservez. Au moment de servir, pelez les fruits à l'économe et défaites-les en petits dés au couteau dentelé. Arrosez-les de sauce. Garnissez-en les assiettes et déposez par-dessus, « en rosette », les escalopes de saumon. Badigeonnez-les ensuite au pinceau d'un peu de sauce ponzu minute (un mélange à parts égales de sauce soja et de jus de citron jaune ou vert), pour la couleur et pour le goût.

ESCALOPES DE SAUMON CRU, SAUCE VERTE

Pour trancher le saumon en escalopes, vive le couteau à « fileter ». Long, mince et flexible, sa lame est dentelée. Mais on peut très bien se débrouiller avec un bon vieux couteau de cuisine bien tranchant.

Comme la chair du saumon est grasse, elle aura tendance à coller à la lame. Pour éviter la chose, il suffit de rincer régulièrement le couteau à l'eau chaude. Le filet avec la peau (contre la planche) sera plus facile à trancher. Et pour vous faciliter encore plus la tâche, mettez le filet au congélateur assez longtemps pour que la chair soit ferme, sans prendre en bloc de glace. Posez le saumon à l'horizontale, légèrement en biseau, à la manière du saumon fumé. Vous constaterez que la chair située tout contre la peau prend une couleur grisâtre. Éliminez-la, elle a un goût âcre et «poissonneux». Dernier conseil : votre poissonnier n'a pas prélevé soigneusement les arêtes ? N'oubliez pas votre pince à épiler. Conservez ensuite vos escalopes au frigo, bien recouvertes de pellicule plastique, jusqu'au moment de procéder.

La sauce verte est tout simplement une mayonnaise aromatisée et colorée aux herbes. Elle accompagne fort bien tous les saumons pochés servis froids, convient à ravir aux viandes froides et fait merveille avec le saumon cru. Pour ce qui est du choix des herbes, c'est une question de saison et de goût. On fera sa sauce verte avec du cresson, du persil plat ou frisé ou bien de l'épinard. À moins qu'on ne décide de mélanger les trois !

Rien de plus simple à préparer. À découvert, faites blanchir 1 botte de l'herbe de votre choix dans l'eau bouillante salée, 1 min ou 2. Rincez aussitôt à l'eau bien froide pour fixer la couleur. Égouttez bien

en pressant dans les mains pour extraire autant d'eau que possible. Hachez ensuite finement au couteau sur une planche ou plus simplement au robot. Ajoutez à la purée un volume égal de mayonnaise et le jus d'un citron jaune ou vert.

En fin de parcours, ajoutez à la sauce verte quelques feuilles vertes d'estragon, de menthe ou de basilic. N'allez surtout pas les blanchir : elles en perdraient tout leur parfum ! Pour une sauce verte mousseline, beaucoup plus légère, ajoutez à 250 ml (1 t.) de sauce verte 125 ml (1/2 t.) de crème à 35 % fouettée !

ESCALOPES DE SAUMON CRU À LA CRÈME AUX DEUX MOUTARDES ET SES FINS COPEAUX DE CHAMPIGNONS CITRONNÉS

J'aime assez cette habitude héritée des beaux jours de la nouvelle cuisine de baptiser les plats les plus simples des noms les plus fleuris, les plus compliqués. Comme si on avait peur de «faire simple» comme on disait chez nous. Et puis pourquoi pas ? Le titre suffit parfois à mettre l'eau à la bouche.

Garnissez vos assiettes bien froides d'escalopes de saumon cru. Tout autour, dressez une couronne de champignons de Paris en fines lamelles, des champignons très frais, bien sûr, dont le «chapeau» est bien fermé à la tige. Vous les aurez lavés et essuyés avec soin, tranchés fine-

ment en bâtonnets ou en «escalopes» fines, ci-
tronnés aussitôt pour éviter qu'ils ne noircissent.

125 ml (1/2 t.) de mayonnaise
le jus d'un citron jaune ou vert
125 ml (1/2 t.) de crème sure
     ou mieux encore
125 ml (1/2 t.) de crème à 35%
     légèrement fouettée
1   c. à soupe de moutarde de Dijon
1   c. à soupe de moutarde de Meaux

À la fourchette, dans un petit bol,
mélangez d'abord la mayonnaise et le jus
de citron. Ajoutez ensuite la crème sure
ou la crème fouettée. Ajoutez enfin les
moutardes ou, si vous n'avez pas de
moutarde de Meaux, doublez tout simplement la quantité de moutarde de Dijon…
Pour une sauce plus légère et plus claire,
remplacez en tout ou en partie la mayonnaise et la crème par du yogourt.

Pour les recettes qui suivent, vous préparerez d'abord les sauces et les légumes ou
fruits d'accompagnement. Il vous suffira
ensuite de badigeonner très légèrement les
escalopes d'huile d'olive et de les griller
quelques secondes à peine de chaque côté
dans une poêle antiadhésive bien chaude et
huilée elle aussi. L'escalope est cuite sitôt
qu'elle a perdu sa transparence. Vous pou-

vez la servir aussitôt dans une assiette bien
chaude. Toutes les garnitures et sauces que
je vous propose conviennent parfaitement
au saumon en darnes ou en filets, cuit à la
vapeur ou poché, aussi bien que grillé au
four ou tout simplement au beurre à la
poêle.

ESCALOPES DE SAUMON POÊLÉES À LA MANIÈRE DU DIVIN MARQUIS

N'allez pas tout de go chausser vos bottes clou-
tées et faire claquer votre fouet d'occasion, il ne
s'agit pas du marquis de Sade, mais du divin
Galtiero Marchesi, maître queux milanais dont
les plaisirs de bouche sont pures caresses et douce
volupté !

Sans doute inspiré par les célèbres escalopes de
saumon à l'oseille des non moins célèbres frères
Troisgros, Marchesi nous propose dans La
Cuisine italienne réinventée *une sauce à la*
crème où la rhubarbe vient remplacer l'oseille.
Quelle bonne idée ! D'autant plus que l'oseille
est presque introuvable ici et que la rhubarbe
mérite d'échapper à la tarte.
En voici ma version :

125 ml (1/2 t.) de crème à 35%
100 g (4 oz) de rhubarbe en tronçons
     de 5 cm (pas un de plus, pas un de
     moins!)
1 ou 2 noix de beurre doux
4   c. à soupe d'eau

sel et poivre
1   pincée de sucre

Amenez la crème à ébullition à feu moyen, dans une casserole suffisamment grande pour ne pas qu'elle déborde. Laissez frémir quelques minutes à feu doux, pour la réduire du quart. Cela a pour but d'empêcher la crème de tourner au moment d'ajouter la rhubarbe. Réservez la crème réduite.

Faites cuire à la poêle les tronçons de rhubarbe dans le beurre et l'eau. Salez, poivrez et ajoutez peut-être une pincée de sucre. Ne faites pas trop cuire : la rhubarbe doit être tendre, mais encore assez ferme pour « se tenir » sous la dent. Égouttez-la et ajoutez-la à la crème réduite. Chauffez le tout et servez sans tarder sur les escalopes poêlées. Vos convives vous feront mille compliments… mérités !

ESCALOPES DE SAUMON POÊLÉES À L'INDIENNE

Parfumée au cari, cette sauce à la crème souligne la finesse du saumon poêlé en même temps qu'elle donne un relief nécessaire à la douceur un peu fade de l'avocat. Une sauce qui convient admirablement à l'acidité de la mangue encore verte.

2   belles échalotes grises ou
1   petit oignon grossièrement hachés

1   c. à soupe d'huile végétale
1   noix de beurre doux
1   c. à thé au plus de poudre de cari
250 ml (1 t.) de crème à 35 %
un avocat ou une mangue pas tout à fait
      mûrs en tranches fines citronnées

Dans une poêle antiadhésive, à feu moyen, faites « suer » les échalotes ou l'oignon dans l'huile végétale et le beurre doux. Ne laissez pas se colorer. Ajoutez le cari et laissez cuire un peu plus pour permettre au parfum des épices de prendre son envol. Ajoutez la crème. Mélangez à la cuiller de bois, amenez à ébullition et laissez frémir 1 min ou 2, assez longtemps pour que la crème devienne onctueuse. Voilà… Il ne vous reste plus qu'à napper de sauce vos assiettes bien chaudes, à déposer dessus vos escalopes poêlées et à garnir le tout de tranches de fruits.

Pince, alors !

La crise constitutionnelle aura du bon si elle permet au Québec de reprendre l'emblème qui lui revient de droit : le castor. Car le castor est québécois ! J'en veux pour preuve sa folie des barrages. S'il aperçoit un ruisseau, aussitôt il le harnache. Pas un arbre qu'il ne change en billot ! S'il voit une vallée, il la transforme en réservoir. Pour tout dire, le castor est un mammifère « bourassien » !

Par contre, rien n'est plus canadien qu'un homard. La bête étrange est dotée d'un coffre majestueux, hypertrophié, mais vide. Sorte de parlement. À la fine pointe de l'animal, une cervelle minuscule entre deux yeux presque aveugles, sortes de chambres, haute et basse, assistés dans leur courte vue par des antennes bien fragiles : instruments de sondage.

À même ce coffre énorme, 10 appendices à peine rattachés, comme autant de provinces qui supportent le centre. Dessous, huit pattes malingres écrasées par le poids de la bête. Devant, deux autres pattes, chacune armée d'une pince : la plus grosse, l'Ontarienne, saisit les proies et les écrase ; l'autre, plus frêle, la Québécoise, alimente la tête. Étrange spectacle que voilà !

Il arrive au homard d'avancer péniblement sur le sable. Mais à la moindre alerte, il se met à nager à reculons à une vitesse fulgurante en battant frénétiquement de sa queue en éventail. Comme son compère l'écrevisse du lac Meech, le homard recule 10 fois plus vite qu'il n'avance.

Sans colonne vertébrale, l'animal ne serait que chair molle, mais la nature prévoyante l'a heureusement doté d'une armature chitineuse, sorte de squelette externe : sa carapace constitutionnelle. L'ennui pour notre *homarus canadensis,* c'est que ce qui le protège finit par l'étouffer. L'animal entre donc régulièrement en crise. Pour se défaire de son corset, il sécrète alors de l'intérieur un produit corrosif qui dissout la prison aux jointures. Au plus fort de la crise, il entre en transe, fait éclater la cage.

Le voilà libéré, mais nu comme un ver, en proie à l'angoisse canadienne. « Qui suis-je ? » dit le homard. Hélas ! il pourra une fois de plus s'en sortir sans répondre. Il se gonflera d'eau, doublera sa taille pour sécréter ensuite la chitine de son armature constitutionnelle. Elle durcira aussitôt au contact de l'eau. Le homard n'aura plus alors qu'à se dégonfler du trop plein d'eau salée pour enfin respirer à l'aise. Court répit ! L'an prochain, tout sera à refaire. Ce sera une fois de plus la crise !

Mais qu'on mette fin à l'infortune structurelle de cette pauvre bête en lui assenant au plus vite un coup mortel entre les deux yeux, à l'endroit même de la petite cervelle ! Le mal de Bloc sera de courte durée, foi de Lucien Bouchard, maître queux. Quant à nous, il ne nous restera plus alors qu'à célébrer !

Homards bouillis ou grillés

Oubliez ces savants courts-bouillons, ces fumets capiteux recommandés par les maîtres queux. C'est de la pure esbroufe propre à ces grands toqués qui font profession de compliquer pour rien les choses ! Vous ferez cuire vos homards en les plongeant tout simplement dans une grande casserole d'eau salée qui bout à gros bouillons.

Ce qui importe plus que tout : éviter de les faire trop cuire. La cuisson excessive rend les chairs sèches et filandreuses. Pour un homard de 500 à 750 g (1 à 1 1/2 lb), il faudra 7 ou 8 min de cuisson. Pour un homard de 1 kg (2 lb), 10 min tout au plus. Retirez-les de l'eau, faites-les refroidir quelques secondes sous l'eau froide pour cesser la cuisson. Si vous les servez chauds, ils seront ainsi plus faciles à manipuler. Si vous les servez froids, rafraîchissez-les un peu plus et réservez-les au frigo.

Faire griller comme il convient un homard tient à la fois de la science et de l'art. Un exploit qu'on réussit rarement à cause de la morphologie de la satanée bête. Le plus souvent, la chair de la queue devient sèche et racornie, et celle des pinces reste crue… Mais ne désespérez pas. Je vous propose une solution simple. Faites d'abord bouillir le homard, puis mettez-le sous le gril pour le dorer. La chair ainsi traitée sera tendre et juteuse, et elle se raffermira sous la flamme. Le sucre qu'elle contient caramélisera… En somme, vous jouirez !

MAYONNAISES VARIÉES POUR HOMARD FROID

La recette de base pour 1 t. de mayonnaise :
1 jaune d'œuf
1 c. à soupe de moutarde de Dijon
1/2 citron ou
1 c. à soupe de vinaigre
poivre au moulin
250 ml (1 t.) d'huile d'olive

Avec le homard froid, me dites-vous, la mayonnaise s'impose. Mais il vous faut bien sûr la «monter».

Pour cela, mettez dans un bol le jaune d'œuf, la moutarde de Dijon, le jus de citron ou le vinaigre et quelques tours de moulin à poivre. Mélangez bien tous les ingrédients à la fourchette ou au fouet et, tout en fouettant, incorporez 1 t. d'huile d'olive en la versant tout doucement en un mince filet. Quelques minutes et le tour est joué !

Cette mayonnaise fera merveille, c'est vrai, mais j'ose malgré tout vous suggérer quelques façons toutes simples d'ajouter si possible au plaisir. Car votre homard (et vous) mérite plus encore ! Par exemple, en diluant votre mayonnaise dans une égale quantité de jus d'orange, vous obtiendriez une sauce qui napperait fort agréablement votre homard et arroserait aussi bien le saumon poché.

Vous pourriez également faire de votre mayonnaise un aïoli provençal. Il vous suffirait alors d'ajouter 1 ou 2 gousses d'ail pelées, dégermées et pressées à 250 ml (1 t.) de votre mayonnaise. Ou l'aromatiser d'un soupçon de cari (1 c. à thé par tasse) pour obtenir une mayonnaise à l'indienne.

À moins que vous ne préfériez la sauce Louis. Pour cela, vous ajouteriez à 250 ml (1 t.) de mayonnaise 125 ml (1/2 t.) de crème à 35 % préalablement fouettée et, qui sait, 2 c. à soupe d'alcool brun (cognac, brandy, rhum ou scotch), 1 c. à soupe de tomate concentrée ou 2 c. de ketchup ou de sauce Chili. Cette sauce Louis parfumerait très bien un homard froid servi sur une chiffonnade de laitue romaine. Et le homard sauce Louis saurait garnir un avocat en tranches ou en moitiés...

La sauce verte (voir la recette à la page 217) vous plairait peut-être plus encore ? Elle est si facile à faire ! Les proportions ? 125 ml (1/2 t.) de purée de persil, de cresson ou d'épinards pour 250 ml (1 t.) de mayonnaise. Voilà !

HOMARD À LA GREMOLATA

1 botte de persil finement haché
2 ou 3 citrons dont les zestes seront
  détaillés en juliennes
2, 3 ou 4! gousses d'ail pelées, dégermées
  et pressées
câpres au goût
85 ml (1/3 t.) d'huile d'olive
quelques gouttes de Tabasco ou
1 pincée de poivre de Cayenne
poivre du moulin

Traditionnellement, la gremolata accompagne les jarrets de veau «tomatés» à l'italienne. J'ai découvert ses mérites à Rome en dégustant mon premier osso buco. Ce fut le coup de foudre. Depuis, tout est prétexte pour en servir. J'en garnis, par exemple, le poisson poché, les pâtes ou le minestrone. Mais rien n'est meilleur, me semble-t-il, qu'un homard bouilli, décortiqué, encore tout chaud et enrobé de ce hachis sublime fait de persil haché, d'ail, de zestes de citron, de câpres et baignant dans l'onctuosité ensoleillée de l'huile d'olive première pression.

Mélangez tous les ingrédients. Prélevez la chair des homards encore chauds, coupez-la en morceaux, mélangez-la à la gremolata et présentez à vos invités sans autre forme de procès. Notez que c'est tout aussi bon servi froid et que vous pouvez vous servir du homard ainsi assaisonné en guise de sauce avec des spaghettis *al dente.*

BEURRE BLANC ET VARIATIONS

Si vous vous contentez d'un beurre fondu pour arroser votre homard, choisissez un beurre doux à la fois pour son goût de noisette et parce que la chair du homard est déjà bien assez salée comme ça. Faites fondre le beurre, mais ne le laissez pas brunir, cela le rendrait amer et indigeste.

Le beurre fondu où flottent des débris solides de lait n'a rien de bien ragoûtant. On peut bien sûr le clarifier, mais c'est plus facile à dire qu'à faire. Alors je vous propose de monter un beurre blanc. C'est d'une telle onctuosité que cela vaut bien les 5 à 10 min qu'il faut pour le préparer.

1 verre de vin blanc sec
1 ou 2 échalotes finement hachées
2 c. à soupe de crème à 35%
90 à 185 g (3 à 6 oz) de beurre doux bien
  froid en morceaux
poivre du moulin

Dans une casserole à fond épais, faites fondre les échalotes dans le vin à feu moyen. Réduire presque à sec. Ajoutez la crème et faites-la réduire encore de moitié. Retirez du feu et mettez 2 ou 3 morceaux de beurre tout en brassant au fouet pour permettre l'émulsion. Dès que les morceaux de beurre fondent dans la sauce, ajoutez-en d'autres. Si la chaleur de la casserole ne suffit plus à dissoudre le beurre, remettez-la quelques secondes sur le feu tout en fouettant. Évitez l'ébullition.

On pourra parfumer ce beurre blanc en y ajoutant au moment de servir du persil haché, des feuilles d'estragon frais ou quelques brins de fenouil. Vous pouvez également remplacer le vin blanc par le jus d'un pamplemousse et d'un citron. Dans ce cas, omettez la crème mais procédez ensuite de la même manière. C'est délicieux avec le poisson poché, divin avec le homard!

HOMARD À LA NEWBURG

4   homards bouillis
2   jaunes d'œufs
250 ml (1 t.) de crème à 35%
1   c. à thé de fécule de maïs
2   noix de beurre doux
1   petit verre de cognac

Prélevez la chair des pinces et tranchez la queue en médaillons. Réservez.

Dans un bol, battez les jaunes en omelette. Ajoutez la crème et la fécule de maïs. Versez dans une casserole et amenez doucement presque à ébullition, tout en brassant à la cuiller de bois. Soyez sans crainte, grâce à la fécule, les jaunes ne coaguleront pas. Réservez.

Dans une poêle très chaude, faites sauter très rapidement au beurre la chair des homards, 30 s à peine! Mouillez aussitôt de cognac. Laissez l'alcool s'évaporer. Ajoutez

la sauce réservée et retirez du feu tout en remuant. Servez sur un riz blanc ou mieux encore, sur des blinis bien chauds.

On peut faire d'infinies variations autour de cette recette: parfumer la sauce de zestes de citron, la colorer de concentré de tomates. On peut aussi remplacer l'alcool brun par quelques gouttes de pastis et servir alors le homard avec des poires en dés. Cette sauce, il va sans dire, convient aussi bien au homard grillé. Servez-la alors en saucière en guise d'accompagnement.

HOMARD GRILLÉ AU SHERRY OU AU PORTO

4   homards bouillis
1   c. à soupe de pastis dilué dans 3 c. à soupe d'eau ou
1   c. à soupe de sherry ou de porto
4   noix de beurre doux
poivre du moulin

Tranchez en deux vos homards dans le sens de la longueur. Égouttez-les. Posez-les ensuite côte à côte sur une plaque de cuisson. Mouillez la chair exposée de la queue de quelques gouttes de pastis dilué, de sherry ou de porto. Beurrez la chair encore chaude. Poivrez et faites dorer 1 min ou 2 sous le gril.

HOMARD À L'ARMORICAINE

4	homards bouillis
3	c. à soupe d'huile d'olive
3	gousses d'ail pelées, dégermées et finement hachées
1	oignon haché
2	échalotes grises hachées
60	ml (1/4 de t.) de cognac, de brandy, de rhum brun ou de scotch
250	ml (1 t.) de vin blanc
500	ml (2 t.) de jus d'orange
1	boîte de tomates italiennes
1	feuille de laurier
1 ou 2	pincées de poivre de Cayenne
1	pincée de thym
2	c. à soupe de concentré de tomates
1	c. à soupe de fécule de maïs diluée dans un peu d'eau froide
2	belles noix de beurre doux
2	jaunes d'œufs
125	ml (1/2 t.) de crème à 35 %
	oranges
	cresson

Prélevez la chair et réservez les parties crémeuses. À four moyen, sur une plaque, faites sécher et dorer légèrement les carapaces. Écrasez-les ensuite grossièrement au rouleau à pâtisserie. Réservez.

Dans une casserole à feu moyen, faites suer dans l'huile l'ail, l'oignon et les échalotes. Ajoutez les carcasses puis le cognac, le vin blanc, le jus d'orange, les tomates, les épices et les herbes. Amenez à ébullition et laissez mijoter doucement à découvert une ving-taine de minutes. Passez ensuite au tamis et remettez la sauce sur le feu. Tout en bras-sant, incorporez le concentré de tomates et la fécule de maïs. Laissez mijoter 1 ou 2 min encore à feu très doux.

Dans une poêle très chaude, faites sauter pendant 30 s à peine la chair de homard dans une noix de beurre doux. Ajoutez-la à la sauce. Dans un petit bol, battez les jaunes à la fourchette dans la crème. Ajoutez-y la partie crémeuse des homards. Versez cette préparation dans la casserole et mélangez bien. Évitez à tout prix l'ébulli-tion, sans quoi les jaunes coaguleront. Vous aurez l'air fin devant tout le monde ! Garnissez les assiettes de tranches d'oranges pelées à vif et de cresson frais.

Dessine-moi un mouton

Mon petit gigot d'agneau frais du Québec vous comblera de plaisir. Deux heures avant de le mettre au four, vous le piquerez de quelques gousses d'ail en fines lamelles et peut-être d'une quinzaine de baies de genièvre, qui donneront à la chair un parfum incomparable. Puis vous recouvrirez le gigot d'une mince couche de moutarde de Dijon. Pour couronner le tout, quelques généreuses pincées d'herbes aromatiques : thym, romarin, herbes de Provence. Vous laisserez l'agneau sur le comptoir pendant 1 h ou 2, question qu'il s'imprègne des aromates et qu'il se réchauffe un peu. Il est préférable que la chaleur véhémente du four ne saisisse pas une chair trop froide, car celle-ci se rebifferait et perdrait du coup sa tendreté.

Ce gigot savamment apprêté, vous le ferez d'abord rôtir à 450 °F une quinzaine de minutes. Cela permettra à la moutarde et aux aromates de former avec la graisse de surface une croûte savoureuse qui protégera la viande tout en retenant le sang et les jus. Après 15 min, vous réduirez la chaleur du four à 400 °F.

Vous dites souvent à qui veut vous entendre que « l'agneau est meilleur servi rose et juteux que rouge et saignant » ? Eh bien, vous avez raison : l'agneau prend du goût à la cuisson. Pour un gigot rose, tendre et juteux, prévoir 30 min de cuisson par kilo. Comme on dit, « c'est pas sorcier ».

Aussitôt le rôtissage terminé, vous réserverez le gigot à couvert sur le comptoir une quinzaine de minutes. Un temps de repos crucial qui permettra à la chaleur plus grande en surface de pénétrer le gigot jusqu'à l'os tandis que le sang et les jus se répandront uniformément dans toute la chair. C'était exquis, mais il en reste. Que faire? Servi froid, le gigot vous déçoit: réchauffée à la poêle, sa chair racornit. Vous voilà désarmée? Mais appelez-moi à la rescousse! Il en reste? Tant mieux! Vous en ferez une «oignonnée» mémorable.

Compositeur de musique de scène et donc tenu de faire des miracles sans moyens, Gabriel Charpentier cuisine comme il compose: avec économie. On dirait Jésus aux noces de Cana! Son «oignonnée» tient du miracle. Une façon de faire apprise de Jean Gascon, qui la tenait de Jacques Copeau, qui l'eut d'un paysan auvergnat qui, lui... Une recette du fond des âges!

Pour faire «l'oignonnée» de Gabriel Charpentier, vous voudrez bien recouvrir le fond d'une cocotte d'un confortable lit d'oignons tranchés en fines rondelles. Vous déposerez dessus tout ce qui reste du gigot: la viande bien sûr, mais aussi les os et les sucs de cuisson. Vous recouvrirez ensuite le tout d'une généreuse couche d'oignons. Vous n'aurez plus alors qu'à mouiller avec du vin rouge bien corsé. Rien de plus. «Pas d'autre imagination, me disait Gabriel, que le vin et l'oignon!» Vous ferez cuire ensuite à couvert à feu très bas ou au four à 225°F pendant 3 h au moins. La maison en sera tout embaumée. Vous servirez cette sublime compote d'oignons toute parfumée de sucs, d'herbes et de vin sur des nouilles au beurre doux.

Votre gigot rôti est délicieux, je sais, mais est-ce là une raison suffisante pour vouer une fidélité exclusive à cette façon de faire? En cuisine au moins, soyez donc infidèle! Laissez-vous tenter par cet agneau braisé que j'ai mis au point en m'inspirant du «gigot sept heures» des campagnes de France. Un plat santé (promis, juré!) qui vous ravira par sa franche simplicité.

Mais laissez-moi d'abord vous proposer la tangia, un ragoût d'agneau d'inspiration marocaine qui vous surprendra par sa facilité d'exécution et par la complexité charnue de ses arômes. Traditionnellement, on fait cuire tout doucement ce ragoût dans une amphore faite de terre rouge, la tangia, qui a donné son nom au plat. Mais pas besoin d'amphore, votre cocotte suffira...

LA TANGIA DE MOHAMMED AUX SEPT ÉPICES

2,25 kg (4 1/2 lb)	d'agneau importé en cubes, provenant de l'épaule ou du gigot
6	c. à soupe d'huile d'olive vierge
6	pincées de poivre noir
5	pincées de coriandre en poudre
4	pincées de paprika doux
3	pincées de gingembre en poudre
2	pincées de cumin
1	pincée de pistils de safran
1	pincée de cannelle
1	zeste d'un citron tranché en juliennes
6	gousses d'ail épluchées, dégermées et grossièrement hachées

quelques oignons grossièrement hachés
1   boîte de tomates italiennes
250 ml (1 t.) de vin blanc
sel

Mettez d'abord les cubes dans une grande cocotte. Ajoutez l'huile d'olive, les épices et le zeste de citron. Mélangez bien et laissez macérer une bonne demi-heure. Jetez-y ensuite l'ail, les oignons et les tomates. Mouillez de vin blanc, mais surtout n'en dites rien à Mohammed. Remuez le tout et faites cuire sans autre forme de procès, à couvert et à four doux, pendant 3 h. De grâce, dégraissez avant de servir!

Vous pouvez remplacer l'agneau par du bœuf ou du veau. Dans ce cas, utilisez d'autres épices que celles que je vous suggère et réduisez la quantité d'huile d'olive.

Pour ma part, j'aime bien ajouter quelques olives vertes et noires. Pour un ragoût à l'italienne, vous n'avez qu'à remplacer toutes les épices par une pincée de romarin, d'origan ou de thym. Donc, à vous de jouer!

... ET SES SALADES D'ACCOMPAGNEMENT

Mon ami Mohammed aime servir sa tangia avec une salade fort rafraîchissante et fort simple, faite de carottes grossièrement râpées dont vous trouverez la recette à la page 165.

Autre salade délicieuse: quelques radis roses en fines tranches, quelques rondelles d'oignon rouge pour la couleur, des tranches d'oranges pelées à vif, le tout arrosé d'un peu d'huile d'olive et de quelques gouttes de jus de citron. Un soupçon de sucre en poudre, un soupçon de sel, et le tour est joué!

BROCHETTES D'AGNEAU À LA MAROCAINE

Sitôt le printemps venu, Mohammed installe son barbecue sur le balcon. C'est le temps de préparer les brochettes. Rien de plus simple!

1   kg (2 lb) d'agneau bien maigre en cubes de 3 cm
3   c. à soupe d'huile d'olive vierge
3   gousses d'ail pelées, dégermées et tranchées en 2
1   pincée de thym
1   pincée de romarin
1   pincée de poivre de Cayenne
10   tranches de bacon bien maigre en carrés de 3 cm
1   kg (2 lb) de cubes de pain de blé entier rassis, sans la croûte

Faites macérer pendant quelques heures l'agneau dans l'huile d'olive, l'ail et les aromates. Prenez soin ensuite d'enlever les gousses avant d'embrocher les cubes de viande, sans quoi l'ail brûlé à la cuisson risque de donner au plat une amertume insupportable. Confectionnez ensuite les brochettes en respectant l'ordre suivant : un cube d'agneau, une tranche de bacon, un cube de pain, une tranche de bacon, un cube d'agneau, etc.

Faites-les griller sur le barbecue ou dans le four, sous le gril préchauffé à la température maximale. Temps de cuisson : 2 min d'un côté, 1 min de l'autre. Utilisez de préférence des brochettes de bois que vous aurez préalablement fait tremper dans l'eau froide pendant 30 min. Ainsi humidifiées, elles ne brûleront pas. Les brochettes de bois sont préférables parce que les broches de métal conduisent la chaleur. Résultat : la viande cuit au centre, de la vapeur se forme et elle est moins tendre sous la dent.

Servez ces brochettes sur un lit de riz blanc. En guise d'accompagnement, je vous propose une salade toute légère.

GIGOT SEPT HEURES EN TROIS FOIS MOINS

Les deux recettes précédentes sont savoureuses, mais n'ont vraiment rien pour réjouir votre cardiologue ! Assez d'huile et de gras, me dites-vous ? N'en jetez plus, nos artères sont pleines ? Voilà pourquoi j'ai choisi de garder pour la fin cette façon divine d'apprêter l'agneau, qui réjouira les plus ardents adeptes de la cuisine santé ! Jamais, je vous l'assure, vous n'aurez savouré une chair si tendre, si onctueuse et si maigre à la fois !

La viande du mouton, on le sait, n'a pas très bonne réputation. Coriace et filandreuse, on lui reproche surtout son goût très prononcé. C'est gras et âcre. Comme disait ma grand-mère : « Ça goûte la laine. » Quelle ne fut pas ma surprise donc de déguster un jour en Bretagne un plat exquis : un gigot de mouton qu'on avait d'abord dégraissé puis fait braiser pendant sept heures à four très doux, tout simplement dans l'eau avec quelques aromates. On me l'a servi avec quelques petits légumes verts et des pommes vapeur. Un mets, je vous le jure, exquis ! Au point où j'ai un jour décidé, incapable de trouver ici de gigot de mouton, de commettre un crime inavouable : j'ai fait subir à un petit gigot d'agneau frais un traitement similaire. Résultat, je l'avoue humblement : un triomphe ! Vous ne me croyez pas ? Je vous mets au défi

1   gros gigot d'agneau (beaucoup moins cher que l'agneau frais d'ici, l'agneau congelé importé d'Australie convient parfaitement)

quelques gousses d'ail épluchées, dégermées
        et tranchées
20   baies de genièvre
eau
vin blanc sec
1 ou 2 clous de girofle
1   pincée de thym
1   pincée de romarin
1   feuille de laurier
1   pincée de sel, si vous y tenez!

Enlevez la peau du gigot et la graisse de surface. À l'aide d'un petit couteau, piquez la viande pour insérer un peu partout les lamelles d'ail et les baies de genièvre. Déposez le gigot dans une cocotte, recouvrez-le à moitié d'eau ou d'un mélange à parts égales d'eau et de vin blanc sec. Ajoutez les aromates et à feu vif, amenez à ébullition. Retournez le gigot et laissez-le frémir encore 1 min ou 2 de plus. Écumez bien la graisse remontée à la surface. Salez et laissez cuire à 250°F, à couvert, pendant 30 min. Retournez la viande à nouveau et laissez mijoter à découvert jusqu'à ce que la chair soit bien tendre. Peut-être 1 h ou un peu plus, tout dépend de l'âge de la bête. Vous saurez que le gigot est prêt lorsque, en le piquant à la fourchette, vous constaterez que la chair se détache facilement de l'os. À ce moment-là, retirez-le de son jus, que vous ferez réduire jusqu'à ce qu'il en reste 1/2 l à peine. Ne vous reste plus qu'à le désosser et à réchauffer la viande dans la sauce réduite.

Accompagnez de légumes bien frais que vous aurez faits cuire *al dente* à grande eau salée, pour les rafraîchir aussitôt à l'eau froide afin qu'ils conservent leur croquant et leur couleur. Avant de les servir, vous pourrez, si vous voulez, réchauffer ces légumes dans la sauce réduite. Votre gigot sera tout aussi délicieux si vous décidez plutôt de le servir sur un lit de haricots blancs à la mode bretonne.

HARICOTS BLANCS À LA BRETONNE

500 g (1 lb) de haricots blancs
1   feuille de laurier
2   clous de girofle
125 g (1/4 de lb) de lard salé
        (facultatif)
1   pincée de sel, si vous omettez le
        lard salé

Il s'agit d'une façon toute simple d'apprêter les haricots. Vous les faites d'abord tremper dans l'eau froide pendant une douzaine d'heures. Vous les égouttez. Dans une cocotte ou une casserole à fond épais, vous les recouvrez d'eau. Ajoutez la feuille de laurier et le clou de girofle, puis la tranche de lard salé, entière ou en cubes. Amenez à ébullition et laissez ensuite frémir à couvert pendant 1 h 15 ou 1 h 30 en prenant soin d'ajouter à l'occasion assez d'eau bouillante pour que les haricots soient immergés. Ne faites pas trop cuire les haricots. Ils doivent être tendres sans pour autant se défaire en purée. Pendant qu'ils mijotent gentiment, préparez la fondue de tomates.

1   oignon grossièrement haché
1 ou 2 carottes en fines rondelles
1   branche de céleri grossièrement hachée
2   c. à soupe d'huile d'olive
1   pincée de thym
1   pincée de romarin
1   feuille de laurier
quelques gousses d'ail épluchées et dégermées
1   boîte de tomates italiennes
250 ml (1 t.) de vin blanc sec

Faites revenir les légumes à feu moyen dans l'huile d'olive, assez longtemps pour que les oignons deviennent translucides sans pour autant prendre de la couleur. L'opération a pour but d'augmenter la saveur des légumes. Ajoutez les fines herbes, l'ail, la boîte de tomates et le vin blanc sec, et laissez mijoter doucement sur le feu jusqu'à ce que la sauce soit bien onctueuse et que l'eau des tomates se soit évaporée. Quand les haricots sont prêts, vous leur ajoutez tout simplement cette fondue de tomates.

GIGOT RÔTI À LA BOURGUIGNONNE

1   l (4 t.) de vin rouge
2 ou 3 carottes
2 ou 3 oignons moyens
1   branche de céleri
1   c. à soupe de poivre en grains
20 baies de genièvre
1   pincée de thym
1   pincée de romarin
2 ou 3 feuilles de laurier
1   gigot complet (jarret et cuisse) d'agneau frais du Québec d'environ 2,5 kg (5 lb)
pommes de terre «russet»
beurre doux
1   boîte de consommé de bœuf
sel

Vous voudriez surprendre vos convives et leur proposer un gigot différent? Fort bien. Offrez-leur un gigot rôti à la bourguignonne, qui plaira tout particulièrement aux friands de venaison.

On prépare d'abord une marinade toute simple: du vin rouge bien corsé, des carottes en fines rouelles, des oignons grossièrement hachés, le céleri en dés. On ajoute du poivre en grains, des baies de genièvre, du thym, du romarin et des feuilles de laurier. On verse sur le gigot qu'on fera mariner au frigo pendant une journée ou deux… en prenant bien soin à l'occasion de le retourner. Plus la viande macère, plus elle prend un goût de venaison…

Une ou deux heures avant de rôtir le gigot, on l'égoutte bien. On l'essuie et on le réserve au comptoir. On fera rôtir son gigot sur un lit généreux de pommes de terre riches en fécule, propres à la cuisson au four, des «russet» par exemple. On les pèle, on en fait de longues tranches épaisses qu'on couche au fond de la lèchefrite. On arrose de 250 ml (1 t.) de marinade. On pose dessus le gigot avec quelques morceaux de beurre doux et on met à rôtir pendant 1 h 30 à 330 °F. On laisse bien sûr reposer au comptoir et on sert enfin avec la marinade réduite en sauce.

On choisira une casserole à fond épais en fonte émaillée ou en acier inoxydable. À haute flamme, on amènera la marinade à ébullition. On ajoutera peut-être une boîte de consommé de bœuf. Ce serait plus goûteux. À feu doux, on laissera tout doucement mijoter à couvert pendant une vingtaine de minutes, puis réduire de moitié à découvert. On passe au tamis. On sale au goût. La sauce est prête.

Pour une sauce onctueuse, on «montera» au beurre au moment de servir. Pour ce faire, on amène la sauce à ébullition. Hors flamme, on ajoute une ou deux noix de beurre doux. On bat au fouet: le beurre se répand dans la sauce en émulsion. On peut aussi tout simplement épaissir un peu la sauce en ajoutant de la fécule de maïs diluée dans un peu d'eau froide. On peut, mais c'est moins bon…

JAMBON D'AGNEAU À LA VAPEUR

Cette façon surprenante d'apprêter le gigot d'agneau qu'on sert froid en tranches fines, comme un jambon, vous ravira, j'en suis certain.

On fait d'abord mariner pendant 2 jours son gigot dans la marinade au vin rouge proposée ci-dessus. On le retire ensuite de la marinade. On l'éponge bien pour ensuite l'enduire de sel à marinade ou mieux encore, de gros sel marin. Combien de sel? Affaire de goût. De 125 ml (1/2 t.) au moins à 250 ml (1 t.) au plus. On en frotte bien le gigot sur toutes les surfaces et on le laisse macérer au frigo pendant une douzaine d'heures. On le rince à l'eau froide et on le met à cuire à la vapeur pendant 1 h 15. Si l'on ne dispose pas d'une marmite vapeur, rien de plus simple que d'en improviser une. Il suffit de déposer au fond de la casserole de quoi soulever le gigot pour que l'eau puisse mijoter sous la pièce de viande sans la toucher. J'utilise à cette fin un instrument qui sert à trancher les pommes en quartiers.

On le laisse refroidir dans la casserole couverte pendant une dizaine d'heures avant de le mettre au réfrigérateur. En tranches fines avec des légumes à la grecque, c'est un délice.

N'allez surtout pas jeter la marinade! Réduisez-la en sauce pour arroser vos côtelettes grillées. Ça se congèle!

LÉGUMES À LA GRECQUE

125 ml (1/2 t.) d'eau
125 ml (1/2 t.) de vin blanc sec
3 ou 4 c. à soupe d'huile d'olive fine
3 ou 4 c. à soupe de vinaigre de vin blanc
1   généreuse pincée de graines de
*   fenouil*
1   généreuse pincée de graines de
*   coriandre*
1   généreuse pincée de poivre en grains
1   pincée de thym
1   pincée de romarin
2   c. à thé de sel

Les légumes qu'on fait cuire en marinade sont toujours ravissants, parfumés et croquants.

On prépare la marinade en casserole, on amène à ébullition. On ajoute ses légumes, on couvre et on laisse tout doucement mijoter le temps qu'il faut pour cuire les légumes. On laisse refroidir dans la casserole puis on garde au frigo. Vos légumes ainsi préparés se conserveront au moins une semaine.

Quels légumes ? À peu près tout convient. Des petits champignons de Paris, par exemple, que vous laisserez mijoter à peu près 5 min. Des courgettes en bâtonnets que vous ferez pocher quelques minutes à peine. Des betteraves que vous aurez pelées à cru puis tranchées en tout petits dés qui cuiront en une quinzaine de minutes. Vous les servirez avec de fines tranches d'oignon cru. Vous garnirez de ciboulette ou d'échalote verte finement hachée. Vous pouvez de la même façon apprêter le chou-fleur ou le brocoli, les haricots verts ou jaunes. Des pommes de terre bonnes à bouillir, riches en sucre et pauvres en fécule, vous raviront si vous les faites cuire de cette façon. Vous choisirez alors des pommes de terre dites « de table » ; la pomme de terre rouge ou la pomme de terre à chair jaune « Yukon Gold » conviennent parfaitement. En petits dés, elles seront tendres sous la dent en 5 min à peine de cuisson.

On peut aussi faire cuire ensemble plusieurs variétés de légumes à condition de faire pocher d'abord les légumes qui exigent un peu plus de temps de cuisson avant d'ajouter ceux qui cuisent plus rapidement. Ainsi, pour préparer un savoureux mélange de carottes en bâtonnets et d'oignons en quartiers, on fera d'abord pocher ses carottes pendant 5 min avant d'ajouter les oignons qu'on laissera pocher 5 min de plus. Combien de carottes et combien d'oignons ? Disons 10 carottes moyennes et 10 oignons moyens !

La palme au canard

Comme s'il tenait entre ses mains le Saint-Graal, Marc Bélanger dépose amoureusement sur le plateau de la balance un foie gras frais de canard de Barbarie. Un produit des fermes Bel Bec. Protégé sous vide, les lobes bien formés, ce foie est d'un jaune paille uniforme et a une texture à la fois onctueuse et ferme, gages d'une volupté indicible! Une splendeur! À mes côtés, un restaurateur français, qui vient au marché Atwater faire ses provisions, confirme: «On produit maintenant au Québec des foies gras de canard d'une qualité exceptionnelle, qui feraient honneur aux meilleurs tables d'Europe.»

Le foie de canard connaît chez nous une vogue de plus en plus grande. C'est d'ailleurs le seul qu'on trouve sur le marché. Sans doute parce que, comme me l'a dit Adrien Gruslin, les canards sont plus faciles à gaver et exigent une durée moins longue de gavage. Le goût plus «rustique» du foie de canard, son amertume un peu plus grande est parfois jugée préférable au goût plus subtil et plus doux du foie d'oie. Le foie de canard est cependant plus difficile à préparer: il faut bien ôter les nerfs des lobes. Il est plus fragile à la cuisson que le foie de l'oie parce qu'il contient plus de matière grasse... Comment le choisir? Ne pas le choisir trop petit même si sa belle couleur jaune paille vous attire. Pour moins de perte, exigez un foie de canard qui pèse au moins 600 g (20 oz).

En guise d'entrée, je vous propose un foie gras frais de canard poché en cocotte dans le chablis et accompagné de larges tranches de pain de blé entier croûté. Pour boire, un monbazillac bien frais, un vin liquoreux qui répond admirablement à la subtile amertume du foie gras.

Et j'offrirai une salade d'oranges toute simple. Quelques tranches bien juteuses pelées à vif et servies sur un lit de cresson bien croquant, le tout arrosé d'une vinaigrette classique faite d'huile d'olive vierge et de vinaigre fin, légèrement salée, bien poivrée et surtout relevée d'une pincée de cari.

Comme plat principal, des magrets de canard gavé : une viande généreuse et bien rouge, une peau dodue qui deviendra croustillante à la flamme. Je les ferai griller tout simplement à la poêle pour les servir encore saignants en fines tranches sur un lit de riz sauvage aux amandes grillées. En saucière, une onctueuse béarnaise.

Pour dessert, quelques fruits frais arrosés de porto bien vieilli !

Je vous propose ce menu exquis, d'exécution fort simple. Au restaurant, cela vous coûterait une fortune. À la maison, vous vous en tirerez pour un peu plus de 20 $ par convive. Le vin en sus, évidemment.

Je vous soumets également une recette de foies de poulet pochés au beurre clarifié, qu'on sert froids, en terrine, accompagnés de belles tranches de pain croûté. Mise au point par le divin Marchesi, cuisinier vedette à Milan, cette façon de préparer l'humble foie de poulet lui donne une surprenante onctuosité qui rappelle les charmes du foie gras. Vous m'en donnerez, j'espère, des nouvelles !

Je vous suggère ensuite une façon surprenante d'apprêter le canard de Brome. Si vous prenez d'abord soin de le faire cuire à la vapeur et de le dorer ensuite au four, je vous promets une peau croustillante au goût de caramel et une chair si tendre qu'elle fondra dans la bouche. Cette façon pékinoise d'apprêter le canard convient parfaitement aux canards de Brome, eux-mêmes originaires de Pékin. La vapeur fait fondre la graisse, pour le plus grand plaisir de votre cardiologue. En même temps, elle humidifie les chairs. Quand le canard est bien tendre, on le met à griller au four à haute température. Juste assez longtemps pour bien dorer la peau, la rendre croustillante…

Ce canard vapeur, bien doré, vous l'accompagnerez d'une sauce à l'espagnole garnie d'un fruit de votre choix : abricot, pêche, poire, ananas, griotte, raisin vert, kiwi, orange ou pomme. Pour faire la sauce, une vingtaine de minutes à peine… Pour les fruits, tant mieux s'ils sont frais, sinon faites comme moi. En plein hiver, vive les conserves !

FOIE GRAS FRAIS
DE CANARD AU CHABLIS

1   *foie de canard de 600 à 700 g*
    (de 20 à 25 oz) à la température
    de la pièce
sel et poivre du moulin
1   *citron vert*
1/2 *bouteille de vin blanc sec*
    (chablis, sancerre, muscadet ou
    gewurtztraminer) à la température
    de la pièce

Cette façon d'apprêter le foie gras me vient d'un livre merveilleux, *Les Recettes secrètes des meilleurs restaurants de France*. Une bible, ce livre qui vous propose une dizaine de recettes merveilleuses pour apprêter ce mets des dieux. J'ai choisi la plus simple, celle du foie de canard au pacherenc de l'hôtel de France à Auch. Je me suis contenté de proposer un autre choix de vin blanc, le pacherenc de Vic Bilh si vous ne le trouviez pas ici.

Préchauffez le four à 375 °F. À l'aide d'un petit couteau bien tranchant, prélevez le nerf qui relie les deux lobes du foie. Une ou deux pincées de sel, quelques tours de moulin à poivre… Déposez-le ensuite dans une cocotte en fonte émaillée tout juste assez grande pour contenir le foie, à l'étroit. La fonte permet de conserver et de bien répartir la chaleur. À défaut de cocotte, utilisez un plat en Pyrex avec couvercle. Arrosez le foie d'un filet de citron vert. Mettez au four à couvert pendant 10 min. Puis versez le vin. Couvrez encore et

laissez frémir 10 min de plus. Retirez du four et laissez refroidir avant de mettre au frigo pour quelques heures avant de servir.

MAGRETS DE CANARD POÊLÉS
À LA SAUCE BÉARNAISE

200 g (7 oz) par convive de beaux
    magrets de canard gavé
sel et poivre

À l'aide d'un couteau bien tranchant, lacérez la peau des magrets en damier pour les empêcher de «retrousser» à la cuisson. Faites-les griller, côté peau d'abord, dans une poêle très chaude. La graisse fondra, la peau sera toute dorée. Après 5 ou 6 min, retournez-les pour les faire rôtir dans la graisse fumante. La chair doit être chaude, mais bien saignante.

À l'aide d'un couteau bien aiguisé, détaillez ensuite les magrets en tranches toutes fines. «Ouvrez-les» en éventail. Salez légèrement et poivrez généreusement.

TERRINE DE FOIES DE POULET AU BEURRE CLARIFIÉ DU DIVIN MARQUIS

1 kg (2 lb) de foies de poulet bien
*   dodus et bien frais*
300 g (10 oz) de beurre clarifié
sel
poivre blanc moulu fin

« Je ne vous souhaite pas de vous trouver un jour, les yeux égarés dans le réfrigérateur et quinze kilos de foies de poulet qui vous demandent de faire quelque chose. À moi, cela est arrivé. » Quelques mots qui permettent à «Divino Marquesi», restaurateur vedette de Milan et auteur de *La Cuisine italienne réinventée* de démontrer comment le génie culinaire profite souvent de l'adversité. Devant ces centaines de petits foies de poulet fermier, le divin marquis échappe à la panique et trouve l'inspiration de sa version pauvre du célèbre foie gras.

C'est le gras, on le sait, qui donne aux foies gras de canard ou d'oie leur voluptueuse finesse. Or, rien n'est plus maigre au fond que des foies de poulet, fussent-ils «fermiers». Trop tard bien sûr pour engraisser les pauvres bêtes déjà occises… Il fallait donc inventer une manière «d'engraisser»

les foies de poulet pour leur donner cette douceur veloutée des foies gavés. «Eurêka! s'exclame enfin le divin Galtiero Marchesi, j'ai trouvé. » Il imagine alors de faire pocher une vingtaine de minutes à feu très doux, directement sur le feu ou mieux encore, au bain-marie, ses foies de poulet débarrassés de leurs nerfs, nettoyés, bien poivrés et légèrement salés dans du beurre clarifié… Il importe pour réussir le tour de force de Marchesi d'éviter que le beurre ne mijote. Il faut qu'il soit chaud sans frémir. Les foies cuiront très lentement sans racornir, absorberont ainsi le beurre et resteront d'une belle couleur rose à l'intérieur. On les garde au réfrigérateur, mais on les sert à la température de la pièce. C'est aussi simple que ça. J'en ai fait. C'est facile. C'est exquis, je vous les recommande avec des tranches de pain blanc croûté légèrement grillées. Je me contenterai de préciser qu'il n'est pas nécessaire pour réussir cette merveilleuse recette de trouver des foies de poulet de grain. Les foies de poulet qu'on trouve partout dans le commerce conviennent tout à fait.

Pour clarifier le beurre, mettez-le au four à 200 °F, dans un bol en Pyrex. Au bout d'une heure, les solides du beurre sont remontés à la surface, un peu d'eau s'est déposée au fond. À l'aide d'une écumoire, enlevez les solides et mettez le beurre au frigo jusqu'à ce qu'il soit figé.

Évitez les foies qui ont été congelés, car leur membrane est souvent abîmée. Ôtez soigneusement les nerfs et rincez les foies à l'eau fraîche. Séchez-les, salez-les légèrement et poivrez-les assez généreusement. Je vous recommande d'employer plutôt du poivre noir : c'est moins élégant, mais ça a meilleur goût. Pochez-les au bain-marie dans le beurre clarifié en évitant l'ébullition. Brassez à l'occasion avec une cuiller de bois pour que la chaleur se répartisse bien. Les foies seront cuits dès que la chaleur les aura bien traversés. Une quinzaine de minutes à peine. Mettez les foies à refroidir dans une terrine. Recouvrez-les du beurre de cuisson passé au tamis fin. Ne les servez pas froids, mais frais pour que le beurre soit « tartinable ». Sur de généreuses tranches de pain grillé encore tout chaud !

MOUSSE DE FOIES DE VOLAILLE

500 g (1 lb) de foies de poulet
125 g (1/2 t.) d'oignons jaune ou blanc
       finement hachés
250 ml (1 t.) de bouillon de poulet
1   petit verre de madère, de porto ou
       de xérès
500 g (1 lb) de beurre doux en cubes de
       1 po² à température ambiante
1/2 c. à thé de poivre noir ou blanc
       frais moulu
1   larme de scotch ou de cognac
75   g (1/2 t.) de pistaches (facultatif)

Cette recette facile à exécuter produit une mousse au goût très fin d'une texture incroyablement douce. À cause du beurre, évidemment.

Dans une petite casserole, amenez à ébullition les foies de poulet et l'oignon haché dans le bouillon de poulet et le vin que vous aurez choisi. Dès que les bouillons se forment, diminuez l'intensité de la flamme. Il faut que ça frémisse à peine pendant une dizaine de minutes. Mélangez à l'occasion pour que les foies cuisent régulièrement.

Passez au tamis. Hachez les foies et l'oignon encore chauds au mélangeur ou au robot culinaire pour en faire une pâte onctueuse. Incorporez le beurre. Ajoutez enfin le cognac ou le scotch. Surtout, ne paniquez pas : le mélange a l'apparence d'un vilain gruau gris. Si le cœur vous en dit, mettez des pistaches. Versez dans une terrine ou dans de petits ramequins individuels. Il faudra 1 h au moins pour que le mélange prenne sa consistance. Vous pouvez recouvrir la terrine ou les ramequins d'une fine gelée ou tout simplement les décorer de quelques olives farcies en fines tranches ou mieux encore de quelques pistaches.

Vous pourriez vous servir du bouillon de cuisson pour préparer la gelée. Mais ça me semble inutilement compliqué puisqu'il vous faudra d'abord le clarifier au blanc d'œuf puis filtrer l'étamine avant d'ajouter une enveloppe de gélatine gonflée dans 60 ml (1/4 de t.) d'eau froide. Aussi, je vous conseille plutôt d'employer cette excellente gelée au madère de marque Maggi importée de France. C'est beau, bon, pas cher et on en trouve dans les boutiques fines d'alimentation, chez Van Houtte, par exemple.

Il s'agit, on l'aura noté, d'une mousse de foies sans sel. Pour des raisons de santé bien sûr, mais aussi parce qu'il me semble que le goût de noisette du beurre doux lui donne sa finesse. De toute façon, le beurre qu'elle contient suffit pour faire frémir votre cardiologue.

CANARD DE BROME AUX FRUITS DIVERS

1   canard de Brome, frais ou congelé, de 2 kg (4 lb) environ
1 ou 2 c. à soupe de miel
1 ou 2 c. à soupe de sauce soja
1   boîte de pêches, de poires, d'ananas ou d'abricots bien égouttés
350 g (2 t.) de raisins verts ou quelques kiwis en belles tranches

Quel que soit le fruit que l'on choisisse, frais ou en conserve, on procédera toujours de la même façon. Faites d'abord cuire le canard à la vapeur et faites-le ensuite griller au four. Pendant ce temps, préparez la sauce à l'espagnole. Après quoi, vous n'aurez plus qu'à ajouter les fruits…

On évitera de décongeler la pauvre bête au four à micro-ondes, mais on prendra plutôt le temps qu'il faut : 2 ou 3 jours au réfrigérateur, en la laissant dans son enveloppe plastifiée. Lavez bien le canard et essuyez-le. Enlevez la graisse qui se trouve souvent dans la cavité. À l'aide d'une fourchette, percez la peau en une vingtaine d'endroits pour faciliter l'écoulement de la graisse. Déposez ensuite le canard sur une marguerite dans une casserole. Ajoutez l'eau bouillante pour le cuire à couvert pendant 1 h 15 min de plus. Prenez soin d'ajouter de l'eau bouillante à la casserole quand il le faudra !

Le canard est cuit quand on peut facilement transpercer la chair de la pointe d'un couteau et que le jus qui perle est clair. Retirez-le alors de la casserole et posez-le sur une lèchefrite. Badigeonnez-le d'un mélange chaud de miel et de sauce soja et mettez-le aussitôt à dorer au four une quinzaine de minutes à 425 °F. Pendant que le canard cuit, préparez la sauce de base.

La sauce :
2   *c. à soupe de sucre*
2   *c. à soupe de vinaigre fin*
1   *boîte de consommé de bœuf*
250 *ml (1 t.) de vin blanc sec*
1   *citron jaune ou vert*
1   *c. à thé de fécule de maïs diluée*
    dans un peu d'eau froide ou
2   *c. à soupe de concentré de tomates*

Dans une casserole à fond épais, faites d'abord caraméliser à feu moyen le sucre mouillé de vinaigre. Ne pas brasser. Dès que le sucre est d'une belle couleur ambrée, versez dessus le consommé, le vin et le jus de citron. Laissez mijoter doucement pendant une quinzaine de minutes. Épaississez ensuite avec la fécule de maïs diluée dans un peu d'eau ou le concentré de tomate. Laissez mijoter quelques secondes puis réservez.

Votre canard est bien grillé. Dégraissez la lèchefrite. À feu moyen, déglacez-la ensuite avec la sauce que vous amènerez à ébullition pour ensuite ajouter les fruits. Dès que les fruits sont chauds, c'est le temps de servir !

Pour un canard aux pommes, faites dorer au beurre 3 ou 4 Cortland, Spartan ou Granny Smith pelées et découpées en généreux quartiers que vous ajouterez à la sauce de base au moment de servir.

Pour un canard à l'orange, parfumez la sauce de base d'un peu de Grand Marnier. Ajoutez peut-être quelques zestes d'oranges en fines juliennes, 1 ou 2 c. à soupe de jus d'orange concentré et garnissez de belles tranches d'oranges pelées à vif…

Rendons grâce à Maillard

Pour 4 convives, vous avez choisi un poulet de 1 kilo et 1/2 (3 lb). Sa belle couleur et sa chair ferme au doigt sont déjà de fort bons augures. Indice de votre bon goût. «Je laisse aux autres, dites-vous, ces poulets blêmes qu'on a confinés en batterie.» Eh bien! tant mieux pour vous et tant pis pour les autres! C'est de nos jours air connu.

Armé d'un couteau bien tranchant faisant une fois de plus démonstration de votre savoir-faire, vous dépecez en deux temps, trois mouvements votre poulet en 4 ou 8 morceaux. Vous vous gardez bien sûr de prélever la peau de votre appétissant volatile pour la donner à Malaparte, votre chat. De savoir la peau essentiellement constituée de matière grasse, loin de vous inquiéter, vous ravit puisque vous vous apprêtez à faire sauter votre oiseau afin de profiter en toute connaissance de cause de la réaction de Maillard.

Rendons grâce à Maillard, ce chimiste gourmand, puisqu'il a le premier cherché à comprendre ce qui se passe sur le plan moléculaire quand on soumet un aliment à l'ardeur de la flamme. Une question fondamentale qui permet de répondre à toutes ces autres questions apparemment frivoles que le gourmand en vous se pose. Pourquoi la croûte brune du pain est-elle plus savoureuse que la blanche mie ? Pourquoi le café embaume-t-il tant quand on le torréfie ? D'où la bière tient-elle sa jolie couleur blonde ? Pourquoi l'oignon dégage-t-il une si bonne odeur quand on le fait dorer ? Ce sont là, c'est vrai, de grandes et belles questions auxquelles on ne saurait se contenter de répondre par un recours aux lieux de l'évidence chère au commun ! Que la science enfin vienne en aide au gourmand… Maîtresse du maître queux, qu'elle guide sa conduite !

Cher Maillard ! C'est lui qui le premier a décrit la réaction cyclique qui se produit lorsqu'on soumet à la chaleur, en présence de sucre, les acides aminés contenus dans toute protéine. Je serais bien incapable d'en reprendre la démonstration, j'aurais l'allure d'un geai paré des plumes d'un paon. Mais je retiens cependant l'essentiel : la cuisson engendre les composés bruns, aromatiques et sapides qui font frémir les narines et saliver le gourmet. Ce qui importe de savoir ici, c'est que la réaction de Maillard se produit peu si on se contente de faire bouillir ses aliments, parce que la chaleur de l'eau en ébullition est insuffisante : 100 °C (200 °F), c'est bien peu ! Par contre, la réaction de Maillard sera décuplée si on saisit l'aliment à forte température. Voilà pourquoi le poulet rôti a meilleur goût que le poulet bouilli. On saisira mieux l'aliment si on ajoute un corps gras qui permet de mieux transmettre la chaleur.

POULET SAUTÉ

Recette de base :
1   noix de beurre doux
1 ou 2 c. à soupe d'huile végétale
1   poulet de 1,5 kg (3 lb) coupé en
       morceaux
beurre
huile
quelques échalotes françaises ou
1   oignon

Revenons au poulet bien choisi qui mérite désormais toute votre attention. On le fera sauter à haute flamme dans une casserole à fond épais qui diffuse la chaleur uniformément et on évitera ainsi que les aliments collent au fond.

Pour mieux profiter de la « réaction de Maillard », faites fondre le beurre avant de verser l'huile. L'addition d'huile empêche le beurre de brûler. Dès que le beurre mousse, faites-y dorer vos morceaux de poulet. La casserole doit être assez grande pour contenir tous les morceaux sans qu'ils s'empilent. Sinon, vous procédez par étapes. En 3 ou 4 min, la peau est bien dorée. Une grande partie du gras de poulet a fondu dans le beurre et l'huile. Réservez le poulet bien égoutté dans un plat et dégraissez la casserole. Mieux vaut obstruer le renvoi de l'évier que de « cholestéroliser » vos artères !

Pendant que votre poulet attend bien patiemment le braisage, profitez une fois de plus de la réaction de Maillard. À feu moyen dans la casserole, faites tomber quelques échalotes françaises ou un bel oignon, que vous aurez d'abord pris soin de hacher, dans un soupçon de beurre et quelques gouttes d'huile. En 2 ou 3 min, l'oignon tombera… Ce sera alors le moment ou jamais de choisir parmi les 3 recettes qui suivent celle que vous préférez.

POULET AU BOURGOGNE

1   oignon
champignons de Paris
250 g (1 t.) de jambon fumé
1   poulet de 1,5 kg (3 lb) sauté en
     morceaux
1   bouteille de vin rouge
1   c. à soupe de fécule de maïs ou
1   c. à soupe de beurre et
1   c. à soupe de farine

Vous avez sous la main de beaux champignons de Paris si frais cueillis que le «chapeau» tient à la base sur la tige. Parfait. Lavez-les à grande eau sans les noyer puis séchez-les avec soin dans un linge. Peut-être choisirez-vous, s'ils sont bien gros, de les trancher en lamelles ou en quartiers, à moins que vous ne préfériez les faire sauter entiers pour qu'ils restent bien fermes. Vous adorez les champignons ! Pas question, dites-vous, de lésiner.

Dans la casserole, faites sauter pendant 1 min ou 2 vos champignons avec l'oignon qui justement commençait à peine à colorer. Ajoutez ensuite pour parfumer du jambon fumé, en lanières ou en cubes, ce qui rappellera à vos convives les lardons dont on agrémentait autrefois le coq au vin. Déposez enfin les morceaux de poulet sauté et laissez cuire encore 2 ou 3 min en brassant bien à la spatule pour favoriser la diffusion de la chaleur. Les champignons s'imprègnent d'un peu d'huile, de beurre, de gras de jambon et de poulet. La chaleur fait son travail. Merci Maillard !

Voici le temps venu d'ajouter le vin rouge. Du bourgogne pour vous conformer au titre. Sinon, soyez une fois de plus infidèle. Un barollo peut-être, ou tout simplement un Masia Bach, ce vin d'Espagne de qualité mais à prix abordable. Versez-en au moins 2 t. ou mieux encore : toute la bouteille. En attendant l'ébullition, remuez bien pour que les champignons et le poulet s'imbibent. Puis, ajustez la flamme. Il faut que

ça mijote tout doucement à couvert : dans 15 à 20 min, le poulet sera prêt, bien tendre à la fourchette.

Dans un plat, réservez les champignons et le poulet, et profitez de leur absence pour augmentez un tant soit peu la flamme. À découvert, laissez réduire pendant 4 ou 5 min la sauce. Pour l'épaissir, vous hésitez. Fécule de maïs ou bien beurre manié ?

À la fécule, c'est plus rapide et plus santé. Ajoutez tout simplement la fécule de maïs que vous aurez diluée dans de l'eau froide. Versez dans la sauce en mélangeant. La sauce épaissit tout de suite. Réchauffez dedans vos champignons et votre poulet et servez aussitôt garni de persil plat haché.

Si vous préférez épaissir au beurre manié, mélangez bien à la fourchette le beurre mou et la farine. Le beurre permet à la farine de se disperser dans la sauce sans faire de grumeaux. Incorporez votre beurre manié à la sauce. Brassez bien et laissez cuire pendant 3 ou 4 min pour enlever à la farine son goût « cru ».

Si vous avez sous la main de la farine dite « instantanée », vous pouvez l'ajouter à la sauce sans beurre. La farine « instantanée » ne forme pas de grumeaux parce qu'on a modifié chimiquement ou mécaniquement la structure des granules pour les empêcher de s'agglutiner au contact d'un liquide chaud.

POULET AU PAPRIKA

1   *poulet de 1,5 kg (3 lb) sauté en morceaux*
1   *oignon ou quelques échalotes*
champignons de Paris
1 ou 2 c. à soupe de paprika hongrois
1   *bouteille de vin blanc sec*
    ou
500 *ml (2 t.) d'eau ou de bouillon de poulet ou de légumes*
250 à 500 (1 ou 2 t.) de crème sure

Pour réussir en 30 min à peine un plat exquis qui vous ravira par son parfum de paprika et pour l'onctuosité jouissive de sa sauce à la crème, vous ferez d'abord sauter votre poulet comme il est dit plus haut.

Faites ensuite tomber dans la même casserole de l'oignon ou de l'échalote hachée. Ajoutez des champignons de Paris que vous ferez sauter quelques minutes avant d'ajouter le poulet. Vous sauterez encore 2 ou 3 min avant d'ajouter le paprika hongrois.

Le paprika hongrois est une épice exquise, pourvu qu'il soit bien frais. Il est alors à son meilleur : parfumé et bien piquant… Le paprika, pour tout vous dire, c'est de la poudre séchée de petits piments aromatiques. Une poudre riche en sucre qui collera au fond de la casserole et prendra un vilain goût d'amertume si vous ne vous hâtez pas d'ajouter votre liquide de braisage. Le vin blanc sec est idéal, mais ce sera aussi fort bon si vous mouillez le poulet avec de l'eau ou du bouillon de poulet ou de légumes.

Laissez tout doucement mijoter à couvert pendant 15 à 20 min. Ne cuisez pas trop le poulet, ça le rend filandreux! Réservez le poulet et les champignons.

Pendant ce temps, faites réduire la sauce, à découvert, en la laissant mijoter à feu moyen quelques minutes. Pour l'épaissir, incorporez de la crème sure, 1 t. au moins, 2 t. c'est mieux. Pour vous faciliter la tâche, additionnez d'abord un peu de sauce à la crème. Mélangez bien. Versez la crème ainsi diluée dans la sauce et réchauffez dedans les champignons et le poulet. Mais attention! Il faut à tout prix éviter l'ébullition, sans quoi la crème tournera…

J'aime bien servir le poulet paprika sur un lit de nouilles au beurre, je poivre généreusement et je garnis de lanières de poivrons rouges grillés. Heureux mariage!

POULET BASQUAISE

1   *poulet de 1,5 kg (3 lb) sauté en morceaux*
1   *oignon ou quelques échalotes*
3 ou 4 *gousses d'ail pelées, dégermées et grossièrement hachées*
1   *boîte de tomates italiennes*
250 à 500 g (1 ou 2 t.) *d'olives noires*
3 ou 4 *c. à soupe de câpres*

1   *pincée de romarin*
1   *pincée de thym*
2 ou 3 *poivrons verts*

Ce poulet sauté puis braisé à la tomate est un proche parent du poulet chasseur si cher aux Italiens. La façon basquaise me semble plus goûteuse: à cause des lanières de poivrons verts qu'on ajoute à la fin et qu'on laisse cuire à peine pour garder le croquant. On y met en plus des câpres parfumées et des olives noires bien en chair. Le thym et le romarin feront là-dedans merveille. Les audacieux voudront ajouter ce qu'il faut de piments forts à la sauce : quelques gouttes de Tabasco ou mieux encore, 1 ou 2 c. à thé de sauce Matuk ou de sambal ulek.

Faites d'abord sauter votre poulet selon la recette de base et réservez-le. Dégraissez la casserole pour y faire tomber l'oignon ou les échalotes. Ajoutez l'ail, laissez-le à peine colorer avant de remettre le poulet. Versez les tomates. Menez à ébullition pendant que vous ajoutez les olives noires, les câpres, le romarin et le thym. Couvrez et laissez frémir doucement pendant 15 à 20 min. Quand le poulet est presque tendre, ajoutez les poivrons verts coupés en fines lanières. Laissez cuire 2 ou 3 min de plus… On se réjouit de m'avoir lu!

Fast food chic

Les marins anglais auraient découvert le Kéchap dans les ports de Malaisie. Les Malais prononçaient: Kéchap, mais il s'agissait en fait de Kôe tchiap, un condiment liquide importé de Chine. Quelques gouttes à peine de cet assaisonnement, fait d'entrailles de poissons macérées longuement en barriques de bois dans un mélange de sel et de vinaigre de riz, suffisait à émoustiller les papilles gustatives des loups de mers anglais… De retour au bercail, ils firent tant et si bien la promotion du condiment chinois qu'on réinventa le cat soup en le «civilisant» à l'anglaise. On s'empressa bien sûr de remplacer les entrailles de poissons par des champignons ou des noix. On ajouta du sucre… Le résultat: une sorte de chutney qui porte encore en Angleterre le nom de mushroom ou de walnut catsup.

C'est dans les colonies américaines qu'on eut pour la première fois l'idée de remplacer les noix et champignons du catsup anglais par des tomates. Les «ketchophiles» se réjouiront d'apprendre qu'un cer-

tain Richard Briggs proposait en 1792 dans son livre séminal, *The New Art of Cookerie,* sa recette de Tomato Catsup: tomates, sel, sucre, vinaigre, cannelle, gingembre et clous de girofle. Mais Richard Briggs n'est du ketsup que le précurseur, puisque c'est Henri Heinz, une centaine d'années plus tard, qui eut l'idée non seulement d'épaissir la sauce mais d'imposer au monde entier sa nouvelle orthographe. Grâce à Henri Heinz, on n'écrit plus catsup mais ketchup.

Le ketchup est aux papilles gustatives ce que la musak est à l'oreille… Une fade bouillie dont la fadeur même est la principale vertu. Sans trop attirer l'attention sur elle-même, cherchant surtout à ne jamais surprendre, elle masque le vide absolu de ce qu'elle recouvre.

Le problème, c'est que le ketchup, comme la musak, nous a envahis au point qu'il s'impose malgré nous. On a beau résister, on le réclame de partout. Voilà pourquoi je vous invite à faire votre ketchup vous-même en imitant l'envahisseur pour mieux lui résister. En proposant à vos enfants vos hamburgers maison bien juteux sur pain croûté grillé, des chips croquantes à souhait et du ketchup fleurant bon les épices et les aromates, vous saurez vaincre en un rien de temps Henri Heinz et Ronald Mac-Donald en retournant contre eux leurs propres armes !

KETCHUP MAISON

2   boîtes de purée de tomates contenant du concentré
3 ou 4 pommes surettes, râpées ou finement hachées
1   gros oignon finement haché
2   branches de céleri en tout petits dés
115 g (1/2 t.) ou un peu plus de cassonade
500 à 750 (2 ou 3 t.) de vinaigre de vin rouge ou blanc
1   c. à thé de cannelle
1   c. à thé de clou de girofle en poudre
1   c. à thé de quatre-épices
1 ou 2 pincées de graines de fenouil
1 ou 2 pincées de graines de coriandre
1 ou 2 pincées de graines d'anis
1 ou 2 pincées de graines de céleri
2   c. à soupe de paprika hongrois bien parfumé
1   c. à soupe de poivre noir en grains
1 ou 2 c. à thé de Tabasco

Dans une grande casserole à fond épais, versez la purée de tomates à laquelle le fabriquant a déjà ajouté du concentré. Ajoutez les pommes, l'oignon et le céleri.

Versez la cassonade, le vinaigre et des épices à votre goût : cannelle, clou de girofle, quatre-épices. Ajoutez les graines de fenouil, de coriandre, d'anis et de céleri.

Pour un ketchup bien piquant, incorporez le poivre, le paprika et le Tabasco. Amenez le tout à ébullition et laissez mijoter tout doucement une vingtaine de minutes jusqu'à consistance désirée. Voilà : le tour est joué !

CHIPS MAISON

4   pommes de terre « russet » ou Idaho
huile de maïs ou d'arachide

Pour 4 gourmands, pelez les pommes de terre. À la mandoline, au robot ou tout simplement armé d'un couteau bien aiguisé, coupez des tranches « finissimes ». Rincez-les à l'eau fraîche pour éliminer l'amidon de surface. Essorez-les et asséchez-les avec soin puis faites-les frire, quelques-unes à la fois, à 375 °F. Une seule friture suffit si vous les mangez aussitôt. Sinon, faites-les à peine dorer une première fois. Égouttez-les et replongez-les en haute friture.

HAMBURGER À LA MODE DU HARRY'S BAR

1   kg (2 lb) de bœuf haché bien maigre

*2   c. à thé ou un peu plus de sauce
       Worcestershire*
sel et poivre
beurre et huile d'olive
pain croûté

Arrigo Cipriani, propriétaire du Harry's bar à Venise, propose dans son délicieux livre *The Harry's bar Cookbook,* sa célèbre version du hamburger.

Pour 4 ou 5 gourmands, ajoutez à la viande la sauce, le sel et le poivre. Mélangez avec les doigts en prenant soin de ne pas «travailler» la viande. Faites-en des boulettes assez épaisses pour qu'elles restent bien juteuses. Les cuire dans un poêlon antiadhésif bien chaud sans matière grasse ou mieux encore, dans une poêle de fonte avec un soupçon de beurre et d'huile d'olive.

Servez chaque boulette sur une belle tranche de pain croûté que vous aurez fait griller d'un seul côté sous la rampe du grill. Posez la tranche de pain côté grillé contre l'assiette et la boulette de viande sur le côté non grillé. Le pain pourra ainsi mieux absorber le jus de viande.

Garnissez chaque boulette d'une fondue d'oignons bien dorés comme le suggère Arrigo Cipriani. À moins que vous ne préfériez, comme moi, une belle tranche de tomate. Sur la tomate enfin, 1 ou 2 c. à soupe de sauce Carpaccio… une mayonnaise maison parfumée à la sauce Worcestershire et au jus de citron.

SAUCE CARPACCIO

1   jaune d'œuf
1   c. à soupe de moutarde de Dijon
sel et poivre au moulin
125 ml (1/2 t.) d'huile végétale
125 ml (1/2 t.) d'huile d'olive
1/2 citron ou 1 c. à soupe de vinaigre
2 ou 3 c. à thé de sauce Worcestershire
1   citron jaune ou vert

Montez d'abord la mayonnaise. Dans un petit bol, mélangez bien à la fourchette le jaune d'œuf à la température ambiante, la moutarde de Dijon, le sel et le poivre. Le sel et la moutarde assure l'émulsion.

Tout en continuant de brasser à la fourchette ou au fouet, ajoutez petit à petit les huiles. En 2 ou 3 min, l'émulsion est faite. Vous n'avez plus qu'à ajouter le jus de citron ou le vinaigre pour «terminer» la mayonnaise…

Pour transformer la mayonnaise en sauce Carpaccio, il vous suffira d'ajouter de la sauce Worcestershire et le jus d'un citron jaune ou vert.

Pour faire de délicieux hamburgers à la viande de porc, procédez comme pour le bœuf en remplaçant tout simplement la sauce Worcestershire par 1 c. à soupe de paprika hongrois. Salez, poivrez, ajoutez 1 pincée de fines herbes et le tour est joué. La sauce Carpaccio convient parfaitement. Sinon, mettez-y du ketchup maison!

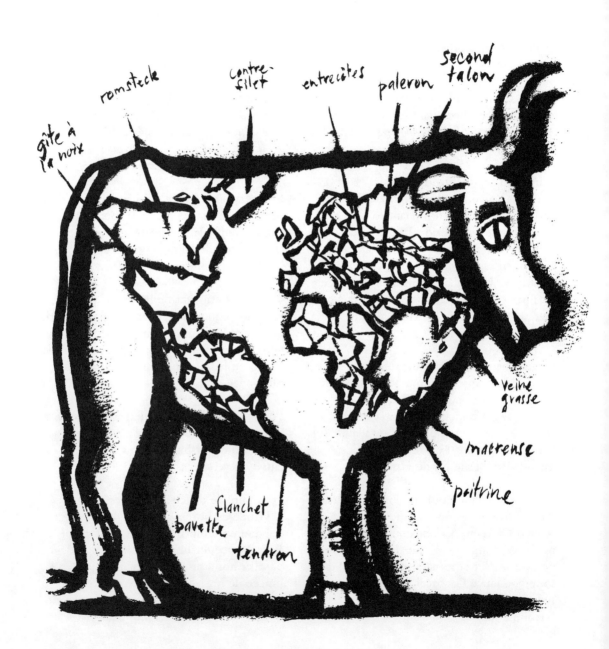

Shocking

Être gourmand et fine fourchette, ça tombe bien quand on est roi... À moins bien sûr qu'on ne soit roi d'Angleterre. À preuve, la tragique histoire d'Édouard Ier qui, pour améliorer son ordinaire et par conséquent celui de ses loyaux sujets, fit un jour condamner à mort tous les chefs de cuisine des auberges sises entre Londres et York... Un geste désespéré mais inutile. Les coupables moururent en vain. On mange toujours aussi mal en Angleterre. Faut-il donc faire preuve d'un grand esprit d'abnégation pour trouver quelque inspiration culinaire en Albion? Eh bien non, justement! Le roastbeef à l'anglaise est un tel triomphe qu'il aurait dû inspirer à Édouard Ier plus d'indulgence et de magnanimité. Que dire du consommé en gelée parfumée au porto, sinon qu'il prépare le palais royal à rendre grâce? Seul accroc peut-être, le Yorkshire pudding un peu balourd, mais charmant. Sur un nuage de lemon posset, à l'heure du dessert vous serez comme on dit, aux anges...

CONSOMMÉ EN GELÉE AU VIN DE PORTO

2   boîtes de consommé de bœuf et un même volume d'eau
2   enveloppes de gélatine en poudre
vin de Porto

Dans un bol, versez d'abord une boîte d'eau. Saupoudrez dessus la gélatine et laissez-la gonfler pendant 4 ou 5 min. Pendant ce temps, amenez à ébullition l'autre boîte d'eau à laquelle vous ajouterez le vin de Porto. L'alcool s'évaporera dès que l'eau commencera à frémir. On verse alors l'eau bouillante sur la gélatine gonflée pour la dissoudre. Assurez-vous à la spatule que toutes les granules ont fondu avant d'ajouter le consommé. On brasse bien, on verse dans un moule (à génoise…) et on fait prendre au frigo, le temps qu'il faut (1 ou 2 h) pour que la gelée tienne.

Au moment de servir, on s'arme d'un couteau et on tranche la gelée en petits cubes qu'on soulèvera ensuite à la spatule pour en garnir ses coupes, à moins qu'on ne préfère hacher grossièrement la gelée à la fourchette. On garnit de persil plat et on sert aussitôt.

J'aime bien garnir chaque coupe de consommé en gelée d'un œuf mollet froid au jaune bien coulant. C'est ma version de l'œuf en gelée.

Pour de parfaits œufs, on prendra d'abord soin de percer la coquille à l'aide d'un «perce-œuf» ou, tout simplement, d'une aiguille. On perce la coquille à la base de l'œuf afin de permettre à l'air de la chambre de s'échapper à la cuisson. L'œuf aura ainsi une forme parfaitement ovale.

On plonge l'œuf tout doucement dans l'eau bouillante légèrement salée et on laisse frémir pendant 6 min exactement pour les œufs gros et les extra-gros. On les refroidit ensuite et on les pèle prestement sous l'eau froide du robinet. On les réserve dans l'eau froide au frigo jusqu'au moment de servir. On les sert entier sur leur nid de gelée ou on les tranche en deux sur le long. C'est du plus bel effet!

ROASTBEEF À L'ANGLAISE

1 côte de bœuf (standing rib roast) de 3,5 ou 4 kg (7 ou 8 lb)
moutarde de Dijon
1 ou 2 c. à soupe d'herbes de Provence
250 à 500 (1 ou 2 t.) de vin rouge
1 boîte de consommé de bœuf
sel et poivre

Pour 8 à 10 convives, demandez à votre boucher une pièce de viande d'au moins trois côtes. Quatre côtes, c'est l'idéal: voilà qui assurera une cuisson uniforme et parfaite. Pour faciliter la découpe au moment de servir, demandez à votre boucher de séparer au couteau les côtes. Qu'il les remette ensuite bien en place avant de ficeler. Il faut à tout prix empêcher l'air chaud du four de circuler entre les os et la viande… Les carnivores impénitents vous souligneront qu'on remet les os en place pour ces sucs exquis qu'ils conféreront à la viande… Au moment de servir, il vous suffira de couper les ficelles et de trancher le bœuf comme un rôti désossé. Les plus gourmands et, partant, les plus éclairés de vos convives réclameront pour sûr une côte à gruger.

Trois heures au moins avant de mettre le bœuf à rôtir, réservez-le au comptoir. C'est essentiel pour assurer une cuisson uniforme et pour vous assurer que la chaleur ardente du four ne vienne surprendre et racornir une viande trop froide. Quelques minutes avant de rôtir la viande, badigeonnez-la généreusement de moutarde de Dijon. Saupoudrez d'herbes de Provence. Évitez à tout prix de saler les viandes avant de les cuire… Voilà qui les assèche et les racornit!

Placez la pièce sur la rôtissoire ou déposez-la tout simplement dans une lèchefrite sur une grille. Ce qui importe, c'est que l'air puisse circuler tout autour de la viande…

Impossible de vous donner un temps précis de cuisson. Vous connaissez mieux que moi votre four. Mon expert boucher m'assure qu'on réussira une cuisson parfaite en mettant son bœuf à rôtir au four préchauffé à 350 °F pendant 15 min par livre. À cause de la moutarde de Dijon, pas nécessaire d'arroser en cours de cuisson. Si vous préférez, comme moi, saisir d'abord la viande à chaleur véhémente, mettez le bœuf à rôtir à four très chaud, 450 °F pendant les 15 premières minutes de cuisson, 325 °F pour le temps qui reste. En tout: 25 min au four par livre. Mais rien ne vaut la précision du thermomètre. Oubliez les déboires du docteur Ogino! Grâce au thermomètre, vous n'aurez pas de mauvaise surprise en cuisine!

Pour un rôti saignant comme il se doit, le thermomètre bien planté au cœur de la viande doit indiquer 140 °F. Pour un rôti à la chair rosée, laissez grimper le thermomètre jusqu'à 155 °F.

À 170 °F, votre roastbeef est «à point», façon polie de dire que vous n'avez plus qu'à le passer à la moulinette pour en faire un pâté chinois ravissant!

Ça y est, votre rôti est prêt. De grâce, réservez-le au chaud pendant une vingtaine de minutes avant de le trancher. Voilà qui permettra à la chaleur et au jus de se répartir uniformément. Pour éviter que le roastbeef ne refroidisse, recouvrez-le d'une feuille de papier d'aluminium et réservez-le sur la cuisinière pendant que vous procédez à la préparation de la sauce.

Dégraissez la lèchefrite. À feu moyen, versez le vin rouge et le consommé de bœuf, et avec une spatule, prenez bien soin de dissoudre les sucs de la viande. Laissez réduire de moitié et passez la sauce au tamis fin. Salez et poivrez au goût.

Versez la sauce dans une saucière pour arroser la viande et le Yorkshire pudding…

Vous pourrez bien sûr épaissir la sauce en fin de réduction en incorporant un peu de fécule de maïs dissoute dans un peu d'eau. Je préfère, quant à moi, une sauce bien claire, mais c'est bien sûr une question de goût…

LE YORKSHIRE PUDDING

160 g (1 t.) de farine tout usage
3 ou 4 œufs
250 ml (1 t.) de lait
sel et poivre
1 c. à thé de poudre à pâte
beurre

Pour accompagner le roastbeef à l'anglaise, le Yorkshire pudding s'impose. La tradition après tout a ses droits. Le Yorkshire pudding, c'est vrai, ne saurait rivaliser de finesse avec le gratin dauphinois qui accompagne si bien le rôti de bœuf, mais cette étrange préparation, je vous l'avoue, a ses charmes discrets.

Il s'agit d'une sorte de galette faite tout simplement d'œufs, de lait et de farine, et qu'on faisait traditionnellement cuire sous le roastbeef pendant le rôtissage à la broche pour qu'il s'imbibe de la graisse fondante et des sucs de la viande. Je vous propose une version moderne et pour ainsi dire aseptisée faite pour déplaire un peu moins aux « cholestérophobes ».

Dans un bol, mélangez d'abord la farine et les œufs. Versez ensuite, petit à petit, le lait en brassant bien pour obtenir une pâte lisse. Salez, poivrez et réservez.

Au moment de cuire, ajoutez la poudre à pâte. Mélangez et versez dans un plat à tarte généreusement beurré. Mettez à cuire à four préchauffé à 325 °F pendant une trentaine de minutes. On sert découpé en pointes avec la sauce…

LEMON POSSET

3   blancs d'œufs
sucre
crème
1 ou 2 citrons
250 ml (1 t.) de vin blanc sec
1   c. à soupe de liqueur à l'orange
        (Grand Marnier, Curaçao ou
        Cointreau)
zestes d'oranges et de citrons confits

Un dessert charmant. Une mousse toute légère faite de blancs d'œufs montés en neige et de crème fouettée qu'on parfume au vin blanc et au jus de citron, et qu'on garnit de zestes confits d'agrumes en juliennes.

Pour 6 à 8 convives, vous monterez d'abord en neige les blancs d'œufs. Pour que les blancs montent sans problème, laissez d'abord vos œufs au comptoir se réchauffer à la température ambiante pendant 30 min au moins. Vos blancs monteront mieux si vous les fouettez dans un bol métallique (la protéine de l'œuf s'agrippe moins bien aux surfaces de matière plastique ; la mousse par conséquent monte moins…), que vous aurez bien pris soin d'abord de nettoyer à fond pour éliminer toute trace de matière grasse. Lorsque les blancs forment des pics encore luisants, ajoutez votre sucre une cuiller à la fois, tout en continuant de fouetter.

Réservez la meringue froide et battez maintenant votre crème, assez pour qu'elle tienne bien sans pour autant tourner en beurre. À la spatule, dans un grand bol, en un mouvement circulaire de haut en bas, incorporez d'abord la crème fouettée et la meringue. Ajoutez ensuite le jus de citron, le vin blanc sec et la liqueur à l'orange, mélangez bien, encore à la spatule. Ne vous inquiétez pas : le jus de citron ne fera pas «tourner» la crème. Garnissez enfin de zestes d'oranges et de citrons confits.

Pour confire les zestes, rien de plus simple. Prélevez-les d'abord à l'économe et tranchez-les en fines juliennes que vous ferez tout simplement mijoter dans un sirop à peine frémissant constitué à parts égales de sucre et d'eau. Égouttez bien avant d'en garnir vos coupes de mousse à l'anglaise…

Que la moutarde vous monte au nez !

Un «fidèle téléspectateur» me demanda un jour des recettes de moutarde maison. Des moutardes maison?

J'avoue que j'en restais pour une fois bouche bée. Pourquoi, me dis-je, se donner telle peine alors qu'on nous propose d'excellentes moutardes à vil prix? Je n'eus qu'à relire la lettre du «fidèle téléspectateur» pour trouver la réponse: il me demandait des recettes de moutardes maison pour le simple plaisir de les faire lui-même. J'avoue qu'il touchait-là une corde sensible. Je nourris ma mère vinaigre de mes restes de vin; je fais ma ricotta et mon mascarpone maison; je monte ma mayonnaise, je râpe ma noix de coco et je fais mon beurre d'arachide au robot; je fais mes chips et je prépare moi-même mon bouillon de poulet.

L'idée de faire ma propre moutarde, je l'avoue, m'intriguait. Mais comment? Là-dessus, même le *Larousse gastronomique* reste muet. Jusqu'à ce que je découvre un petit livre tout à fait charmant au titre tout simple *Mustard* de Janet Hazen. Un livre qui propose une vingtaine de recettes de moutarde et une dizaine de sauces et marinades «moutardées» pleines de surprises. Un livre parfaitement inspirant puisque l'auteur insiste: l'art de faire à la maison ses moutardes est un art d'improvisation.

Comme disait si bien Nietzsche : si Dieu est mort, tout est permis.

Pour accompagner votre rôti de porc ou votre jambon rôti, que diriez-vous d'une moutarde à l'érable et au vinaigre de pomme ? Une moutarde à la noisette aromatisée au vinaigre balsamique, ça vous dit quelque chose ? Un délice, suggère-t-elle, avec le canard rôti. Et cette délicate moutarde à l'estragon et à l'ail serait exquise en sauce crème pour napper votre poulet poché. Que dire de cette moutarde à l'anglaise ambrée de stout et parfumée de coriandre et de curcuma ? Elle ferait merveille dans votre ragoût. La moutarde à la cassonade et au carvi accompagne fort bien le fromage bien vieilli. Mélasse, miel, sirop d'érable, tomate, poivron, piment, anis, cumin, cannelle, girofle et poivre… orange, limette, gingembre, fraises, framboises ou cassis, voilà suggérées autant de notes à partir desquelles vous n'avez plus qu'à improviser vos variations moutardes.

Pour toutes ses recettes, Janet Hazen propose qu'on se serve de moutarde en poudre ou de moutarde jaune, brune ou noire en graines qu'on pulvérisera soi-même pour faire la base qu'on aromatisera ensuite à sa guise. Voilà qui, à la lecture, semble fort simple. Mais il y a un « hic ». Impossible de prévoir la véhémence du produit. Plusieurs tentatives désastreuses m'ont démontré qu'il est beaucoup plus simple de se servir de moutarde dijonnaise déjà préparée en guise de base. On choisira donc une moutarde de Dijon, déjà préparée sans aromates, à laquelle on ajoutera les légumes, les fruits, les herbes, les épices et les aromates de son choix. Pour la texture et pour le goût on ajoutera de la moutarde en graines qu'on se contentera de broyer au mélangeur, au robot ou mieux encore au moulin à café. La moutarde déjà préparée qui servira de base vous permettra d'improviser en toute connaissance de cause, sans problème. Vous pourrez goûter à mesure et ajuster le goût, les proportions…

Voici donc six moutardes « maison » de mon cru : une moutarde à l'érable que je vous suggérerais de servir sur pain grillé de blé entier avec du jambon forêt noire et des tranches de pommes ; une autre aux noisettes grillées et vinaigre de xérès servie sur du pain aux noix avec des tranches de suprême de poulet poché et des abricots ; une troisième moutarde, celle-ci aux agrumes et aux fraises pour accompagner les crustacés ; et une autre enfin, à l'anglaise, aromatisée aux baies de genièvre et aux quatre-épices servie sur du pain noir garnie de cheddar ou de Stilton bien vieilli, accompagnée de poires en tranches fines.

MOUTARDE À L'ÉRABLE ET AU VINAIGRE DE CIDRE

250 ml (1 t.) de moutarde de Dijon
125 g (1/2 t.) de graines de moutarde
60 ml (1/4 de t.) de sirop d'érable
60 ml (1/4 de t.) de vinaigre de cidre

À la moutarde de Dijon, ajoutez les graines de moutarde grossièrement broyées, le sirop d'érable et le vinaigre de cidre.

MOUTARDE AUX NOISETTES ET AU VINAIGRE DE XÉRÈS

250 ml (1 t.) de moutarde de Dijon
125 g (1/2 t.) de noisettes
85 ml (1/3 de t.) d'huile de noisette
60 ml (1/4 de t.) de vinaigre de xérès

À la moutarde de Dijon, ajoutez les noisettes mondées grossièrement hachées, l'huile de noisette et le vinaigre de xérès.

Pour monder les noisettes, mettez-les à four chaud (300 °F) pendant une dizaine de minutes sur une tôle à biscuit. Frottez-les entre la paume des mains pour enlever la peau avant de les hacher grossièrement au mélangeur ou au robot.

MOUTARDE GRAND VENEUR

250 ml (1 t.) de moutarde de Dijon
125 g (1/2 t.) de graines de moutarde
125 ml (1/2 t.) de bière d'avoine (stout)
2 ou 3 gousses d'ail
10 baies de genièvre
4 «tout-épices»
1 c. à thé de graines de céleri

Ajoutez à la moutarde de Dijon, les graines de moutarde grossièrement broyés, la bière d'avoine (stout), l'ail pelé, dégermé et pressé et le mélange des épices suivantes broyées au mélangeur ou au moulin à café : baies de genièvre, «tout-épices» et graines de céleri.

MOUTARDE AUX AGRUMES ET AUX FRAISES

250 ml (1 t.) de moutarde de Dijon
2 c. à soupe de jus d'orange
1 zeste de citron
5 ou 6 belles fraises

Ajoutez à la moutarde de Dijon, le jus d'orange concentré, le zeste de citron râpé et les fraises écrasées.

MOUTARDE À LA PROVENÇALE

250 ml (1 t.) de moutarde de Dijon
125 g (1/2 t.) de graines de moutarde
1   poivron rouge grillé
1   tomate italienne
2   gousses d'ail
2   c. à soupe d'herbes de Provence
1   c. à soupe d'huile d'olive

Ajoutez à la moutarde de Dijon, les graines
de moutarde grossièrement broyées, le
poivron rouge rôti finement haché, la
tomate épépinée et grossièrement hachée,
l'ail pelé, dégermé et pressé, l'huile d'olive
et les herbes de Provence.

MOUTARDE À LA MEXICAINE

250 ml (1 t.) de moutarde de Dijon
2   piments jalapeños
1   c. à soupe de cumin
2   gousses d'ail
1   c. à soupe d'huile d'olive

Ajoutez à la moutarde de Dijon, les
jalapeños finement hachés, le cumin et l'ail
pelé, dégermé et pressé, et l'huile.

MOUTARDE AU MIEL

250 ml (1 t.) de moutarde de Dijon
125 g (1/2 t.) de graines de moutarde
60   ml (1/4 de t.) de miel
60   ml (1/4 de t.) de vinaigre de vin
     blanc

Ajoutez à la moutarde de Dijon, les graines
de moutarde grossièrement broyées, le miel
et le vinaigre.

Le sirop d'érable gastronomique

Il y a mieux à faire avec l'érable que des meubles victoriens et des symboles «unifoliés»... Vous en voulez la preuve ?

LES «BINES À L'ÉRABLE» OU «HARICOTS BLANCS À LA SÈVE DE NOS FORÊTS»...

500 g (1 lb) de haricots blancs secs
1 oignon espagnol grossièrement haché
250 ml (1 t.) de sirop d'érable
500 g (1 lb) de jambon maigre en dés
125 ml (1/2 t.) de ketchup ou de sauce chili pour colorer...
(facultatif)

Pas nécessaire de faire d'abord tremper pendant une douzaine d'heures à l'eau froide comme le faisaient nos grands-mères. Je vous recommande plutôt de procéder de la façon suivante. Recouvrez vos haricots secs d'une généreuse quantité d'eau froide. Surtout ne salez pas ; le sel avant la toute fin de la cuisson provoque le durcissement de la membrane des haricots. Amenez à ébullition et laissez mijoter pendant 4 ou 5 min. Égouttez les haricots, rincez-les à l'eau froide, recouvrez-les à nouveau dans la casserole d'une généreuse quantité d'eau froide. Encore une fois ne salez pas. Amenez à ébullition et laissez frémir pendant 30 ou 40 min. Vos haricots sont presque cuits, mais encore fermes à la dent. Égouttez-les, mais conservez l'eau de cuisson. Il vous en faudra un peu tantôt.

216

Dans un grand bol, ajoutez aux haricots le reste des ingrédients, avant de les mettre à cuire dans votre cocotte favorite. Ajoutez un peu d'eau de cuisson : assez pour à peine recouvrir les haricots. Hop ! au four à 350 °F. À couvert si vous aimez vos haricots dans une sauce liquide. À découvert si vous préférez qu'ils sèchent un peu sur le dessus. Temps de cuisson : 1 h ou un peu plus si vous les aimez « mieux cuits ».

Note bien prosaïque : Parce que nous ne consommons plus de haricots que rarement, nous manquons des enzymes nécessaires à leur facile digestion. Résultat : des flatulences peu appréciées. Voilà problème facile à corriger. Peut-être avez-vous eu vent de ce produit miracle, le « Beano »... Des enzymes liquides qu'on trouve en pharmacie ou dans les boutiques d'aliments naturels. On en ajoute quelques gouttes aux haricots après les avoir cuits... au moment de servir. La cuisson autrement les détruirait.

SALADE VERTE D'ÉPINARDS AUX LARDONS EN VINAIGRETTE « MOUTARDÉE » À L'ÉRABLE

Du sirop d'érable dans la vinaigrette ? Rassurez-vous. Le « sucré » de l'érable se marie admirablement aux lardons... Il est plus que compensé par l'amertume des épinards en même temps qu'il assagit la véhémence des moutardes...

Épinards frais

La vinaigrette :
125 ml (1/2 t.) de sirop d'érable

60   ml (1/4 t.) de vinaigre de cidre
1 ou 2 c. à soupe de moutarde de Dijon
1 ou 2 c. à soupe de moutarde de Meaux
125 ml (1/2 t.) d'huile d'arachide

Les lardons :
4   tranches épaisses de bacon maigre (1cm) en dés
1   généreuse noix de beurre doux
1 ou 2 pommes vertes en peau, en petits dés (facultatif)
Quelques champignons de Paris bien blancs en fines tranches (facultatif)

Retirez les tiges des épinards frais. À défaut d'épinards, le cresson bien croquant ou l'endive conviennent parfaitement. Comme la scarolle d'ailleurs. Quelques feuilles de Trévise rouge en lanières (l'*aragula* italienne) font des merveilles là-dedans. Montez au fouet la vinaigrette. Préparez les lardons. Faites-les revenir à feu moyen dans un poêlon antiadhésif avec le beurre. Paradoxalement, le beurre a pour fonction de faciliter l'élimination de la graisse à la cuisson. Cuits dans le beurre doux, vos lardons seront bien dorés et croquants. Déposez ensuite les lardons sur un papier absorbant et ajoutez-les encore bien chaud à la salade et sa vinaigrette. J'aime bien parfois ajouter quelques lamelles de champignons citronnés ou bien des pommes en dés.

LA TARTE À LA PACANE ET AU SIROP D'ÉRABLE

4 œufs
155 g (2/3 t.) de sucre
une pincée de sel
85 g (1/3 t.) de beurre fondu
250 ml (1 t.) de sirop d'érable
125 g (1 t.) de cerneaux de pacane

Au fouet ou à la mixette, mélangez les œufs, le beurre, le sucre et le sirop d'érable. Ne vous esquintez pas. Il s'agit tout simplement d'en faire une crème, pas une mousse ! Ajoutez les pacanes et garnissez une croûte de pâte brisée ou sucrée bien froide. Préchauffez le four à 375 °F, enfournez. Après 15 min, baissez le thermostat à 350 °F et laissez cuire 25 min de plus. C'est prêt.

Je vous préviens, on dirait un désastre. L'appareil a gonflé sans bon sens. La chose menace de s'effondrer. Pas de panique. Laissez tout simplement refroidir sur une grille pour permettre à l'air de circuler dessous. La chose se dégonflera tout doucement. Servez-la tiède. Avec une glace à la vanille, c'est encore meilleur…

PLUS QUE PARFAIT À L'ÉRABLE

Je tiens cette recette de Claude Beaulieu, l'un des cofondateurs de Vie des Arts. *Un homme de goût, en tout ! Une recette sublime ! « Ça fait grossir ! » me dites-vous. Vous avez raison, mais je comprends mal ceux qui mangent pour maigrir !*

Pour 12 personnes :
12 jaunes d'œufs
1 boîte de sirop
500 ml (2 t.) de crème à fouetter

Dans une casserole à fond épais, battez au fouet le sirop d'érable et les jaunes d'œufs. Il ne s'agit pas de faire une mousse, mais pour le moment de bien intégrer les deux éléments. Sur le feu, à chaleur moyenne, continuez de fouetter jusqu'à ce que le mélange fasse un sabayon onctueux.

Dès le premier bouillon d'ébullition, soustrayez à la flamme et laissez patiemment refroidir au comptoir à moins que vous ne choisissiez de servir le sabayon tout de suite sur des fraises… Pendant que le sabayon refroidit, fouettez la crème. Qu'elle soit bien ferme. Mélangez-la au fouet avec le sabayon refroidi. Servez comme ça, sur des fruits ou mieux encore, versez le mélange dans des coupes à parfait que vous ferez prendre au congélateur. En quelques heures, le parfait sera plus que parfait. Ne servez pas directement au sortir du congélateur. Laissez-le plutôt ramollir une quinzaine de minutes au frigo. Il n'en sera que meilleur…

Sors de ta coquille !

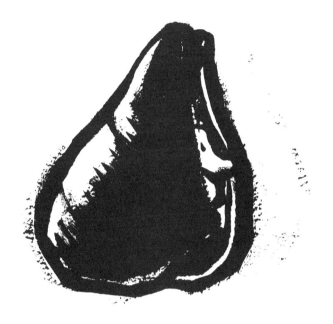

Quoi de plus réconfortant, quand le frimas s'impose, qu'un bol de chowder bien fumant à la mode de la Nouvelle-Angleterre ? Une pure merveille. Et si facile à préparer. En 20 min à peine, vos convives ravis seront tout prêts à accueillir l'hiver.

CHOWDER À LA MODE DE LA NOUVELLE-ANGLETERRE

La recette de base :
1 ou 2 carottes
1 ou 2 branches de céleri
1 ou 2 blancs de poireaux
1 ou 2 oignons jaunes
5 ou 6 pommes de terre « de table »
1   noix de beurre
lait
crème
1   généreuse pincée de fines herbes
1 ou 2 boîtes de palourdes
persil, ciboulette ou cœurs de céleri

Pour 4 à 6 de ces gourmands, vous préparerez d'abord les légumes : quelques carottes en fines rondelles, du céleri en petits dés, des blancs de poireaux finement émincés, des oignons jaunes finement hachés et enfin des pommes de terre en dés. Ainsi préparés, vos légumes seront cuits en presque moins de temps qu'il n'en faut pour l'écrire. Dans une casserole à fond épais vous ferez fondre à feu moyen une généreuse noix de beurre doux. Sitôt le beurre fondu, ajoutez vos légumes. Brassez bien à la cuiller de bois et laissez cuire pendant 2 ou 3 min. Cette cuisson préalable rapide dans un corps gras a pour fonction essentielle de décupler la sapidité des légumes avant de les pocher. En italien, ça s'appelle *insaporire,* donner de la saveur.

Le parfum des légumes embaume déjà la cuisine. Voici venu le temps de pocher vos légumes. Recouvrez-les de lait. Ajoutez-y de la crème pour tenir tête au KGB du cholestérol. Parfumez ensuite d'une généreuse pincée de fines herbes. Amenez à ébullition et laissez tout doucement mijoter à couvert jusqu'à ce que les légumes soient cuits mais encore légèrement croquants ; une dizaine de minutes ou un peu plus…

Voilà, vous n'avez plus qu'à ajouter les coquillages de votre choix… Si, comme moi, vous aimez les petites palourdes en conserve, versez-en une ou deux boîtes avec leur jus. Réchauffer jusqu'à ébullition et servez aussitôt, garni de persil frais haché, de ciboulette ou de feuilles de cœur de céleri. Vous préférez les huîtres en vrac ? Fort bien. Faites comme chez vous. Hachez-les grossièrement avant de les ajouter à la soupe ou laissez-les entières parce qu'elles vous semblent ainsi plus moelleuses. Vous avez bien raison. Mais de

grâce ne les cuisez pas trop, 3 ou 4 min à peine à doux frémissement.

Cette recette de base se prête à d'infinies variations. Laissez-moi vous en proposer quelques-unes.

Juste avant de servir, parfumez la soupe de quelques gouttes de pastis pour ce petit goût de réglisse qui vous plaît bien et qui se marie si bien aux coquillages.

Vous pourriez relever votre chowder à l'indienne en ajoutant aux légumes au moment de la première cuisson dans le beurre 1 c. à soupe de poudre de cari.

Autre savoureuse variation qui s'inspire de la cuisine des Shakers : incorporer en fin de parcours 250 ou 500 ml (1 ou 2 t.) de maïs en grain, en boîte sous vide, c'est le meilleur, ou surgelé, si vous en avez sous la main. Que diriez-vous de 1 ou de 2 poivrons rouges grillés en fines lanières ? Le poivron et le maïs, c'est vrai, ont toujours été faits pour s'entendre…

Influencé par la cotriade — une soupe de poissons à la mode bretonne —, au lieu du lait, faites pocher vos légumes tout simplement dans l'eau ou dans le bouillon de légumes. Vos légumes sont prêts ? À la fois tendres et légèrement croquants ? Oubliez les huîtres et les palourdes et faites pocher tout simplement dans la soupe quelques généreux morceaux de poisson blanc : morue, aiglefin ou lotte, par exemple. Au risque de vous sembler gâteux, je vous répète d'éviter de trop cuire le poisson. Il est prêt dès que la chaleur l'a traversé. J'aime bien servir cette soupe de poisson toute simple en garnissant d'abord chaque bol d'une belle tranche de pain croûté. En guise d'accompagnement, une «rouille minute» inspirée de Provence : voir recette à la page 44.

Pour une version lusitanienne ou espagnole de cette cotriade, ajoutez aux légumes une boîte de tomates italiennes avant de les pocher. En fin de parcours, remplacez le poisson frais par de généreux morceaux de morue séchée que vous aurez d'abord fait dessaler à l'eau froide pendant 24 h. Au moment de servir, verser dans chaque bol quelques gouttes d'huile d'olive bien parfumée… et garnissez de quelques câpres.

tout doucement à découvert pendant 4 ou 5 min avant de mettre les moules à la casserole. À la cuiller de bois, brasser les coquillages pour répartir également la chaleur. Recouvrir aussitôt hermétiquement la casserole pour cuire les moules à la vapeur. Sans enlever le couvercle et sans retirer du feu, agiter la casserole à l'occasion pour assurer une cuisson uniforme. En 7 ou 8 min, vos moules sont ouvertes. Enlevez-les de la casserole. Quelques-unes sont restées fermées ? Faites-les cuire encore 1 min ou 2. Si elles restent fermées, jetez-les sans insister davantage. Elles ne sont pas bonnes ! À découvert, réduisez à feu moyen la sauce de moitié. Passez la sauce au tamis fin pour éliminer le sable et servir aussitôt.

MOULES MARINIÈRES

La recette de base :
4   kg (8 lb) de moules
5 ou 6 échalotes françaises
1   noix de beurre doux ou
1   c. à soupe d'huile d'olive
1   pincée de fines herbes
1 ou 2 branches de persil
250 à 500 ml (1 ou 2 t.) de vin blanc sec

Brossez, ébarbez et rincez les moules à l'eau froide. Les réserver. À feu moyen, dans une casserole à fond épais, faites tomber des échalotes françaises finement hachées dans du beurre doux ou dans de l'huile d'olive. Ne pas laisser colorer. Ajoutez les fines herbes, le persil finement haché, le vin blanc sec et laissez mijoter

Pour varier, au moment de réduire la sauce, vous pourriez ajoutez 3 ou 4 tomates italiennes ou 2 ou 3 c. à soupe de sauce Chili et quelques gouttes de Tabasco.

Pour des moules bien crémeuses, incorporez à la sauce qui réduit 250 ml (1 t.) de crème à 35 %. Laissez réduire de moitié avant d'y mettre à réchauffer quelques secondes vos moules réservées.

Si vous aimez la sauce poulette, n'hésitez pas, c'est pas sorcier. Il suffira tout simplement de réduire la sauce de moitié. Ajoutez les moules pour bien les réchauffer. Battez à la fourchette dans un petit bol 2 ou 3 jaunes d'œufs dilués dans un même volume de sauce. Verser les jaunes dans la casserole. Brassez bien tout en réchauffant à peine : il faut à tout prix éviter l'ébullition sans quoi vos jaunes vont « grainer ».

M'inspirant de la soupe grecque au citron, la délicieuse avgolemone, j'aime bien servir mes moules dans une sauce poulette à la grecque. Il suffit pour ce faire de diluer vos jaunes d'œufs dans le jus d'un citron. Ajoutez-les à la casserole, brassez bien et réchauffez le tout sans vous inquiéter. L'acidité du citron empêchera les jaunes de coaguler.

PAELLA À LA VALENCIENNE

1   kg (2 lb) de moules marinières
1 ou 2 c. à soupe de beurre doux
1   homard de 750 g (1 1/2 lb) ou
2   de 500 g (1 lb)
12 crevettes
2 ou 3 chorizos
1   tranche épaisse de jambon fumé
1   poulet à rôtir en peau débité en 6 ou
    8 morceaux
1   oignon espagnol
1   boîte de tomates italiennes
250 à 500 ml (1 ou 2 t.) de vin blanc sec
    ou d'eau
1   généreuse pincée d'herbes de Provence
1   sachet de safran en poudre
    ou
1   pincée de pistils de safran
quelques gouttes de vin blanc
2   t. de riz à grains longs

En moins d'une heure, pour 6 à 8 personnes, vous pourrez réussir ce plat exquis aux saveurs généreuses et complexes.

Vous ferez d'abord pocher les moules au vin blanc, comme pour les moules marinières, et vous les réserverez avec leur jus de cuisson. À feu moyen vous ferez ensuite dorer au poêlon à feu moyen dans du beurre doux vos crustacés : homard et grosses crevettes en carapace. Pour le homard : l'assommer d'abord « humainement », comme on dit à la SPCA. À l'aide d'un couteau dentelé, coupez trois médaillons de la queue. Tranchez ensuite le coffre sur le long et craquez les pinces pour favoriser la cuisson. Pour les crevettes, c'est plus simple : faites-les tout simplement griller au poêlon sans les décortiquer.

Réservez les crustacés et déposez dans le poêlon le chorizo en rondelles et le jambon fumé taillé en dés ou en lanières. Ajoutez les morceaux de poulet. Une fois le poulet bien doré, mettez l'oignon espagnol grossièrement haché. Faites tomber avec les viandes et laissez-les à peine colorer avant d'incorporer les tomates italiennes et ce qu'il faut d'eau ou de vin blanc pour recouvrir les viandes à moitié. Parfumez avec des herbes de Provence et du safran en poudre ou mieux encore, avec des pistils de safran que vous aurez d'abord fait macérer pendant une dizaine de minutes dans quelques gouttes de vin blanc. Laissez doucement mijoter une quinzaine de minutes avant de verser le riz. Celui de l'oncle Benoît convient parfaitement. Mélangez à la cuiller de bois et poursuivez la cuisson à couvert 15 min de plus. Ça y est, le riz est à la fois tendre et résistant à la dent.

Voici le moment venu de garnir avec les coquillages et les crustacés. Mélangez bien et servez aussitôt. Mon Dieu ! J'ai oublié d'ajouter une tasse de pois verts avec les crustacés. Ça tombe bien : les pois en boîte sont sans intérêt ; les pois congelés, trop farineux. Mieux vaut s'en passer, en attendant l'été !

Péchés d'après-ski

J'avais 14 ou 15 ans lorsque j'ai découvert avec ravissement la fondue savoyarde. Une révélation. Pensionnaire chez les Jésuites, j'étais en classe de méthode ou de versification. Nous formions — les bons pères se tuaient à nous le répéter — «l'élite de demain». Un héritage lourd à porter!

Pour nous préparer à cette exigeante mission, le titulaire nous avait proposé cette année-là un roman édifiant : *Premier de cordée* de Frison-Roche, une histoire de virilité. Des hommes, jeunes et vieux, avides de dépassement, prennent d'assaut les pics enneigés d'une protubérance alpine. Calme et brutale, silencieuse et véhémente, sereine et irascible, douce et implacable, brûlante sous sa parure de neige, la montagne défi se proposait à nos velléités d'ascension comme une métaphore de la vie promise, de la nature à vaincre, de la femme à conquérir et de la mort inéluctable…

J'avoue que ces histoires de crampons, de pitons, de cordes, de bourrasques et de glaces m'ennuyaient. Je n'ai jamais été fasciné par l'ascension, fût-elle de nature mystique, préférant le confort de la vallée, le rassurant plancher des vaches. S'il faut monter, montons, mais j'avoue vouer à l'inventeur de l'ascenseur une reconnaissance éternelle.

Malgré tout, un passage surprenant de ce roman moral me ravissait. Nos virils héros, de retour au refuge après une montée particulièrement difficile, célébraient leur ardeur solidaire autour d'une fondue fleurant bon le gruyère. À la salle d'études, je lisais et relisais, l'âme déchue. J'étais moi-même à table, piquant voluptueusement un croûton au bout de ma fourchette imaginaire, m'enivrant des effluves fruitées du vin blanc. Je cédais par les mots au péché capital de gourmandise. C'était mon alpinisme à moi.

Quelques années plus tard, à la Crêpe Bretonne à Sainte-Adèle, j'en mangeai pour la première fois. Comment vous dire mon ravissement? J'y retournai deux fois par jour pendant une semaine. J'en oubliai de faire du ski! Aux autres la montagne! J'étais au septième ciel. Il n'est pas nécessaire de braver la froidure pour connaître les joies mystiques de l'ascension gastronomique. Avant de vous mettre à table, regardez l'hiver par la fenêtre, ça suffira. Tant mieux s'il neige, vous êtes à l'abri!

Comme la fondue savoyarde ou franc-comtoise, la raclette est un plaisir qui se partage. La fondue au cheddar et à la bière du pays de Galles vous surprendra par sa véhémence satinée. Un mets «viril» comme disaient les bons pères qui, faut-il le souligner, manquaient singulièrement de vocabulaire. En guise de contraste, je vous propose un poulet waterzoï: son exquise onctuosité vous ravira.

Au grand déplaisir de mon amie Josée Blanchette, j'avoue un faible pour les desserts-spectacles. Pour résister au morne hiver, rien ne me semble plus rassurant qu'un dessert qui flambe. Je vous propose donc, malgré les «Ouache!» de Josée, les cherries jubilee, un mets exquis, me semble-t-il, même avec des cerises en conserve. Mais si vous trouvez des cerises fraîches, importées d'Amérique du Sud, n'hésitez pas. Vous les trancherez en deux pour en-

lever le noyau, vous les réchaufferez ensuite à la poêle en ajoutant un soupçon de sucre et le jus d'un citron. Pour une onctuosité du meilleur aloi, montez ensuite la sauce en ajoutant au fouet hors flamme, une noix de beurre doux. Évitez l'ébullition afin que la sauce ne «tombe» pas. Farcissez de cerises chaudes de fines crêpes sucrées que vous garnirez ensuite de glace à la vanille. Ô volupté! Et que ça flambe!

Soupe à l'oignon gratinée

2	lb (1 kg) d'oignons espagnols en fines rondelles
3	c. à soupe d'huile végétale
2	c. à thé de sucre
3	boîtes de consommé de bœuf dilué dans 2 boîtes d'eau ou l'équivalent en bouillon de légumes
1	petit verre de porto ou de madère
1 ou 2	gousses d'ail pelées, dégermées et pressées
1	tranche de pain croûté de 3 cm d'épaisseur par assiettée
375	g (12 oz) de gruyère ou d'emmenthal grossièrement râpé

Dans une cocotte, faites revenir les oignons dans l'huile, à feu moyen. Ne les laissez pas se colorer. Lorsqu'ils sont devenus translucides, couvrez et laissez fondre à feu très doux pendant 1 h au moins. Brassez de temps à autre avec une cuiller de bois. Ôtez le couvercle et laissez s'évaporer l'eau de cuisson à feu moyen. Ajoutez le sucre, mélangez et laissez cuire la compote jusqu'à ce qu'elle prenne une belle couleur de caramel blond. Remuez à la cuiller de bois et augmentez la flamme pour que la compote caramélise. Évitez cependant qu'elle ne carbonise ! Mouillez ensuite la compote avec le consommé, l'eau et le porto. Ajoutez l'ail et amenez à ébullition. Réservez.

Pendant que la compote d'oignons cuit, faites dorer les tranches de pain au four, sur une plaque, à 250 °F pendant 40 min environ. Jetez un coup d'œil à l'occasion pour éviter qu'elles brûlent. Au moment de servir, mettez une tranche de pain doré au fond de chaque bol. Parsemez-la de la moitié du fromage. Versez dessus la moitié de la soupe bien chaude. Posez une deuxième tranche de pain doré, arrosez-la de soupe et recouvrez le tout du reste du fromage râpé. Mettez à gratiner à four très chaud (450 °F) pendant 3 min ou un peu plus. C'est prêt !

Pour un raffinement suprême, soulevez chaque calotte grillée et versez dessous 2 c. à soupe du mélange suivant : 4 ou 6 jaunes d'œufs battus à la fourchette avec 4 ou 6 c. de cognac ou de scotch. Je vous assure : c'est tout simplement délirant !

WATERZOÏ FLAMAND

2   c. à soupe d'huile végétale
3 ou 4 carottes moyennes en petits
      bâtonnets
1 ou 2 branches de cœur de céleri en
      julienne
4   blancs de poireaux moyens en fines
      tranches
1   oignon moyen en fines tranches
1   poulet en morceaux
1   c. à thé d'estragon sec
1   pincée de thym
1   feuille de laurier
2   boîtes de consommé de bœuf ou de
      bouillon de poulet
1/2 bouteille de vin blanc sec ou la
      même quantité d'eau
4   jaunes d'œufs battus à la fourchette
      avec
170 ml (2/3 de t.) de crème à 35 %

Dans une cocotte, faites revenir à feu moyen les légumes dans l'huile pendant quelques minutes. Ne les laissez pas colorer. Déposez dessus les morceaux de poulet. Ajoutez les fines herbes, le consommé et le vin ou l'eau. Menez à ébullition, couvrez et laissez frémir doucement jusqu'à ce que le poulet soit bien tendre, soit une vingtaine de minutes. Réservez le poulet et ses légumes.

Dégraissez la sauce et amenez-la à ébullition pour la verser ensuite sur les jaunes d'œufs et la crème. Évitez de surprendre le mélange en incorporant d'abord une cuillerée de sauce pour qu'il se réchauffe.

Versez ensuite doucement le bouillon de cuisson. La sauce deviendra onctueuse. Ajoutez le poulet et les légumes, et réchauffez tout en évitant l'ébullition.

Pour un waterzoï à la grecque, remplacez la crème par le jus de deux citrons verts. Avantage : le jus de citron empêche le jaune de coaguler. Servez avec du riz à grains longs cuit à grande eau salée.

FONDUE SAVOYARDE

375 ml (1 1/2 t.) de vin blanc sec
625 g (20 oz) de gruyère ou
      d'emmenthal râpé
poivre du moulin
50   ml (2 oz) de cognac, de brandy, de
      scotch ou de kirsch
1 ou 2 gousses d'ail pelées, dégermées et
      pressées
1   c. à thé de moutarde de Dijon
      (facultatif)
pain blanc croûté de la veille coupé en cubes

À feu moyen, amenez le vin blanc à ébullition dans un caquelon. Sitôt que les bulles se forment, ajoutez peu à peu le fromage râpé tout en dessinant des 8 à la cuiller de bois. Dès que le fromage fond, ajoutez-en tout en brassant. Quand tout le fromage a fondu, poivrez, versez l'alcool, l'ail et la moutarde. Servez aussitôt.

Évitez les gros bouillons : la fondue doit à peine mijoter. Coupez le pain en dés en veillant à ce que chaque cube ait sa part de croûte pour mieux piquer la fourchette. Si le pain est trop frais, laissez les cubes sécher à l'air ambiant pendant quelques heures ; ils s'imbiberont mieux de fondue.

FONDUE FRANC-COMTOISE

Procédez comme pour la recette précédente, mais ajoutez en fin de parcours 4 œufs battus en omelette et 2 noix de beurre. Laissez frémir à peine.

On sert cette fondue aux œufs sur des tranches de pain croûté grillé. Ça vous plaira si vous aimez les œufs brouillés. Ceux-là ont du panache, croyez-moi !

RACLETTE
DE DIANE LÉTOURNEAU

1	kg (2 lb) de fromage gras et parfumé : conches, orsières ou autre fromage valaisan, bagnes, vacherin, fribourg, appenzell, fontina italien, gouda hollandais ou même cheddar canadien bien vieilli

poivre

6	grosses pommes de terre Idaho tranchées en deux sur la longueur et saupoudrées de sel

petits cornichons salés
petits oignons au vinaigre

Cette recette qui nous vient du canton suisse du Valais est en fait une version rudimentaire de la fondue savoyarde. Traditionnellement, on fait griller le fromage gras en demi-meule devant les braises d'un feu de bois. À mesure qu'il fond, on le racle. On sert ce fromage fondu bien poivré sur des assiettes chaudes, accompagné de pommes de terre cuites au four en robe des champs avec des petits oignons au vinaigre et de petits cornichons bien croquants.

On vous propose dans le commerce des fours à raclette de table : un gadget inutile. À défaut de feu de bois, servez-vous tout simplement du gril supérieur de votre four de cuisine. Ce sera aussi bon ! Pour boire, un blanc d'Alsace ou du Valais.

FONDUE GALLOISE
AU CHEDDAR ET À LA BIÈRE

1	c. à soupe de beurre
500	g (1 lb) de cheddar bien vieilli
250	ml (1 t.) de bière Saint-Ambroise
2	jaunes d'œufs ou un œuf mélangé à la fourchette
1	c. à thé de moutarde de Dijon
2	pincées de paprika ou quelques gouttes de Tabasco
1	c. à thé de sauce soja ou Worcestershire
4	généreuses tranches de pain de blé entier

Cette version galloise de la fondue au fromage, ou welsh rarebit, est d'une robustesse éloquente. Elle est exquise si on la sert sur du pain grillé, accompagnée de tranches de bacon bien croustillantes et d'une salade d'endives. Prétexte pour vous dire tout l'enthousiasme que j'éprouve pour la Saint-Ambroise, une bière brassée à Montréal. Capiteuse, robuste et fruitée, sa subtile amertume et son parfum de fleurs de houblon enchanteront vos convives. Faute de Saint-Ambroise, choisissez une bière qui n'a pas peur de s'affirmer !

Faites fondre le beurre au bain-marie. Ajoutez le fromage en petits cubes ou grossièrement râpé. Brassez avec soin à la cuiller de bois pour créer une crème onctueuse. Ajoutez lentement la bière préalablement chauffée, les jaunes ou l'œuf battu à la fourchette, la moutarde, le Tabasco, la sauce soja ou Worcestershire. Continuez à brasser tout en évitant l'ébullition, sans quoi les jaunes coaguleront.

Servez sur des toasts, accompagnés de petits cornichons et d'une bonne bière bien goûteuse. Le welsh rarebit est aussi délicieux si on le sert avec des pommes de terre comme une raclette. Disons que le welsh rarebit est au Cheez Whiz ce que le saucisson de Bologne est au baloney!

VIN CHAUD

1/2   *zeste d'orange*
1/2   *zeste de citron*
1   *bouteille de vin rouge bien corsé*
2 ou 3 *c. à soupe de sucre*
4   *petits bâtons de cannelle*

Prélevez avec un économe les zestes en tranches des deux moitiés d'agrumes. Réservez.

Mouillez le sucre d'un peu de vin, faites-le caraméliser à feu moyen. Évitez les casseroles en aluminium qui s'oxydent au contact du vin. Sitôt que le caramel offre une belle couleur ambre, ajoutez le reste du vin et les zestes. Brassez à la cuiller de bois afin de dissoudre le caramel. Laissez chauffer mais évitez l'ébullition. Garnissez chaque verre d'un zeste et d'un bâton de cannelle. Dans quelques minutes, vous oublierez l'hiver…

CHERRIES JUBILEE

1   *pot de griottes ou à défaut, une boîte de cerises Bing*
1   *jus de citron*
1   *c. à thé de fécule de maïs diluée dans un peu d'eau*
100   *ml (3 oz) d'alcool brun: cognac, brandy, rhum, whisky ou scotch, à moins que vous ne préfériez le cherry-brandy, le kirsch ou le marasquin*
glace à la vanille

Dans une poêle, à feu moyen, amenez à ébullition les cerises dans leur sirop et le jus du citron. Ajoutez la fécule de maïs diluée et brassez quelques secondes à la cuiller de bois pendant que la sauce épaissit.

À table, devant vos convives ébahis, versez l'alcool sur les cerises. Ayez le geste généreux, assuré et grandiloquent qui convient au spectacle et flambez! Pendant qu'on vous applaudit, murmurez un petit: « Y a rien là », pour qu'on comprenne bien qu'il s'agit pour vous d'un geste quotidien. Versez aussitôt à la louche dans chaque assiette sur une boule de glace à la vanille.

La nappe est en flammes? Ne paniquez pas. Jouez de l'extincteur, appelez les pompiers et n'oubliez pas de prévenir votre compagnie d'assurances!

Mon beau petit chou !

Vous connaissez bien sûr le rôle fondateur joué par Anna O., patiente du docteur Josef Breuer, dans la naissance de la psychanalyse. Souffrant d'hystérie, Anna avait en effet découvert qu'elle pouvait se guérir elle-même en parlant inlassablement de son mal. Elle se soignait pour ainsi dire par le discours. Freud, qui la rencontra dans le cabinet du docteur Breuer, a toujours reconnu son rôle fondateur. De passage à Vienne, j'ai découvert, en consultant les archives de la société de psychanalyse, une autre patiente du célèbre docteur, une certaine Denise B., qui parvint, à l'occasion d'une session psychanalytique particulièrement orageuse, à détruire par le contre-discours la théorie freudienne de la libido. Voici comment, dans une lettre à son fidèle ami Wilhelm Fliess et qui a, jusqu'à ce jour, échappé à l'imprimerie, Sigmund Freud relate ce tragique échange…

Mon cher Fliess,

Se présentant chez moi comme à son habitude à 6 h 10 le samedi pour sa session de contre-discours, Denise B. m'est apparue en proie à une agitation particulière. Sans prendre le temps de me saluer, elle s'installa sur le sofa, refusant de se coucher comme à l'habitude. « Mon beau petit chou ! me dit-elle. Mon beau petit chou ! » Vous savez que je maîtrise la langue de Molière depuis mon passage à La Salpêtrière chez mon ami Charcot. Je m'empressai de traduire pour moi-même : Mein Herzchen ! Un cas évident de contre-transfert, me dis-je. En guise de réponse et la trouvant tout émue, je lui demandai si elle ne souffrait pas de Herzdruken, un serrement de cœur... « La terre tremble, dit-elle, Erdbeden (tremblement de terre), pour aussitôt ajouter : ça y est, je l'ai : Herzbeden, je souffre de tremblement de cœur. Ma vie est un roman ! Et vous vous trompez fort de croire que c'est de vous dont je parle en disant "Mon beau petit chou !" C'est tout simplement que je viens de manger un éclair. » J'enjoignis aussitôt Denise B. de procéder à des associations libres pour que le contenu latent de son contre-discours apparaisse. « Je dis éclair comme dans éclair de génie, mais cela va sans dire... Éclair au chocolat, c'est trop riche, mais l'est-on jamais trop ? Éclair, c'est de la pâte à chou. J'ai longtemps cru être née sous un chou, me résignant mal à n'être que le résultat aléatoire d'une vulgaire rencontre charnelle. Chou, je pense à des cigares au chou, un mets bien prolétaire. » Elle soupira : « Je me revois à table, c'est aujourd'hui dimanche, enfance maudite, enfance à l'eau bénite... Mais vous voyez bien que tous ces propos décousus ne nous mènent à rien. »

Pendant ce temps dans la cuisine, on entendait Martha, ma si fidèle épouse, préparant les escalopes viennoises. Quelques coups de maillet bien sentis pour aplatir et attendrir les chairs. Puis trois coups brefs, comme au théâtre. « Le rideau s'ouvre », me dit étrangement Denise B., qui se lève d'un coup pour s'en aller à la cuisine, m'enjoignant impérativement du regard de la suivre. « Madame Freud, dit-elle, souffrez que je m'impose. » Dans une casserole, elle amène de l'eau et des morceaux de beurre à ébullition, elle retire la casserole du feu fébrilement et d'un seul coup verse la farine. Quelques coups de cuiller et se forme une pâte molle, visqueuse et flasque à laquelle elle ajoute des œufs. « Ça, Herr Professor, me dit-elle triomphante, c'est de la pâte à choux, croyez-vous. Eh bien, non ! Il s'agit d'un lapsus culinaire : c'est de la pâte à

chaud. » Armée d'une poche à douille, Denise B. s'empresse alors de confectionner sur une tôle beurrée des cigares de cette pâte molle. « Vous avez dit un jour je crois, Herr Professor, qu'un cigare peut bien n'être qu'un cigare parfois. Eh bien ! cette fois-ci, vous verrez que cette pâte à chaud est le gluant symbole de la libido masculine. Vous voulez que je vous le prouve ? » Voilà qu'elle la met au four pour la retirer quelques minutes plus tard. La pâte molle avait triplé de volume. « Cette pâte molle, soumise à la chaleur du four, se gonfle et se colore. Voilà le fruit de la libido masculine. Le plein dont nous aurions envie ! » Armée d'une poche à douille toute gonflée de crème chantilly, elle m'oblige à contempler la coquille vide qu'elle s'apprête à combler. Triomphante, comme armée d'un micro, elle s'exclame : « Le chou n'est qu'apparence de plénitude, c'est là l'envers de la médaille ! Vous voilà à votre tour dégonflé, mon pauvre chou ! Bouche bée pour tout dire ! Fini mon mal de l'âme. Je n'irai pas me jeter dans les eaux troubles du Saint-Laurent où sombre un vilain pinardier. Raison et passion me font signe ! Nos jolis cœurs attendent, réclamant Choses crues. Mais je n'en garde pas moins pour le moment le mot de la fin. »

Vous comprendrez, mon cher Fliess, que je titube. Je songe même à me recycler...

Sigmund Freud, pâtissier

PÂTE À CHOUX

Recette de base pour 36 petits choux, une vingtaine de choux moyens ou 8 à 10 gros choux :

250 ml (1 t.) d'eau froide
1/2 c. à thé de sel
1   c. à soupe de sucre (pour une pâte sucrée)
60 à 90 g (2 ou 3 oz) de beurre doux en 5 ou 6 morceaux
150 g (5 oz) de farine tout usage prétamisée
4   gros œufs
1   œuf battu avec une pincée de sel et quelques gouttes d'eau pour dorer (facultatif)

D'abord, préparez le champ de bataille ! Allumez le four à 425 °F pour les petits et moyens choux, et à 450 °F pour les gros. Assurez-vous que la ou les grilles sont bien en place : à mi-hauteur pour une tôle, au premier et deuxième tiers en partant du bas si vous utilisez deux tôles. Beurrez légèrement vos tôles ; trop de beurre ferait s'étendre la pâte et vos choux monteraient moins.

Dans une casserole à fond épais, amenez à ébullition l'eau, le sel, le sucre (pour faire des choux sucrés) et le beurre en morceaux. Retirez la casserole du feu et jetez-y d'un seul coup toute la farine. Brassez aussitôt énergiquement à la cuiller de bois. En quelques secondes, la farine gonfle et forme une sorte de boule. Si des grumeaux apparaissent, c'est que vous

n'avez pas jeté la farine d'un seul coup. Peut-être parviendrez-vous à les faire disparaître en les écrasant sur la paroi. Mais s'ils résistent, mieux vaut recommencer car la pâte se doit d'être lisse.

Le temps est venu d'incorporer le premier œuf à la pâte. Évitez le robot, car il ne faut surtout pas trop «travailler» la pâte. En jetant un œuf, vous constaterez qu'il semble d'abord vouloir flotter dans la pâte. Ne vous inquiétez pas. Remuez doucement avec une cuiller de bois. Ajoutez le deuxième œuf, puis le troisième et enfin le dernier. Vite, faites vos choux ! Ils seront d'autant plus légers et aériens que vous aurez mis la pâte au four alors qu'elle est encore chaude. Si la poche à douille n'a plus pour vous de secret, tant mieux ! Sinon deux cuillers feront l'affaire. Remplissez la première de pâte. Faites-la tomber sur la tôle en vous aidant de l'autre. C'est aussi simple que ça !

Pour des petits choux (ou des bouchées), faites des boules à peine plus grosses qu'un œuf de caille. Pour des choux moyens, pensez aux noix de Grenoble. Pour de gros choux, prenez comme modèle les tangerines marocaines. Un détail qu'il vaut mieux ne pas oublier : la pâte en gonflant triplera presque de volume. Prévoyez donc entre les choux un espace suffisant pour que chacun de ces farauds puisse se gonfler de suffisance sans pour autant humilier son voisin…

On pourrait mettre les choux à cuire sans autre forme de procès. N'en faites rien.

Ils auront plus fière allure si vous les badigeonnez d'œuf battu. Occasion inespérée de corriger en même temps au pinceau ceux dont la forme semble trop baroque. Prenez soin cependant de ne pas laisser l'œuf dégouliner sur la tôle. Le chou collerait à la plaque et aurait peine à monter.

Vous pouvez les enfourner. Pour les petits choux, prévoyez 20 min de cuisson. Sitôt qu'ils sont prêts, piquez-les sur le côté de la pointe d'un petit couteau afin de permettre à la vapeur de s'échapper. Laissez-les sécher à four éteint encore bien chaud 4 ou 5 min de plus.

Pour les choux moyens, le temps de cuisson sera bien sûr un peu plus long: 15 min à 425 °F puis 10 min à 400 °F. Piquez-les comme les petits et séchez-les à four éteint pendant 5 min ou un peu plus.

Pour les gros choux, le temps de cuisson sera encore plus long et la chaleur initiale est grande: 15 min à 450 °F, puis 15 min de plus à 400 °F. Piquez les choux à deux endroits sur le côté et remettez-les au four à 375 °F pour 10 min supplémentaires.

PETITS CHOUX AU FROMAGE

100 à 150 g (3 à 5 oz) de fromage râpé
1 œuf battu avec une pincée de sel et quelques gouttes d'eau pour dorer

Précédés d'une salade composée et suivis tout simplement de quelques fruits pour le dessert, les petits choux au fromage font un repas sublime.

Il suffit d'ajouter à la pâte salée, avant de la mettre à cuire au four, du fromage râpé : cantal, emmenthal, gruyère, fontina ou cheddar bien vieilli. Façonnez ensuite vos petits choux à la cuiller, badigeonnez-les d'œuf et enfournez-les 20 min à 425 °F. Pas nécessaire ensuite de les piquer au couteau pour permettre à la vapeur de s'échapper ni de les faire sécher dans le four éteint.

Servez les petits choux au fromage, chauds ou tièdes, nature, sans les farcir.

Garnitures salées

On pourrait, comme c'est la tradition, farcir ces petits choux au fromage d'un appareil fait de jambon de Paris en petits cubes liés à une mayonnaise bien «moutardée». À moins qu'on ne préfère les farcir de petits dés de poulet liés à une mayonnaise relevée de cari. Mais que diriez-vous de les farcir de mousse de foie gras «allégée» d'un peu de crème fouettée? D'une mousse de saumon fumé préparée de la même manière ou de fromage bleu mélangé à de la crème aigre, avec quelques noix de Grenoble hachées? Ou bien encore à la mexicaine, farcis d'avocats en guacamole, accompagnés d'une salsa furibonde? Voilà autant de garnitures sublimes, mais laissez-moi vous en proposer quelques autres: la mousse de foie de volaille à la juive vous fera chanter l'Hosanna! Quant à mes mousses de légumes, elles feront la joie de la plus ardente diététicienne! Des garnitures santé, promis juré!

GARNITURE DE FOIES DE POULET À LA JUIVE

1	noix de beurre doux
1	c. à soupe d'huile d'olive
1	petit oignon
1 ou 2	échalotes
500	g (1 lb) de foies de poulet parés
2	œufs durs
60	g (2 oz) de beurre doux en petits morceaux

À feu moyen, en poêle, faites tomber dans le beurre et l'huile, l'oignon et les échalotes. Lorsqu'ils commencent à peine à caraméliser, ajoutez les foies et faites-les cuire à feu doux, en brassant à l'occasion pour que la chaleur se répartisse uniformément. Les foies doivent cuire sans pour autant griller. Quand la chaleur les a bien traversés, qu'ils sont fermes mais encore roses, laissez-les refroidir pour les mélanger ensuite aux œufs durs et en faire une purée fine au robot. Ajoutez le beurre pour une préparation plus onctueuse. Servez avec des toasts Melba ou farcissez-en vos petits choux. Quelques gouttes de jus de citron frais et un peu de persil frais font merveille là-dessus !

MOUSSE DE LÉGUMES VERTS

250	g (8 oz) d'un des légumes suivants : haricots verts, petits pois frais ou congelés (évitez les pois en boîte), brocoli, asperges, poireaux
60	ml (1/4 de t.) de crème à 35 %

sel et poivre du moulin
fines herbes (facultatif)

Vos légumes verts seront meilleurs si vous les faites cuire à grande eau salée, à découvert. Il faut évidemment qu'ils soient bien cuits plutôt qu'al dente, sans quoi votre mousse sera granuleuse. Sitôt cuits, égouttez-les et plongez-les dans l'eau très froide afin de fixer la couleur. Égouttez-les encore avant d'en faire une purée au robot ou à la moulinette grille fine. Fouettez la crème jusqu'à ce qu'elle se tienne bien. Incorporez-la à la purée à l'aide d'une spatule. Salez et poivrez au goût, et le tour est joué. Ajoutez, si le cœur vous en dit, des fines herbes fraîches : ciboulette, persil, menthe, sauge…

Contrairement aux légumes verts, meilleurs si on les cuit à grande eau à découvert, les choux-fleurs, navets, carottes, betteraves, salsifis et le fenouil en bulbe sont plus savoureux si on les prépare à la vapeur. Vive la cuisson dans une marguerite ! On les fera d'abord cuire al dente pour terminer la cuisson au beurre et à l'huile, à la poêle. Voilà qui leur permettra de développer toute leur sapidité. Après quoi, procédez comme pour les légumes verts.

Pour farcir vos petits choux, tranchez-les en deux à l'horizontale à l'aide d'un couteau dentelé. Farcissez-les si possible à la dernière minute, sans quoi la pâte risque de ramollir. On pourra aussi farcir des choux moyens et chauds de cette garniture qu'on réchauffera tout doucement au bain-marie. Garnissez d'un œuf poché ou mollet et accompagnez d'un coulis de tomates en saucière.

Garnitures sucrées

On garnit traditionnellement les petits choux de crème pâtissière, parfumée à la vanille, au chocolat ou au café. Pour une crème plus légère, on incorpore un même volume de crème fouettée sans sucre. On trempe ensuite les choux dans le fondant. Je préfère, quant à moi, les farcir tout simplement de glace à la vanille et les servir nappés de sauce chaude au chocolat. Pour les choux moyens ou gros, garnissez-les de crème fouettée bien parfumée à la vanille. Saupoudrez de sucre glace et le tour est joué ! Que diriez-vous de parfumer cette crème fouettée au Nutella ? Vous verrez, c'est exquis. À moins que vous ne préfériez un peu de crème de marrons vanillée de l'Ardèche comme on en trouve dans le commerce ? Nappez encore ici de sauce chocolat. Un délice ! Pour des choux « santé », garnissez-les tout simplement de petits fruits, frais ou congelés. Des fraises, par exemple, accompagnées d'un coulis de framboises. Ou vice versa !

SAUCE BUTTERSCOTCH CHAUDE OU FROIDE

150 g (5 oz) de beurre doux
300 g (9 oz) de cassonade foncée
4 c. à soupe de sirop de maïs
125 ml (1/2 t.) de crème à 35 %
1 oz de rhum ou de brandy

Faites fondre dans une casserole à feu doux le beurre, la cassonade et le sirop de maïs. Dès que le sucre a fondu, ajoutez la crème et amenez à ébullition. Un peu de rhum ou de brandy, et c'est prêt pour napper des choux !

SAUCE CHOCOLAT CHAUDE

500 ml (2 t.) de crème à 35 %
500 g (1 lb) de chocolat grossièrement concassé
1 oz de rhum brun ou de brandy

Dans une casserole à feu moyen, amenez la crème à ébullition. Retirez du feu, ajoutez le chocolat, brassez à la cuiller de bois jusqu'à ce que le chocolat soit fondu et ajoutez l'alcool. Servez tout de suite ou réservez au frigo. Réchauffez au bain-marie avant de servir.

La meringue selon Hegel

«La chouette de Minerve s'envole au crépuscule», disait Hegel, pour souligner que la philosophie n'est possible qu'à l'heure où le réel disparaît à la vue pour faire place au doute, à la pensée critique. À la tombée du jour, le réel se dissout. La thèse fait place à l'antithèse pour que la synthèse finalement s'impose. Je sais, je simplifie, mais l'espace me manque pour philosopher… Et pourtant, comment aborder autrement que par la dialectique ce grand renversement de l'ordre bien établi des choses que je vous propose aujourd'hui? Une tarte au citron et à la meringue. «Y a rien là de bien neuf!» me dites-vous, péremptoire. «On est loin de la réalisation de l'idée!»

Eh bien, détrompez-vous! Ma tarte résulte de la négation de la pâte. La meringue que je vous propose sert de croûte! Pour ce qui est de la garniture, elle est à mille lieux de la garniture traditionnelle de la tarte au citron à l'américaine à base de fécule, de beurre, de sucre et de jus de citron. Ma garniture est proche parente du sabayon.

TARTE AU CITRON GARNIE À LA MANIÈRE D'UN SABAYON

Je pourrais tout simplement, bêtement, «comme ça», vous donner la recette de la meringue qui formera l'assise de votre tarte au citron. Je me contenterais alors de vous énumérer les ingrédients suivants :

6   gros blancs d'œufs
1   pincée de sel ou de crème de tartre
350 g (1 1/2 t.) de sucre

Je vous suggérerais impérieusement de battre à la mixette, au malaxeur ou au fouet, les blancs d'œufs jusqu'à ce qu'ils forment des pics. Je vous enjoindrais d'ajouter alors, tout en continuant de battre, 1 pincée de sel ou de crème de tartre et 115 g (1/2 t.) de sucre. Je vous dirais de fouetter encore 1 min ou 2 avant d'ajouter à la spatule le reste de sucre, un quart de tasse à la fois, en procédant avec célérité par un mouvement circulaire de bas en haut. Je conclurais enfin en vous disant de verser votre meringue dans une grande assiette à tarte en Pyrex, beurrée et farinée, de façonner à la spatule une «croûte» et de mettre aussitôt à cuire à four déjà chaud (250 °F) pendant 1 h. Vous n'auriez plus alors qu'à laisser refroidir la meringue au comptoir sur une grille avant de la garnir au citron. Vous voilà prêt à procéder, mais la meringue mérite mieux qu'une démarche aveuglément empirique. Hegel m'inspire : place à la théorie.

vous n'êtes pas sans savoir que le froid empêche les blancs de bien monter en neige. Aussi aurez-vous la présence d'esprit de réserver les blancs au comptoir pendant 30 min au moins, avant de les fouetter.

On sait que les blancs d'œufs montent mieux si on les fouette dans un bol de cuivre. On «sait» qu'ils montent mieux, mais on ne sait toujours pas pourquoi. On sait aussi qu'à défaut de bol de cuivre, on pourra ajouter aux œufs montés en neige une pincée de sel, quelques gouttes de citron ou une pincée de crème de tartre. À défaut de cuivre, l'acier inoxydable fera fort bien l'affaire. On évitera cependant l'aluminium qui noircirait la meringue. À défaut de bol métallique, on pourra se contenter d'un bol de Pyrex. Les blancs, cependant, auront peine à monter : l'albumine ne parvient pas à se prendre aux parois. On évitera cependant le plastique ; poreux, il absorbe l'huile et les graisses. Or, vous le savez, un soupçon d'huile suffit pour empêcher les blancs de bien monter. Voilà pourquoi il est impératif de bien nettoyer votre fouet ; impératif aussi d'éviter qu'une goutte de jaune ne vienne souiller l'albumine que vous allez fouetter.

La viscosité de l'albumine

Vous aurez remarqué peut-être qu'il est plus facile de séparer les jaunes des blancs quand l'œuf sort à peine du frigo. C'est que le froid augmente la viscosité de l'albumine. Le froid augmente aussi la tension de surface de la membrane infinitésimale protégeant le jaune qui risque moins par conséquent d'éclater. Mais

Enfin prêt

Vous voilà fin prêt. Armé du fouet, de la mixette ou du malaxeur, battez d'abord les blancs d'œufs tout doucement, à vitesse réduite. En début de parcours, vous voulez éviter la formation intempestive de grosses bulles. Quand la neige commence à se former, accélérez la cadence... Voilà : les blancs sont bien montés en

neige lustrée. Des pics se forment et tiennent.
C'est le moment d'ajouter une pincée de crème
de tartre, quelques gouttes de citron ou une
pincée de sel. Le sel agit comme coagulant,
« stabilise » la mousse. L'acidité du citron ou de
la crème de tartre opère un peu de la même
façon. Voilà pourquoi il est préférable d'attendre
que les blancs soient montés en neige avant
d'ajouter le sel, le jus de citron ou la crème de
tartre.

Parlons sucre maintenant. Certains vous diront
qu'il est essentiel de bien fouetter la meringue
après l'addition de sucre : on veut que le sucre
fonde pour éviter qu'il ne tombe au fond pen-
dant la cuisson. D'autres, au contraire, Anne
Willan, par exemple, vous diront qu'il faut à
tout prix éviter de « travailler » trop longtemps
la meringue. Il faut mettre la meringue à cuire le
plus vite possible, avant que le sucre ne fonde ;
autrement, votre meringue fondra « en sirop ».
D'autres enfin vous recommanderont de rem-
placer le sucre ordinaire par du sucre à glacer. Le
sucre à glacer contient de la fécule de maïs ; voilà
qui assure une meringue bien sèche et qui se
tient. Qui croire ? J'avoue que je n'en sais rien.
Laissez-moi tout simplement vous dire que la
manière Willan me permet de réussir une
meringue fort convenable.

Passons maintenant à l'assiette farinée et beur-
rée. On se contente habituellement d'enduire
l'assiette d'une fine couche de beurre mou. On
saupoudre ensuite de farine. On renverse ensuite
et on secoue pour éliminer l'excès de farine. Je
préfère, quant à moi, badigeonner l'assiette de
beurre fondu. Quelques secondes au congélateur
suffisent pour que le beurre fige. Je farine ensuite
comme il est dit plus haut.

Pendant que la meringue cuit, procédez à la
confection de la garniture.

6   jaunes d'œufs
170 g (3/4 de t.) de sucre
le jus d'un citron et son zeste
250 ml (1 t.) de crème à 35 %

À la mixette, vitesse moyenne, montez en
crème les jaunes d'œufs et le sucre. En
quelques minutes à peine, le sucre a fondu,
les jaunes ont « blanchi » . À cette mousse
onctueuse, ajoutez le jus de citron et le
zeste prélevé au zesteur. Faites cuire au
bain-marie, comme un sabayon. L'eau
frémit à peine et vous fouettez allègrement
jusqu'à ce que la préparation nappe la
cuiller. Le sabayon est prêt quand il est
bien chaud au doigt. Au comptoir, fouettez
encore 1 min ou 2 puis laissez tout simplement refroidir avant d'ajouter à la spatule la
crème que vous aurez fouettée. Laissez
refroidir la meringue avant de la garnir.
Recouvrez la tarte de pellicule plastique et
mettre au frigo pour une douzaine
d'heures au moins : le temps qu'il faut pour
que la garniture prenne.

CRÈME ANGLAISE

Ingrédients pour 1 litre :
6   jaunes d'oeufs
1   l (4 t.) de lait
115   g de sucre
1   c. à thé de vanille
1   c. à thé de fécule de maïs
      (facultatif)

Le caramel :
115   g (1/2 t.) de sucre
125   ml (1/2 t.) de sirop de maïs

Dans un bol, fouettez les jaunes et le sucre à la mixette jusqu'à l'obtention d'une crème onctueuse couleur citron. Diluez la fécule de maïs dans un peu de lait. L'ajouter au reste et amener à ébullition. Tout en brassant les jaunes, verser dessus le lait bouillant. Remettre sur le feu et réchauffer jusqu'à ébullition. Retirer du feu et ajouter la vanille. L'addition de fécule empêchera les jaunes de « grainer ». L'addition de fécule alourdit un peu la crème. Si vous préférez omettre la fécule et que vous chauffer par trop le mélange, il « grainera ». Pas de problème. Passer la crème au robot elle redeviendra onctueuse, et garnissez de caramel que vous verserez encore chaud en dentelle.

Pour faire le caramel, faites cuire à feu moyen le sucre et le sirop de maïs. Le glucose du sirop de maïs empêchera la formation de cristaux. Ça y est, le caramel est d'une belle couleur d'ambre pâle. Arrêtez la cuisson en posant le fond de la casserole dans l'eau froide. Laissez refroidir un peu avant de verser à la fourchette, sur vos œufs.

ŒUFS À LA NEIGE

6   blancs d'œufs
1   pincée de sel
230   g (1 t.) de sucre

Ces « œufs » de meringue pochée garnis de caramel croquant, servis sur une crème anglaise parfumée de vanille sont un pur ravissement. Rien de plus facile à faire. On montera d'abord en neige assez ferme les blancs d'œufs. Sitôt que des pics se forment, on ajoute une pincée de sel. On fouette encore quelques secondes avant d'ajouter 115 g (1/2 t.) de sucre. On fouette encore une vingtaine de secondes, puis on ajoute à nouveau à la spatule 115 g (1/2 t.) de sucre. À l'aide de 2 cuillers, on façonne des « œufs » de meringue qu'on fait immédiatement pocher dans de l'eau bien chaude : 175 °F ou un peu plus. Mais attention : il faut à tout prix éviter l'ébullition, sans quoi une pellicule caoutchouteuse se formera en surface. Pocher vos œufs pendant 1 min 30 d'un côté, puis retournez-les pour les cuire encore 1 min 30 de plus. Déposez vos meringues sur une crème anglaise vanillée.

240

Saint Valentin,
revendeur de chocolat

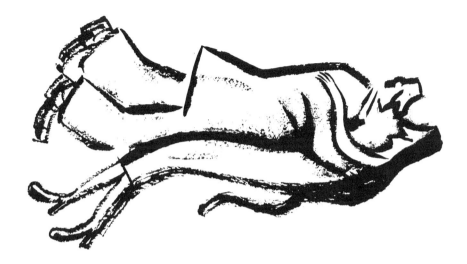

Pour Céline Dion, l'amour, c'est ce qui fait qu'on chante… Pour Louis Ferdinand, l'autre Céline, l'amour, c'est ce qui fait qu'on déchante…

«L'amour, écrivait-il, c'est l'infini mis à la portée des caniches»… Peut-être, mais encore? L'amour ne serait-il que prétexte à fragments de discours? Passons aux gens sérieux!

Pour les «scientifiques», l'amour, ou plutôt le «sentiment amoureux», ne serait que l'effet d'une surproduction hormonale. L'amoureux connaît un état temporaire de dérèglement euphorique. Esthétiquement stimulé par les phéromones de l'être aimé, il ressent une irrésistible attirance… un sentiment esthétique bien connu de ceux qui décortiquent les mécanismes de reproduction des animaux sexués.

Cette émotion esthétique provoque chez la victime du malaise amoureux, la production endogène d'un cocktail complexe d'amphétamines (phényléthylamine, dopamine et norépinéphrine) responsable de l'état d'agitation fébrile qui génère à son tour la production par le cerveau même de l'amoureux d'endorphines, proches parentes de la morphine, qui transforment l'état d'euphorie en un état de calme et de volupté qui fait que l'amoureux s'adonne à la contemplation.

Voilà qui explique fort bien l'emphase retenue de la prose des religieuses portugaises: calmement fébriles ou voluptueusement inquiètes. C'est la passion! Et la fidélité, me dites-vous? Elle s'explique par l'oxytosine, sécrétée par la glande pituitaire de l'amoureux fidèle. C'est l'hormone qui pousse les amoureux à rester ensemble, envers et contre tous, pendant le temps qu'il faut pour assurer leur descendance... Une drogue efficace, nous dit-on, pendant quelque sept ans. Et puis la passion meurt... fait place à la raison...

Ainsi, saint Valentin n'est qu'un «pusher»... Pas étonnant qu'on le célèbre en s'empiffrant de chocolat... puisque le chocolat contient une quantité impressionnante de phényléthylamine, cette amphétamine endogène dont je vous parlais tantôt...

Réjouissons-nous de l'ignorance de nos gouvernements : ils n'ont pas encore eu l'idée de surtaxer le chocolat, la plus sublime des drogues ! Profitons-en, pendant qu'il en est encore temps ! Faisons des truffes !

TRUFFES

200 g (7 oz) du meilleur chocolat...
le Valrhona par exemple...
85 ml (1/3 t.) de crème à 35%
1 ou 2 c. à soupe de rhum brun ou de
Grand Marnier

À feu moyen, amenez la crème à ébullition. Retirez la casserole du feu. Incorporez dans la crème le chocolat concassé et brassez à la cuiller de bois pour former une crème onctueuse. Ajoutez le rhum ou le Grand Marnier.

Réfrigérez pendant 1 h ou 2. À l'aide de 1 cuiller ou 2, faites ensuite de petites truffes que vous roulerez dans le cacao. Un sublime contraste de texture... Le croquant de la couverture, l'onctuosité de la truffe elle-même... l'amertume sèche du cacao ! Mais attention de ne pas «cuire» le chocolat... Si vous le chauffez trop, il se dénature...
et fait fondre les truffes ! J'aime bien aussi rouler mes truffes dans la praline... C'est exquis et si facile à faire !

PRALINES

230 g (1 t.) de sucre
160 g (1 t.) d'amandes mondées
(sans peau)

Faites caraméliser les amandes à feu moyen, en brassant à la spatule de bois. Quand le caramel a atteint une belle couleur ambrée, versez la préparation sur une tôle à biscuit bien beurrée, ou mieux encore, sur une plaque beurrée de marbre ou de granite. Laissez refroidir... Puis, cassez en morceaux : de délicieux bonbons. Attention : ne pas tout dévorer... en garder quelque peu pour habiller les truffes. Rien de plus simple : on en fait une poudre au robot.

LE GÂTEAU « BÊTE NOIRE »

D'une onctuosité scandaleuse, ce gâteau fait de beurre, de sucre et d'œufs a tout ce qu'il faut pour faire frémir d'horreur les Savonarole de la Santé. Tant mieux. C'est meilleur parce que c'est péché !

250 g (1/2 lb) de beurre doux à la température ambiante en une dizaine de morceaux
250 g (8 oz) de chocolat Baker amer
125 g (4 oz) de chocolat mi-sucré ou mieux encore mi-amer, Baker
300 g (1 1/3 t.) de sucre
5   gros œufs à la température ambiante

Chauffez le four à 350 °F. Beurrez bien un moule rond de 22 cm (9 po) de diamètre et recouvrez le fond de papier ciré que vous beurrerez ensuite.

Dans une casserole à fond épais, amenez à ébullition 230 g (1 t.) de sucre dans 125 ml (1/2 t.) d'eau. Laissez frémir le sirop à découvert pendant 4 ou 5 min… à 220 °F ou 105 °C au thermomètre.

Retirez du feu et faites fondre le chocolat dans le sirop en brassant bien à la spatule. Ne vous inquiétez pas si le chocolat « grazine », le beurre que vous allez ajouter tout de suite, morceau par morceau, en brassant à la spatule, viendra tout corriger. Voilà, ça y est ! Vous avez obtenu une crème bien lisse. Bravo !

Laissez-la refroidir au comptoir pendant que vous fouettez au malaxeur les œufs et 170 g (1/3 t.) de sucre. Fouettez d'abord pendant 5 min à vitesse moyenne, puis 10 min de plus à grande vitesse, jusqu'à obtention d'une « mousse » onctueuse et légère. Incorporez ensuite le chocolat aux œufs montés en mousse. Versez aussitôt la préparation dans le moule. Improvisez ensuite un bain-marie en déposant le moule dans une lèchefrite dans laquelle vous verserez de l'eau bouillante jusqu'à mi-hauteur du moule. Enfournez pendant 30 à 35 min. Pas plus ! Laissez ensuite refroidir le gâteau sur une grille pendant une vingtaine de minutes. Passez un couteau au bord de la paroi du moule et démoulez… Au tamis, saupoudrez dessus un peu de sucre à glacer.

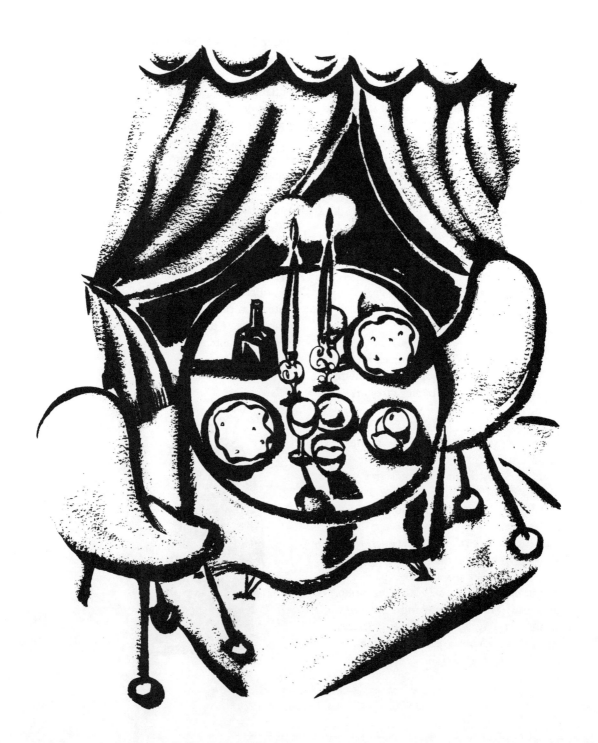

Dites-le avec des crêpes

Chère Josée,
Vous n'avez pas 30 ans et affichez pourtant une passion dévorante pour les années 50. Tout de cette époque vous ravit. Jusqu'à ce sofa bancal chrome et vinyle orange trouvé chez «l'antiquaire», me dites-vous sans vouloir me blesser. Et pourtant, je n'ai que l'âge de vos parents. Mais ces temps qui vous semblent sublimes, je les ai trop connus pour pouvoir les imaginer. De cette époque cependant, une passion me reste. Ah! les crêpes Suzette. Cet entremets sublime pour lequel vous affichez le plus profond mépris est pourtant l'emblème de cette époque dont vous rêvez.

Pour sa Suzette, l'Homme Nouveau des années 50 n'hésitait pas à mettre le tablier. Mais pour conquérir sa belle, il devait d'abord maîtriser l'art subtil des crêpes à la française: «*She won't say no to crêpes!*» lui promettait son *Esquire Cook Book,* un livre de cuisine américain à l'usage exclusif du Mâle Nouveau. Quelques semaines suffisaient pour apprendre. Mais il en fallait du courage à l'époque! L'homme rose n'était pas né! «Tu aimes les crêpes, Suzette? Eh bien, tant mieux!» Vous le suiviez chez lui; votre curiosité vous perdait!

La table était déjà mise. Sur un plateau: une orange, un citron, du sucre dans un bol, du beurre doux dans une assiette, des crêpes fines comme de la dentelle, quelques bouteilles de liqueur. «Il a pensé à tout.» L'Homme Nouveau allume une bougie. Dans la pénombre douce vous l'observez.

Contre la peau de l'orange il frotte un à un quatre morceaux de sucre, sur chacun des côtés, minutieusement. L'abrasion libère les huiles essentielles du zeste : le sucre se colore aux parfums de l'agrume. Vos narines palpitent. Le voilà qui frotte quatre autres morceaux de sucre, cette fois à la peau d'un citron. Vous vous taisez.

Sur le réchaud, dans une poêle, il fait fondre le sucre parfumé dans 150 g de beurre doux. Aussitôt fondu, il baptise la sauce : 2 oz de bénédictine, 2 oz de Cointreau. Il brasse un peu, négligemment, à la fourchette. C'est donc aussi simple que ça ? Soudain, le cuisinier s'inquiète, fronce les sourcils, jette sur la poêle un regard inquiet, marmonne des incantations comme pour empêcher le pire. Ne vous inquiétez pas. Il est impossible de rater la sauce ! Mais à vaincre sans péril, il triompherait sans gloire ! L'accalmie revient. Fourchette en l'air, tel Charles Dutoit à l'écoute de sa musique intérieure, le maestro opine : la sauce est prête.

Du bout des doigts, il n'a plus qu'à déposer une première crêpe dans la sauce. Elle s'enivre d'orange. Il la plie puis la replie en mouchoir, la garde en attente au bord du plat, prépare une à une les autres, les met en place, au centre de la poêle, verse par-dessus en un geste grandiloquent 2 oz de Courvoisier, craque une allumette et flambe. Réprimez vos « Oh ! » et vos « Ah ! » L'émotion trop grande vous laisse béate. Vous fermez les yeux. Vos lèvres s'entrouvent, frémissantes. Tournée vers lui, vous chavirez…

« Assez ! me dites-vous. Votre Homme Nouveau n'est qu'un ridicule macho des années 50 ! Un béotien en plus. Ses crêpes Suzette ? Une abomination qui ne saurait plaire qu'aux pyromanes alcooliques ! Du tape-à-l'œil pour nouveaux riches américains. Un crime, popularisé chez l'oncle Sam par le sinistre Henri Charpentier, un cuisinier français usurpateur et renégat au service des Rockefeller ! Moi aussi, ajoutez-vous, j'aime les crêpes Suzette, mais les vraies ! Pas celles que votre homme flambe au salon pour la frime. Celles dont on parfume subtilement la pâte de jus de mandarine. Celles qu'on tartine ensuite en cuisine d'un mélange subtil de beurre doux, de sucre glacé et de zestes de fruit. Celles qu'on mouille humblement de quelques gouttes de Curaçao, sans plus… D'ailleurs, consultez le *Larousse gastronomique,* lisez la version d'Escoffier, vous verrez bien que j'ai raison… »

Pourtant, je vous ai vu saliver pendant ma description de cette supposée abomination ! C'est bien connu, l'hérésie des uns est le dogme des autres. Et puis des mandarines, vous en trouvez, vous ? Elles sont si rares que même le *Larousse* tolère les Suzette à l'orange. Mais tenez-vous bien : j'ai inventé pour vous des crêpes au concentré d'orange qui vous feront vaciller. Nous les dégusterons ensemble sur votre sofa de chrome…

PÂTE À CRÊPES

La recette de base pour une douzaine de
crêpes de 18 cm (7 po) de diamètre:
215 g (1 1/3 t.) de farine
1 c. à thé de sel
335 ml (1 1/3 t.) de lait
5 gros œufs
60 g (2 oz) de beurre fondu

Dans un grand bol, mettez d'abord la farine et le sel. Versez ensuite la moitié du lait. Mélangez bien à la mixette ou mieux encore, au fouet. Ajoutez ensuite, un à un, les œufs, puis le reste du lait et le beurre fondu. Laissez reposer 1 h au moins sur le comptoir, vos crêpes n'en seront que plus légères. Mélangez bien la pâte encore avant de passer à la cuisson.

Pour faire dorer vos crêpes sans problème, n'hésitez pas! Un petit poêlon recouvert d'une pellicule antiadhésive convient parfaitement. À feu moyen, réchauffez d'abord le poêlon. Badigeonnez-le au pinceau d'un peu de beurre fondu ou mieux encore de beurre clarifié. Versez au fond à la louche juste ce qu'il faut de pâte pour recouvrir à peine le fond du poêlon. Sitôt que la pâte a figé, retournez la crêpe à la spatule et laissez dorer quelques secondes à peine.

Pour garder vos crêpes chaudes, réservez-les dans une assiette négligemment déposée sur une casserole d'eau bouillante. Si vous choisissez plutôt de les réserver au frigo, séparez-les les unes des autres avec du papier ciré: elles ne sécheront pas et vous

pourrez plus facilement les rouler. Avant de les farcir, laissez-les 1 h au comptoir. Difficile de rouler des crêpes trop froides à cause du beurre, elles sont figées.

Variations pour la pâte de base

Vos crêpes seront moins moelleuses si vous remplacez la moitié du lait par de l'eau. Pour des crêpes salées, vous pourriez aussi remplacer le lait par de la bière; elles seront aériennes, croustillantes et légèrement amères, comme peut-être vous les aimez.

Pour des crêpes croustillantes, battez en neige ferme 1 ou 2 des blancs d'œufs et intégrez-les à la pâte en fin de parcours à l'aide d'un fouet. Pour des crêpes plus riches, remplacez 1 ou 2 des 5 œufs par 2 ou 4 jaunes… Notez que plus il y a d'œufs dans la pâte, moins elle collera. Comme vous pouvez le constater, la pâte à crêpes se prête à tout. Une bonne pâte, quoi!

On peut bien sûr parfumer sa pâte en ajoutant tout simplement des épices ou des fines herbes. Une généreuse pincée de paprika hongrois bien parfumé, voilà qui égaye agréablement des crêpes que vous farcirez aux fruits de mer.

Personnellement, j'aime bien parfumer ma pâte au cari et farcir les crêpes de restes de dinde en sauce Mornay: une simple béchamel additionnée d'un peu de gruyère ou d'emmenthal râpé.

Pour les crêpes sucrées, vous pourriez ajouter à la pâte 1 c. de sucre; c'est ce qu'on recommande habituellement. Je vous le déconseille. La pâte sucrée peut coller au poêlon. Elle risque aussi plus facilement de carboniser. Pour ce qui est de parfumer la pâte avec 1 ou 2 c. à soupe de liqueur avant de la cuire, on vous le conseille souvent. N'en faites rien. La pâte additionnée de liqueur est plus difficile à cuire. Mieux vaut par conséquent arroser vos crêpes de quelques gouttes de liqueur au moment de servir. Par contre, j'aime bien parfumer ma pâte aux zestes d'orange ou de citron. On prélève alors le zeste au « zesteur ». J'aime bien aussi parfumer ma pâte à l'eau de fleur d'oranger, 1 c. à soupe tout simplement. Pour farcir, quelques tranches d'oranges pelées à vif ou une crème pâtissière à laquelle on ajoute un peu de marmelade de Séville et quelques gouttes de Cointreau ou de Grand Marnier.

On peut aussi bien sûr parfumer sa pâte au chocolat, à la vanille ou au café. Rien de plus simple. Pour parfumer à la vanille, vous le savez ajoutez tout simplement 1 c. à thé d'extrait de vanille à la pâte. Pour parfumer au café, on peut tout simplement ajouter à la pâte 1 c. à thé de café soluble en poudre. Mieux encore, remplacez 1/4 de tasse du lait par 1/4 de tasse d'expresso froid bien corsé. Pour parfumer au chocolat, je me contente le plus souvent d'ajouter tout simplement 1 c. à soupe de cacao à la farine, et le tour est joué !

FICELLES AU JAMBON ET SES VARIATIONS

Pour 6 personnes en hors-d'œuvre ou 4 en repas :

12	*crêpes aux fines herbes*
500	*g (1 lb) de jambon en tranches fines*
100	*g (3 oz) de gruyère, d'emmenthal ou de cheddar bien vieilli*
500	*ml (2 t.) de crème à 35 %*
1	*pincée de muscade ou de macis*

poivre du moulin
oubliez le sel, le jambon et le fromage s'en sont chargés

Faites d'abord de fines crêpes petites ou moyennes. Dans une casserole assez grande pour éviter les débordements, amenez la crème à ébullition. Baissez la flamme et laissez réduire quelques minutes. Elle sera plus onctueuse et ne risquera pas de «faire de l'eau» lorsque vous en napperez vos crêpes. Réservez. Garnissez les crêpes de jambon. Roulez-les en ficelles fines. Posez-les en rangs serrés dans un plat bien beurré qui va au four. Quinze minutes avant de servir, arrosez vos crêpes de crème réduite, ajoutez le fromage, les épices et hop ! au four à 350 °F.

FICELLES BLEUES AU JAMBON

Remplacez tout simplement les 100 g (3 oz) de gruyère par 50 g (1 1/2 oz) de bleu (roquefort, danois ou stilton) incorporé à la crème tiède avant de napper les ficelles. Garnissez alors le plat de noix de Grenoble ou de pacane. C'est du plus bel effet !

FICELLES PICARDES

Ajoutez une duxelle de champignons au jambon de la farce. Pour ce faire, faites suer à feu moyen dans une généreuse noix de beurre 1 ou 2 échalotes françaises hachées puis 250 g (8 oz) de champignons émincés, mouillés de quelques gouttes de jus de citron. Égouttez, incorporez à la farce et procédez comme pour les autres ficelles.

FICELLES D'ARGENTEUIL

Remplacez cette fois le jambon par des asperges fraîches cuites à l'eau bouillante mais encore bien croquantes, rincées à l'eau froide et bien asséchées avant d'en farcir vos crêpes.

FICELLES AUX FOIES DE VOLAILLE ET CHAMPIGNONS

Remplacez le jambon par 500 g (1 lb) de foies de volaille hachés grossièrement et sautés au beurre avec 250 g (8 oz) de champignons en duxelle.

PETITES BOUCHÉES DE PARME

Vous êtes déprimé ? Ces bocconcini di Parma, proposées par Giuliano Bugialli dans Le Goût de l'Italie *vous seront du plus grand secours pour passer de la détresse à l'enchantement. Ces crêpes fourrées de ricotta et de parmesan vous enchanteront tant par leur goût que par le charme de leur présentation. Facile à faire en plus ! Ma recette de crêpes convient parfaitement. Peut-être pouvez-vous simplement lui ajouter une pincée de muscade ou deux ou trois pincées de fines herbes…*

800   g (1 1/2 lb) de ricotta (ou de Quark, de fromage fermier ou de cottage à pâte lisse)
4   gros jaunes d'œufs
1   gros œuf
75   g (2 1/2 oz) de parmesan fraîchement râpé (ou de bleu sec : roquefort, stilton ou danois)
60   g (2 oz) de beurre doux à température ambiante
Sel
poivre du moulin

Dans un bol, mélangez bien tous les ingrédients. Mettez au frigo 30 min au moins. Farcissez vos crêpes, roulez-les, déposez-les sur une tôle huilée et mettez-les au frigo 30 min encore, pour que les crêpes tiennent bien quand vous les couperez en bouchées. Armez-vous d'un couteau bien tranchant. Prélevez d'abord les deux extrémités du boudin. Faites ensuite avec chaque crêpe trois bouchées de 5 ou 6 cm de long. Placez-les dans un plat beurré et mettez à dorer au four préchauffé à 375 °F.

On peut bien sûr varier les fromages. Remplacer, par exemple, 100 g (3 oz) de ricotta par 100 g (3 oz) de roquefort, de bleu danois, de stilton ou de gorgonzola. On peut aussi mettre du cheddar bien vieilli à la place du parmesan. Salez légèrement ou pas du tout selon les fromages choisis

On peut également ajouter à la farce 3 ou 4 c. de persil plat haché et 1 ou 2 c. à soupe de paprika. À vous de jouer !

MES CRÊPES AU CONCENTRÉ D'ORANGE

Vos crêpes sont prêtes. Vous avez eu la bonne idée de parfumer la pâte avec 1 c. à soupe de zestes d'orange ou de citron ou même, qui sait, avec 1 c. à soupe d'eau de fleurs d'oranger. Bravo ! Vous n'avez plus qu'à faire la sauce minute…

125 g (4 oz) de beurre doux à température ambiante
10 c. à soupe de sucre à glacer
125 ml (1/2 t.) de jus d'orange concentré à température ambiante
1 verre à liqueur de Grand Marnier, de Cointreau, de Curaçao ou de rhum brun

Mélangez le beurre et le sucre. Ajoutez le jus d'orange. Réservez. Au moment de servir, mettez 1 ou 2 c. à soupe de beurre d'orange à fondre dans une poêle à feu moyen. Déposez une crêpe par-dessus. Pendant qu'elle boit le sublime liquide, pliez-la en mouchoir… et procédez ainsi avec les autres crêpes. Le sucre à glacer contient de l'amidon ; à la cuisson, votre sauce aura une belle consistance. Si le beurre caramélise, réjouissez-vous, c'est ce qu'il faut. Disposez les crêpes dans un plat de service, mouillez-les de liqueur et de service, mouillez-les de liqueur et servez. Vous pouvez aussi les réserver pour les réchauffer à four moyen quelques minutes avant de servir. Si l'idée de flamber vos crêpes vous amuse, réchauffez-les sur un réchaud à table. Mouillez d'alcool, éteignez le plafonnier, craquez une allumette et demandez aux convives de vous applaudir s'ils n'ont pas eu la présence d'esprit de le faire…

CRÊPES MIEL-CITRON

250 ml (1 t.) de miel doux
le jus d'un citron
le zeste de l'agrume prélevé à l'économe et
     détaillé en fines juliennes
2 ou 3 noix de beurre doux

Une sauce sublime qui se prépare en moins de temps qu'il ne faut pour l'écrire. Vos crêpes sont prêtes. Vous les avez roulées en ficelle. Vous les arrosez de ce mélange que vous aurez tout simplement mené à ébullition dans une petite casserole. Résultat : des crêpes qui ont tout pour vous plaire et qui vous ressemblent : douces surtout, parfois un peu amères…

CRÊPES AUX POIRES CARAMÉLISÉES, PARFUMÉES AU PASTIS

4 ou 5 poires mûres, mais encore bien fermes
citron
3   noix de beurre doux
3   c. à soupe de sucre
Ricard

Pelez les poires, tranchez-les en quartiers et arrosez-les de quelques gouttes de jus de citron pour retarder l'oxydation. Les réserver.

Dans un poêlon, à feu moyen, faire caraméliser ensemble le beurre doux et le sucre blanc. Sitôt que le mélange a atteint sa belle couleur ambrée, ajoutez les poires. À la spatule ou à la cuiller de bois, chauffez les poires sans pour autant trop les cuire. Qu'elles fassent un peu de jus et s'imprègnent de caramel. Ajoutez quelques gouttes de Ricard et farcissez-en vos crêpes, que vous servirez repliées. Avec de la glace à la vanille, c'est divin !

Tombez dans les pommes !

Elle a la peau rugueuse, le teint jaune et rouillé par endroits, sur fond de vert-de-gris. On l'appelle Golden Russet, roussette pour les intimes. Ceux qui l'aiment, comme moi, gardent leur passion secrète, voulant savourer seuls cette pomme qui cache sous sa menteuse parure une chair juteuse et dorée, au parfum si riche qu'on croirait savourer l'idée même de la pòmme. Fidèle au rendez-vous depuis plus de cent ans, cette pauvre orpheline dont on ne connaît pas la parenté génétique propose ses charmes vraiment très discrets de la mi-octobre jusqu'à la mi-novembre. Si vous avez la chance de rencontrer cette laideronne si bien dans sa vilaine peau, ne manquez pas de la croquer, sans autre préambule. Paraphrasant Brassens, qui savait si bien mordre dans la vie à pleines dents, vous n'en aurez plus que pour elle : « Cette petite est bien vilaine. Il me la faut ! »

Mais, surtout, n'allez pas la faire cuire. Elle a horreur de ça, comme sa cousine la belle McIntosh, une autre capricieuse qui se dissout à la moindre chaleur. Cuite au four, la McIntosh éclate, se répand sur la plaque en une méchante purée. En tarte, c'est pire que tout et le cordon bleu pris au piège découvre, mais un peu tard, que le plus tarte des deux n'est pas celui qu'on pense. La McIntosh est bonne à croquer mais, profitant de sa fragilité à la flamme, vous en ferez la meilleure des purées, exquise et tellement facile à faire. Ne la pelez pas. N'enlevez surtout pas le cœur et les pépins. Contentez-vous de la faire fondre en quartiers dans un soupçon d'eau. Sitôt qu'elle est fondue, sucrez-la légèrement puis passez-la au chinois, au tamis ou à la moulinette. Elle deviendra rose de plaisir.

D'origine ontarienne, la McIntosh a fait du Québec sa terre d'élection. Rien ne lui convient mieux en effet que ces nuits très fraîches et ces journées chaudes et ensoleillées de la mi-août à la mi-septembre. Les contrastes la ravissent et elle nous dit tout le plaisir qu'elle ressent à être pomme en transformant allègrement son amidon en sucre, en se gorgeant de jus. Pour tout dire, elle fait rougir d'envie ses sœurs ontariennes ou américaines. Ce n'est que lui faire justice que d'exiger la McIntosh du Québec. Elle est la meilleure et de loin.

Pour la cuisson cependant, soyez-lui infidèle et préférez-lui plutôt sa cousine germaine, la Spartan. Résistante à la chaleur, la Spartan garde sa forme. En compote, au four, en tarte ou à la poêle, elle est plus pomme que jamais! Sa sœur, la Cortland, a les mêmes vertus, mais se targue en plus de ne pas s'oxyder au contact de l'air. Idéale donc pour faire une salade. Sans la peler, vous en ferez de fines demi-lunes. Un soupçon de sel, du poivre du moulin, une vinaigrette faite d'huile d'olive vierge et de quelques gouttes de vinaigre fin, quelques noix de Grenoble, quelques feuilles d'endive bien croquantes: le bonheur!

CAILLES AUX POMMES

8	cailles
2	c à soupe de beurre doux
2	c à soupe d'huile d'olive
4	pommes Cortland ou Spartan pelées, tranchées en demi-lunes assez épaisses
1	petit verre de calvados, de cognac, de rhum, de brandy ou de scotch pour flamber
250	ml (1 t.) de vin blanc sec
250	ml (1 t.) de consommé de bœuf ou de bouillon de poulet

sel et poivre frais moulu

Faites dorer les cailles à feu moyen dans le mélange de beurre et d'huile pendant une dizaine de minutes. L'huile empêchera le beurre de brûler. Réservez-les. Faites ensuite dorer dans la même poêle les tranches de pommes. Réservez. Déglacez la poêle au calvados ou à l'alcool que vous aurez choisi. Ajoutez le vin blanc et le bouillon ou le consommé. Amenez à ébullition. Ajoutez les cailles. Recouvrez et laissez mijoter tout doucement de 10 à 20 min, jusqu'à ce que les cailles soient bien tendres. Pour le savoir, il suffit de les piquer de la pointe d'un couteau; s'il transperce aisément la chair, c'est cuit! Réservez-les. Faites réduire la sauce de moitié. Si nécessaire, épaississez-la avec un peu de fécule de maïs (pas plus de 1 c. à thé) diluée dans un peu d'eau froide. Ajoutez une noix de beurre doux tout en brassant au fouet. On appelle cette opération «monter la sauce». Cessez l'ébullition sans quoi la sauce «tombera», c'est-à-dire que le beurre montera à la surface. Ajoutez les cailles et les pommes pour réchauffer le tout à feu très doux. Servez aussitôt dans un plat de service bien chaud.

Si vous le voulez, vous pouvez remplacer les pommes par des raisins verts que vous vous contenterez alors de réchauffer dans la sauce avec les cailles. Quelques secondes à peine pour qu'ils restent bien croquants !

PERDRIX AU CHOU

Farinez les perdrix et faites-les dorer de la même manière que les cailles, pendant une vingtaine de minutes. Recouvrez-les de la recette de chou aux pommes (voir la recette à la page 30) au moment de les mettre au four (325 °F). Laissez cuire jusqu'à ce que les bestioles soient bien tendres. Si une heure ne suffit pas, faites cuire un peu plus…

FILETS DE HARENG FUMÉ À LA RUSSE

Délicieuse à croquer pour sa chair jaune si parfumée, la «russet» est tout à fait exquise servie en salade à la russe avec ses filets de hareng fumé. Malgré sa vilaine peau, retenez-vous de la peler. Tranchez-la en tout petits cubes que vous vous empresserez de «citronner» pour éviter qu'elle ne s'oxyde. Dans une assiette de service, ajoutez sur les pommes citronnées quelques tranches fines d'oignon bien rouge et bien sucré. Mouillez d'un verre de vin blanc sec. Disposez dessus vos filets de hareng fumé et arroser enfin de quelques gouttes d'huile d'olive bien parfumée. Servir avec du pain noir et une bouteille de graves bien frais. C'est ça la vie de tsar !

SALADE WALDORF À L'INDIENNE

Pour ma version de la salade Waldorf, je préfère la Mcintosh. Choisissez-la bien ferme, encore un peu surette. Sans la peler, coupez-la en petits cubes et «citronnez». Ajoutez 1 ou 2 branches de cœur de céleri finement haché… Quelques feuilles de persil plat… Versez dessus une sauce faite à parts égales de mayonnaise maison et de yogourt. Parfumez d'une pincée de cari… Ajoutez le sel et le poivre au goût. Mélangez bien avec les pommes. Servez sur des feuilles d'endives ou de Trévise et garnissez de cerneaux de noix de pacane ou de Grenoble, d'amandes ou de noisettes. Vous en serez ravi !

BOUDIN GRILLÉ AUX POMMES

Qu'y a-t-il de plus rassurant quand arrive l'automne qu'une généreuse assiette de boudin noir grillé et sa purée de pommes de terre bien beurrée ? C'est ainsi qu'on vous l'offre en toute simplicité au restaurant Le Paris, de toute éternité. Ne soyez pas surpris de m'y trouver.

À la maison, par contre, j'aime bien remplacer la purée de pommes de terre traditionnelle par des quartiers bien dorés de «pommes en l'air» comme disent, pleins de distinction, nos cousins de France. Dans un soupçon de beurre doux et quelques gouttes d'huile d'olive pour éviter que le beurre ne brûle, je fais griller à la poêle à chaleur moyenne mes boudins bien replets vouant aux gémonies les Savonarole du cholestérol. Pendant que grille mon boudin, je fais vite dorer mes pommes dans le beurre doux dans une autre poêle. Pour la cuisson, vive la Cortland. Je la choisis bien ferme, je la pèle et je la tranche en généreux quartiers. Pas nécessaire de «citronner»: la Cortland résiste génétiquement à l'oxydation. 3 ou 4 min à la poêle, pas plus. Les pommes sont bien dorées mais encore fermes. Avec le boudin, ça me rassure: c'est un mariage heureux!

Ces quartiers de pommes dorés au beurre accompagnent aussi divinement les escalopes, les médaillons ou les côtes de veau à la crème.

CÔTES DE VEAU À LA CRÈME, «BOCAGE FLEURI»

1   noix de beurre doux
quelques gouttes d'huile d'olive
4   portions de côtes ou de médaillons
      de veau
1   douzaine de champignons par convive
quelques gouttes de calvados ou de brandy
250   ml (1 t.) de crème à 35%
1   c. à thé de fécule de maïs

Exigez du boucher des escalopes de veau bien minces, tranchées contre la fibre, sans quoi elles seront dures et racornies. Pour les côtes de veau ou les médaillons choisissez des tranches bien épaisses: elles pourront bien dorer au poêlon tout en gardant leur jus. Réservez au comptoir la viande 1 h avant de la cuire, pour éviter que, surprise trop froide par la chaleur de la poêle, la chair ne se rebiffe…

À chaleur moyenne, faites d'abord fondre dans une poêle 1 noix de beurre doux avec quelques gouttes d'huile végétale pour empêcher le beurre de brûler. Sitôt que le beurre a moussé, faites dorer la viande. Quelques secondes à peine de chaque côté pour les escalopes et de grâce, évitez une cuisson trop longue. Pour les médaillons ou les côtes, quelques minutes à peine de cuisson de chaque côté suffiront. Le veau est prêt, sitôt que la chaleur l'a traversé… Réservez la viande à four chaud (200°F) pendant que vous vous affairez à préparer la sauce.

Pour chaque convive il vous faudra au moins une douzaine de beaux champignons que vous trancherez en fines lamelles, que vous «citronnerez» pour empêcher qu'ils ne noircissent et que vous ferez sauter rapidement à la poêle dans 1 noix de beurre doux. Laissez s'évaporer l'eau de cuisson et si vous le désirez, déglacer la poêle de quelques gouttes de calvados ou de brandy. Laissez s'évaporer l'alcool avant d'ajouter ce qu'il faut de crème pour faire la sauce. Laissez réduire pendant quelques minutes à doux mijotement jusqu'à consistance désirée. Si le cœur vous en dit, épaississez la sauce d'un peu de fécule de maïs (1 c. à thé comble) diluée dans un peu d'eau... C'est prêt? Vous n'avez plus qu'à verser la sauce sur le veau et garnir le plat de quartiers de pommes bien dorés.

Le coût du veau étant hélas prohibitif, vous pourrez remplacer les côtes de veau par des côtelettes de porc ou par des suprêmes de poulet sans peau. Pour le porc, même cuisson que pour le veau. N'allez pas trop le cuire. Pour le poulet, vous le savez.

COMPOTE DE FRUITS À LA MOUTARDE

Cette idée d'aromatiser une compote de fruits variés de graines de moutarde ne vous dit rien qui vaille? J'étais comme vous, bien incrédule. Goûtez comme moi à la mostarda à la mode de Crémone et ce sera, j'en suis sûr, la conversion certaine. La mostarda accompagne divinement la venaison. Elle est exquise avec du jambon fumé... ou du prosciutto. Avec le magret de canard poêlé, on peut parler de transcendance. Baptisée de vin mousseux et servie en dessert, elle ravira vos convives.

Faites pocher dans un sirop mi-sucre mi-eau des fruits mûrs mais encore bien fermes que vous aurez bien sûr pelés et tranchés en quartiers (pommes Cortland, pêches, poires, ananas, mangues) ou même des fruits secs (abricots, figues ou pruneaux). Pocher vos fruits successivement, à peine ce qu'il faut pour qu'ils soient cuits mais encore bien fermes. Laissez-les refroidir dans le sirop. Égouttez-les et faites-les confire au four sur une tôle à biscuit pendant une quinzaine de minutes à 350 °F. Pendant ce temps, amenez le sirop de pochage à ébullition et aromatisez de moutarde en graines et en poudre. Pour un litre de sirop, quelques grains de poivre noir, 125 g (1/2 t.) de moutarde en grains et 125 g (1/2 t.) de moutarde en poudre. Mettez vos fruits confits dans le sirop bien bouillant et laissez refroidir avant de mettre en bocal. Attendez 1 semaine ou 2 avant de rendre grâce à Dieu.

LA TARTE RENVERSÉE DES DEMOISELLES TATIN

Sur un lit de pâte fine, croustillante et dorée, des pommes couleur d'ambre toutes fondantes de beurre caramélisé s'offrent à votre bon plaisir. C'est la tarte Tatin. Je vous en prie, cédez!

D'abord préparons notre pâte brisée. Je vous en propose une version minute que vous n'aurez aucune peine à réussir, je vous le jure.

Grâce au robot culinaire vous pourrez faire en quelques minutes à peine une pâte brisée d'une incroyable légèreté, tendre, croustillante et feuilletée. Il vous faudra tantôt agir avec célérité, mais prenons le temps voulu pour les explications qui s'imposent.

Faisons d'abord un peu de chimie alimentaire. La pâte brisée classique est un mélange de farine, de sel, de beurre et d'eau qu'on pétrit, qu'on abaisse et qu'on met à cuire. Rien de plus simple en apparence. Mais attention! Il ne s'agit surtout pas de pétrir ensemble les ingrédients pour en faire une pâte homogène. Elle se transformerait au four en galette pétrifiée. Pour une pâte brisée légère et feuilletée, il faut à tout prix empêcher la farine d'absorber le beurre. Ce qu'il faut obtenir, c'est un mélange de farine et d'eau qui contienne, sous forme dispersée, du beurre froid en infimes granules. Voilà pourquoi il faut à tout prix éviter de trop longtemps mettre la main à

la pâte. Sans quoi le beurre ramollira… Pourquoi le beurre doit-il rester ferme en granules? C'est tout simplement qu'à la chaleur du four, les granules de beurre fondront pour former des nappes microscopiques de corps gras. Entre ces nappes de beurre fondu, la farine cuira en minces couches superposées. On a donc tout à fait raison de dire que la pâte brisée est une version rapide de pâte feuilletée.

La main au robot

Trêve d'explications. Comme le disait si bien mon professeur de belles-lettres « Si vous n'avez pas compris une première fois, relisez » ! Voilà presque venu le temps de mettre enfin la main au robot. Mais d'abord, parlons avec plus de précision des ingrédients. Je vous propose une recette double. C'est-à-dire qu'elle vous permettra de préparer assez de pâte brisée pour faire deux croûtes ou une tarte recouverte de pâte. La moitié suffirait pour votre Tatin, mais préparez malgré tout la recette complète. Vous congèlerez tout simplement ce qui reste.

La pâte :
280 g (1 3/4 t.) de farine
1   c. à thé de sel
150 g (5 oz) de beurre doux
30   g (1 oz) de saindoux
125 ml (1/2 t.) d'eau froide ou un
*   peu plus*

Le caramel :
230 g (1 t.) de sucre
125 ml (1/2 t.)d'eau

La garniture:
10 à 15 belles pommes à cuire Cortland ou
*   Spartan*
4   belles noix de beurre doux
115 g (1/2 t.) de sucre
le zeste de deux ou trois citrons
confiture d'abricot
amandes grillées

Parlons farine. La «tout usage» convient parfaitement. Elle est bien sûr «prétamisée», comme indiqué sur le sac. Mais ce n'est pas assez. La farine prétamisée, c'est comme le jambon précuit qu'il vaut mieux cuire encore. Il vous faudra tamiser 3 fois la farine avec le sel. Vous verserez ensuite votre farine dans le récipient de votre robot et vous «pulserez» 1 s pour répartir la farine uniformément.

Parlons beurre maintenant. Pourquoi du beurre? Tous les corps gras bien sûr conviennent à la préparation de la pâte brisée. La graisse végétale hydrogénée donne pour la texture d'excellents résultats, mais la pâte ainsi faite manque de sapidité. Le seul avantage est d'ordre économique. Question santé, oubliez ça; la graisse végétale n'a rien à envier au beurre ni au saindoux. Le saindoux, c'est vrai, vous permettra de réussir une pâte aérienne pour la texture mais beaucoup trop lourde au goût. À moins que vous ne souhaitiez faire une tarte au parfum de côtelette. Voilà pourquoi je vous recommande, et j'insiste, de faire une pâte au beurre doux, à laquelle vous ajouterez pour un meilleur feuilletage un soupçon de saindoux. Il vous faudra donc, si vous

acceptez de me suivre, 5 parties de beurre doux pour 1 de saindoux. Tranchez le beurre et le saindoux en dés ou en rectangles assez minces, comme des carrés de «beurre de restaurant», et mettez-les à refroidir au congélateur pendant une vingtaine de minutes. Votre beurre et votre saindoux, je le répète, doivent être très froids! Profitez-en pour refroidir au congélateur un peu plus que 250 ml (1/2 t.) d'eau froide. Vous en aurez besoin tantôt.

Ça y est. Voici venu le temps d'agir avec célérité. Déposez sur la farine vos rectangles de beurre et de saindoux et pulsez aussitôt 3 ou 4 fois, pendant 1 ou 2 s. Le robot a haché le beurre en petits morceaux dans la farine. Chaque parcelle de beurre doit être à peu près de la dimension d'un grain de maïs. Voilà! C'est le temps d'ajouter l'eau glacée. Mettez le moteur en marche continue et verser l'eau par le goulot. Une demi-tasse devrait suffire pour permettre à la pâte de s'agglutiner pour former une sorte de boule. La boule se forme? Arrêtez le moteur! Prélevez la pâte et déposez-la sur votre plan de travail fariné. Saupoudrez-la d'un peu de farine et abaissez prestement la pâte à la paume. Reformez la boule, farinez et abaissez la pâte. Recommencez une dernière fois.

Reformez la boule et tranchez-la en deux morceaux de grosseur égale. Faites-en deux boules plates, prêtes à rouler. Enveloppez-les de papier ciré et mettez-les à refroidir au frigo pendant au moins 30 min avant de procéder. C'est le temps de préparer votre caramel et de faire dorer vos pommes.

Pour le caramel, faites fondre dans une casserole le sucre dans l'eau. À feu moyen, sans brasser, laissez le sucre fondre et caraméliser. D'abord transparent, le mélange d'eau et de sucre fera des bulles légères, puis les cristaux fondront à leur tour et le mélange blondira. Quelques secondes de plus et le tour est joué. Votre caramel a une belle couleur ambre. Versez le caramel dans votre assiette en Pyrex et répandez-le uniformément au fond et sur le bord, jusqu'à mi-hauteur. Sur une grille, mettez l'assiette caramélisée à refroidir pendant que vous préparez vos pommes.

Il vous faudra de belles pommes à cuire. Ces pommes, vous les pèlerez, vous en prélèverez le cœur et vous les trancherez en quartiers que vous ferez dorer au poêlon à feu moyen dans le mélange de sucre et de beurre. J'aime bien ajouter aux pommes les zestes de deux ou trois citrons prélevés à l'économe et coupés ensuite au couteau en fines juliennes. En 15 ou 20 min vos pommes seront prêtes. Tendres sous la dent, bien dorées mais encore fermes. Laissez-les refroidir avant d'en garnir en cercles concentriques votre assiette.

Vous n'avez plus qu'à abaisser la pâte en un disque assez grand pour bien recouvrir les fruits. Badigeonnez au pinceau avec l'œuf battu à la fourchette et piquez la pâte à la fourchette en une dizaine d'endroits pour permettre à la vapeur de s'échapper. Mettez à cuire sur une plaque dans un four préchauffé à 450 °F. Sitôt que la tarte est au four, ajustez le thermostat à 400 °F et laissez cuire pendant 45 min. Ça y est. La pâte est cuite et bien dorée. Sur une grille, laissez la tarte refroidir. À l'aide d'un petit couteau, détachez la pâte et les pommes qui se seraient collées au bord. Cinq minutes plus tard, renversez la tarte sur son plat de service. Si vous démoulez trop tôt, elle risque de se défaire. Si vous attendez trop, les pommes et le caramel colleront au fond.

Pour atteindre le sommet de l'art, glacez la tarte avec de la purée d'abricots. Faites fondre à feu très doux quelques cuillerées de confiture ou de purée d'abricots. Passez au tamis fin et badigeonnez-en aussitôt les pommes. Garnissez ensuite d'amandes grillées.

En dégustant cette tarte exquise, vous comprendrez pourquoi les sœurs Tatin restèrent demoiselles. Elles étaient déjà au septième ciel. Pas si tartes, les sœurs Tatin !

Tutti frutti

Pauvre Alain Chapel! Cet apôtre si français de la cuisine-vérité nous a quittés pour les cuisines du paradis où, j'en suis certain, il préside pour le grand bonheur des anges. Disparu, ce cher Chapel, et d'autant plus regretté qu'il aura laissé notre monde sans jamais avoir découvert nos «chicoutes». Les aurait-il connues qu'il en aurait sûrement parlé! Car quoi de plus vrai que nos chicoutes? Pas même les gratte-culs qu'il aimait tant, ces petits fruits écarlates que l'on trouve à l'automne en bordure des chemins de la campagne française, cachés parmi les ronces. Avec ces gratte-culs introuvables, Alain Chapel proposait dans *La cuisine, c'est plus que des recettes* de faire une gelée «assez sophistiquée», parfumée de citron, sucrée à la cassonade et sertie de «pétales confits et candis de roses de jardin à l'odeur envoûtante»… Tout ça pour des gratte-culs!

Pour nos chicoutes, Chapel aurait fait des folies! Pensez à sa passion pour les framboises de madame Abert. Toutes petites et cramoisies, sans doute à cause de l'effort qu'elles ont fait pour pousser sur les «arbres non traités, quasi dégénérés par l'âge»… Ce sont justement des framboises comme celles-là qu'il vous faut. Vous en ferez une gelée comme n'importe quelle autre : d'abord les fruits écrasés en bassine de cuivre, petite ébullition, mousseline pour filtrer, retour bref à la flamme avec le même poids de sucre que de jus, 4 ou 5 min d'ébullition. À la cuillère, la gelée perle comme une larme de grenat. Versez dans des bocaux de verre, laissez refroidir et scellez. C'est la gelée de votre grand-mère. Voilà bien démontrée la thèse de Chapel. Plus que des recettes, la cuisine, c'est la tradition, c'est le fruit de l'effort qu'on a fait pour trouver l'introuvable au cours des saisons qui s'envolent, c'est la vérité qu'on arrache aux ronces, c'est le temps perdu et retrouvé à la fortune des sous-bois, au bord des sentiers où d'autres n'ont rien vu. Alain Chapel aurait adoré nos chicoutes.

À l'est de Sept-Îles, la rive nord du grand fleuve s'étend jusqu'à Blanc-Sablon. Autant dire l'infini. On roule sur la 138. À perte de vue, de la roche précambrienne toute rabotée par les glaciers. Par-dessus, un humus revêche, parsemé d'arbrisseaux malingres, un silence luminescent comme le désert. On se croirait au bout du monde. On y est. Le mois d'août cède à septembre. Ici, c'est presque l'hiver déjà… Havre-Saint-Pierre n'est pas loin. En bordure de la route, des voitures et des petits camions. On s'est arrêté ici, en plein cœur de nulle part. Des gens penchés sur cette terre de Caïn ramassent des chicoutes… Ce sont, puisqu'il faut tout vous dire, de petits fruits fragiles, sorte de fraises jaunes déguisées en mûres baroques dont le parfum tient de la pomme roussette et de la framboise sauvage. En toute humilité, elles ont une saveur à la fois douce et aigrelette qui évoque ce pays sans bon sens comme le parfum de goyave éclatée fait gicler en mémoire les tropiques fébriles de Gabriel Garcia Marquez.

Certains des cueilleurs sont venus faire provision en famille, malgré les maringouins géants et les mouches noires aux dents de scie. Quelques-uns sont venus ramasser les fruits sauvages pour les autres. Les Finlandais sont fous de nos chicoutes au point d'en importer bon an mal an une vingtaine de tonnes. Ils en font la *lakka,* une liqueur fine qu'ils exportent partout. On trouve à la SAQ notre version québécoise de la *lakka,*

une liqueur exquise : la chicoutai. Pour ce qui est des chicoutes comme telles, n'en cherchez pas non plus à moins d'aller les ramasser vous-mêmes. Les conditions difficiles de la cueillette et surtout le transport onéreux les rendent hors de prix… Les Finlandais ont plus de chance.

Vous dites que j'aurais mieux fait de me taire. Vous ajoutez que mieux vaut ne rien savoir des chicoutes que d'apprendre ce qui va vous manquer. Si cela peut vous consoler, laissez-moi vous dire que je n'ai jamais vu ni mangé de chicoutes. Raison de plus pour en parler ! Aussi, séchez vos larmes de dépit. Vous n'êtes plus seul dans l'infortune. Voici, pour changer de propos, quelques recettes de petits fruits. Ah ! les fraises et les framboises ! Des petits fruits bien de chez nous au parfum doux et aigrelet. Je vous jure que ça ressemble aux chicoutes !

MOUSSE GLACÉE DE PETITS FRUITS

300 g (10 oz) de fraises ou de framboises
185 g (3/4 t.) de sucre
500 ml (2 t.) de crème à 35 %

Passez les petits fruits au robot avec le sucre. S'il s'agit de framboises, filtrez-les au tamis fin. Fouettez la crème. Notez qu'elle doit être bien froide si vous voulez qu'elle monte. Mélangez le coulis et la crème, mettez au congélateur pour que la mousse soit froide, mais sans la laisser prendre. Pour doubler le plaisir, servez votre mousse de fraises sur des framboises arrosées de quelques gouttes de crème de cassis ou votre mousse de framboises sur des fraises arrosées de Grand Marnier.

Pour une mousse de bleuets, amenez d'abord les bleuets et le sucre à ébullition avec un peu de jus de citron pour que se développe bien le goût des fruits. Sitôt que les fruits ont éclaté, retirez-les du feu et passez-les au robot. Mettez le coulis au frigo afin qu'il soit bien froid avant de l'ajouter à la crème fouettée.

FRAISES DES CHAMPS DE L'ÎLE D'ORLÉANS AU SUCRE DU PAYS ET À LA CRÈME

Mon amie Diane Létourneau me décrivait un jour ses petits déjeuners à l'île d'Orléans : sur une belle tranche de pain de campagne grillée encore toute chaude, de la vraie crème d'habitant. Par-dessus, de généreux copeaux de sucre du pays. Et puis quelques fraises des champs, des mûres sauvages ou des framboises des sous-bois… De quoi vous dégoûter de vivre en ville. Ah ! la crème d'habitant !

Cette crème, si généreuse que la cuiller tient toute droite dedans, ressemble à s'y méprendre à la crème fraîche si chère à nos cousins de France : une crème vivante, au goût légèrement acidulé, qu'on peut faire chez soi, à Balconville. Il suffit tout simplement de redonner à la crème les bactéries que la pasteurisation a tuées. Pour cela, rien de plus simple : dans un bol, vous

ajoutez 250 ml (1 t.) de crème sure à 500 ml (2 t.) de crème à 35 %. Vous mélangez bien, versez dans un bocal, recouvrez et laissez reposer sur le comptoir une dizaine d'heures. Assez longtemps en tout cas pour que la crème épaississe. Brassez-la puis mettez-la au frigo où il vous sera possible de la conserver plus d'une semaine. Servez-la à vos invités et prétendez qu'un habitant aux yeux éloquents et au sourire amène, qui éprouve une passion discrète pour vous, est venu ce matin vous offrir ce cadeau. Il avait aussi apporté des fraises des champs mais malheureusement, il n'en reste plus. Avec lui, vous n'avez pas pu résister… Il n'y a pas d'amitié à moitié !

DEMI-POMMES ÉMINCÉES SUR SAUCE AU CHOCOLAT GARNIES DE PETITS FRUITS

Ce qui est ravissant, c'est la façon de présenter les pommes. Toutes dorées, caramélisées, elles ont conservé leur forme… Mais pour cela, il faut éviter les McIntosh qui tombent à la cuisson, et choisir plutôt des Cortland, des Spartan ou des Granny Smith. Pelez les pommes puis tranchez-les en deux de la tige à la mouche et « écœurez »-les. Posez-les à plat sur une tôle beurrée et coupez-les en fines tranches tout en essayant de sauvegarder leur forme. Badigeonnez-les d'une noix de beurre fondu, saupoudrez d'un peu de sucre et faites-les dorer au four pendant 25 min à 375 °F. Déposez ensuite les pommes sur une assiette nappée de sauce au chocolat ou de coulis de petits fruits. Garnissez de fraises, de framboises ou de bleuets, et souriez d'aise…

GRATIN DE PETITS FRUITS AUX AMANDES DORÉES

Je vous propose une crème à ma façon qui tient à la fois de la crème pâtissière et de la crème anglaise. Plus légère que la pâtissière, parce qu'elle ne contient pas de farine, mais plus onctueuse et plus facile à faire que la crème anglaise à cause de la fécule de maïs qui permet de l'amener à ébullition sans craindre la granulation des jaunes d'œufs.

4   jaunes d'œufs
100 g (3 oz) de sucre
2   c. à thé de fécule de maïs
500 ml (2 t.) de crème légère ou à 35%
1   c. à thé de vanille
petits fruits
100 g (3 oz) d'amandes effilées

Battez ensemble à grande vitesse les jaunes d'œufs et le sucre jusqu'à ce que vous obteniez une mousse légère couleur de citron. Réservez. Dans un bol, diluez d'abord la fécule de maïs dans un peu de crème. Ajoutez le reste de la crème et la mousse. Mélangez bien. Dans une casserole à fond épais, à feu moyen, amenez à ébullition en brassant constamment au fouet. Sitôt que l'ébullition commence, retirez de la flamme. Ajoutez la vanille, laissez refroidir. Pour une crème plus onctueuse, plus légère encore, il suffit de la laisser refroidir en la

fouettant dans un bol dont la base repose dans l'eau glacée. Vous la réservez au frigo, recouverte de pellicule plastique puis, au moment de servir, vous versez la crème dans un plat de service et garnissez de petits fruits. Parsemez d'amandes en tranches (environ 100 g) que vous aurez fait dorer sans matière grasse à feu moyen en poêle antiadhésive. Saupoudrez de 1 c. à soupe de sucre et ajoutez un peu de beurre doux, qui retiendra le sucre et contribuera à sa caramélisation. Mettez à gratiner 1 min ou 2, juste le temps que le sucre caramélise ou que les fruits réchauffent à peine.

SALADE DE MÂCHE EN PANIER DE TRÉVISE SUR COULIS DE FRAMBOISE

1   laitue Trévise (radicchio)
huile d'olive
300 g (10 oz) de framboises fraîches ou
     congelées
125 ml (1/2 t.) de jus d'orange
1   c. à soupe d'huile d'olive

Grillée sur barbecues, la Trévise (ou radicchio) est divine. Tranchez-la en deux, badigeonnez-la d'huile d'olive et faites-la griller quelques secondes. La chaleur de la flamme apprivoise l'amertume des feuilles et produit une légère caramélisation. Exquis!

Servie crue en fines lanières dans une salade panachée, la Trévise ajoute sa

couleur et sa vie. Pour une sublime présentation, faites comme au Petit Extra à
Montréal et créez des paniers avec des
feuilles de Trévise, en garnissant l'intérieur
de mâche ou d'épinards lustrés de quelques
gouttes d'huile d'olive. Ravissant sur coulis
de framboises. Pour faire le coulis, passez
les fruits au robot puis au tamis fin.
Ajoutez le jus d'orange, l'huile d'olive et
mélangez au fouet ou à la fourchette pour
faire l'émulsion.

VINAIGRE CUIT
DE PETITS FRUITS

*Passionné de cuisine italienne, j'éprouve pour
Marcella Hazan une admiration sans bornes.
On ne saurait trop recommander ses livres…
qui n'existent malheureusement pas en français.
Une cuisine simple et pourtant d'un très grand
raffinement. Grâce à elle, j'ai découvert les vertus du vinaigre balsamique, produit depuis des
siècles dans la région de Modène. Il ne s'agit
pas à proprement parler d'un vinaigre, mais
d'un baume. Un élixir doux-amer fait à partir
de moût de raisins trebbianno. Parfums de fines
herbes, de bois de cerisier, de hêtre et de mar-
ronnier… Sublime ! À condition bien sûr de
trouver un vinaigre préparé selon la méthode
traditionnelle. C'est rare et par conséquent, hors
de prix. Aussi, laissez-moi vous proposer ma
recette de vinaigre cuit de petits fruits. Il est
fruité, évidemment, mais aussi doux-amer, parfumé de fines herbes, d'épices et de zestes
d'agrumes. Quelques gouttes de ce vinaigre pour
déglacer la poêle dans laquelle vous aurez fait
sauter rapidement des tranches fines de foie de*

*veau : un délice ! Quelques gouttes sur une
salade de petits fruits vous raviront. Quelques
gouttes sur des tranches d'oranges pelées à vif
sur un lit de cresson avec un filet d'huile d'olive
vierge et vous voilà au septième ciel !*

1	*l (4 t.) de vinaigre de vin rouge*
500	*ml (2 t.) d'eau*
230	*g (1 t.) de sucre*
250	*ml (1 t.) de miel*
300	*g (10 oz) de fraises, framboises, bleuets ou canneberges frais ou surgelés*
1	*c. à soupe de grains de poivre noir*
1	*c. à soupe de grains de coriandre*
1	*feuille de laurier*
1	*c. à thé de thym séché*
1	*c. à thé de romarin*
2	*oranges*
2	*citrons*

À l'économe, prélevez les zestes des
agrumes et à l'aide d'un couteau bien tranchant, détaillez-les en une fine julienne.
Dans une casserole à fond épais, amenez
tous les ingrédients à ébullition. Baissez le
feu et laissez frémir tout doucement à
découvert 1 h au moins. Écumez à l'occasion. Laissez refroidir et passez au tamis fin
avant de remettre en bouteille. À l'abri de
la lumière, votre vinaigre cuit se conservera
indéfiniment.

*Note : Si vous employez des petits fruits con-
gelés dans le sirop, diminuez en conséquence la
quantité de sucre et de miel de la préparation.*

Le New York Cheesecake, comme un beau dimanche

Parce que vous ne con-naissez du New York Cheesecake que ces infâmes préparations surgelées qu'on vous propose au super-marché ou, pire encore, la version «maison» faite à partir de sachets de poudre chimifiée conçue «pour vous» par la maison Kraft, vous avez, croyez-vous, toutes les raisons du monde de protester. «J'ai horreur, me dites-vous, du gâteau au fromage.» Est-ce là raison de pavaner, vous pétant les bretelles de dégoût? Laissez-moi vous dire tout simplement que ce n'est pas parce qu'on a bu du Kool-Aid orange qu'on a le droit de s'en prendre aux sanguines de Valence.

Si vous avez par contre goûté la version *délicatessen* du New York Cheesecake, vous protestez aussi, mais calmement, sans véhé-mence. «Ce ne serait pas mauvais, me dites-vous plein de délica-tesse, si ce n'était souvent crayeux et toujours aussi lourd!» En peine de métaphore, vous ajoutez pour me convaincre: «Ça tombe dans l'estomac comme une tonne de briques.» Et je vous donnerais bien raison, si je n'avais un jour goûté le New York Cheesecake dans sa version originale, avant qu'on n'im-pose au monde ces tristes imitations…

C'était à New York, justement… Parti en cavale, en fin d'adolescence, je découvrais la liberté. Je me rappelle encore l'odeur d'acier, de pétrole et de marrons grillés qui, pour moi, demeure l'essence de la Grosse Pomme. Et ces gens anonymes, et par con-séquent plus faciles à aimer…

J'entends encore le silence ahurissant de Wall Street le dimanche matin à l'aurore.

Mes narines frémissent encore à l'odeur de « pot » à Washington Square l'après-midi et je revois ce grand nègre intense au béret de laine qui chantait ses blues à vous en fendre l'âme et qui, pourtant, riait au soleil de toutes ses dents. Je me rappelle aussi d'avoir été bien seul devant ces petits becs de gaz toujours allumés éclairant à peine cette ruelle où habita un jour madame Roosevelt. Et je me repose toujours du vert émeraude des vitraux de la cathédrale épiscopale où je découvris Bach par un dimanche de fin d'après-midi.

Pour moi, le New York Cheesecake, c'est dimanche à New York... On est au cœur du monde entier, assis à l'Automat, et tout ravi de savoir enfin que la vie vaut bien qu'on se risque à la vivre.

J'ai longtemps cru que ce souvenir enchanté du gâteau au fromage ne m'était doux au cœur que parce que nourri de l'illusion d'une mémoire qui flanche, jusqu'à ce que je trouve dans *The Joy of Cheesecake* de Dana Bovbjerg et Jeremy Iggers la recette originale du « Genuine New York Cheesecake ». Mon plaisir est plus grand encore de le savoir avec vous partagé.

L'art de la croûte

Les puristes soutiendront, et j'ai presque envie de leur donner raison, qu'un gâteau au fromage parfait doit être fait sans croûte. La croûte, vous diront-ils, distrait de l'onctuosité sublime de la préparation. Intempestive, elle s'impose pareille aux éternuements qui, au concert, viennent gâcher le plaisir résolument discret des mélomanes. On peut se passer de croûte. C'est vrai. Mais il faudra quand même beurrer et fariner le moule. Pour mieux faire, on badigeonne alors le moule de beurre fondu. On le met à refroidir au frigo pour que le beurre fige. On saupoudre ensuite au fond et à l'intérieur de l'anneau de la farine tout simplement ou bien de la chapelure de pain, de biscuit Graham ou de biscuit Oreo. On renverse ensuite le moule, on le secoue pour éliminer l'excès de farine ou de chapelure... En préparant ainsi le moule, on s'assure que le gâteau montera bien à la cuisson. On s'assure surtout qu'on pourra démouler facilement.

Mais vous n'avez que faire de ces admonestations de puristes. Inspiré sans doute par le Groupe des Sept, ces grands maîtres de l'art Canadian, les croûtes vous fascinent. Fort bien. On peut se contenter d'une croûte faite de chapelure de biscuits Graham ou Oreo. On trouve la recette sur la boîte. C'est pas mauvais du tout. Mais ce sera bien meilleur si vous ajoutez à la préparation, disons, 75 g (1/2 t.) de noix grossièrement hachées au robot : amandes, avelines, pacanes ou noix de Grenoble. Toutes conviennent parfaitement. On ajoute alors une noix de beurre au mélange : il tiendra mieux. On « chemise » le fond du moule. On cuit au four à 400 °F pendant 7 ou 8 min.

On laisse refroidir au comptoir sur une grille avant de garnir de la préparation au fromage.

Un vrai charme

Mais laissez-moi vous proposer une croûte charmante faite tout simplement de noix broyées, de sucre, de beurre et de cacao. Elle convient parfaitement au New York Cheesecake, mais elle s'impose presque pour le gâteau au fromage et au chocolat dont je vous donne en conclusion la recette.

NEW YORK CHEESECAKE

La croûte :
325 g (2 t.) d'amandes mondées
4 c. à soupe de beurre doux à température ambiante
4 c. à thé de cacao

La garniture :
1 kg (2 lb) de fromage à la crème
170 g (3/4 t.) de sucre
2 gros œufs
2 c. à thé de vanille
2 c. à soupe de fécule de maïs
250 ml (1 t.) de crème sûre

Pour préparer en quelques secondes cette croûte sublime, pulsez au robot, ensemble, les amandes mondées, le beurre doux à température ambiante et le cacao. Ne pulsez pas trop ! Il ne s'agit surtout pas de faire une pâte homogène ! De cette prépa-ration recouvrez le fond du moule. Du revers des doigts, pressez bien pour que le mélange adhère au fond. Mettez à cuire à 400 °F pour une dizaine de minutes… Laissez refroidir au comptoir sur une grille avant de garnir.

Au malaxeur ou tout simplement armé de la mixette, fouettez d'abord le fromage à la crème avec le sucre. Vous avez bien sûr eu tantôt la présence d'esprit de réserver le fromage au comptoir : vous savez bien qu'à la température ambiante, le fromage crèmera plus facilement. En 3 ou 4 min, le sucre fond. Vous avez devant vous une crème onctueuse et légère. Tout en continuant de fouetter à vitesse moyenne, ajoutez les œufs et la vanille. Tout en fouettant encore, saupoudrez sur la préparation la fécule de maïs. Fouettez encore un peu : ça y est, la crème est homogène. Assez battu ! Vous n'avez plus qu'à ajouter au mélange de la crème sure telle qu'on en trouve dans le commerce. Cette crème, vous l'intégrez doucement à la spatule ou à la cuiller de bois. La crème sure a horreur du fouet ! Sous ses assauts, elle se défait. Voilà, il ne vous reste plus qu'à verser cet onctueux mélange dans votre moule à fond amovible de 22 cm (9 po) de diamètre, déjà beurré et fariné ou bien garni de sa croûte.

Sans autre forme de procès, enfournez. Votre four, bien sûr, est déjà chaud : 400 °F. 400 °F, ça vous semble trop chaud ? Eh bien, rassurez-vous. C'est la température qu'il faut pour assurer au gâteau une surface bien dorée. Vous avez bien sûr déposé le moule sur une grille basse : au tiers de la hauteur du four. Avec toute la patience qui vous caractérise, vous n'avez plus qu'à attendre 45 min avant d'éteindre. Mais n'allez pas ouvrir toute grande la porte. Qu'elle soit à peine entrebâillée pour laisser tout doucement s'échapper la chaleur. Dans 3 h, le gâteau à peine tiède s'offre à vous dans sa robe dorée. Vous êtes ravi et vous me bénissez ! Grâce au temps mis à refroidir, pas plus que vous, le gâteau n'a craqué. Vous n'avez qu'à déposer le sublime dans son moule au frigo. N'allez pas tout de suite le recouvrir de pellicule plastique : vous voulez éviter que l'eau de condensation ne lui tombe dessus ! Quand il sera bien froid, recouvrez-le de pellicule plastique si ça vous chante. Je préfère les fraises Mitsou.

Les fraises Mitsou

J'ai baptisé ainsi ces fruits, qu'on nous propose en plein cœur de l'hiver. Importées bien sûr de la Californie, la Mecque de l'emphase, elles ravissent l'œil fatigué du frimas. On voudrait s'y blottir. On mord tout doucement dedans. On les découvre vides et sans goût. Elles ne sont rouges qu'en surface. Mûries artificiellement, leur pulpe est restée blanche. Et pourtant, les fraises Mitsou m'enchantent malgré tout par leur côté « kitsch » et clinquant qui convient on ne peut plus au New York Cheesecake. Voilà pourquoi je n'hésite pas à recourir à leurs charmes factices. Je choisis bien sûr les plus grosses. J'enlève le pédoncule et je les dispose toutes serrées les unes contre les autres, la tête en bas, sur toute la sur-

face du gâteau. Je masque ensuite ces vulgaires appâts d'un vernis d'abricots à la française. Pour tout vous dire, je les « abricote » amoureusement. Pour ce faire, on fait fondre dans une petite casserole à feu doux 250 ml (1 t.) de confiture d'abricots à laquelle on ajoute un peu d'eau ou mieux encore le jus d'un citron frais. On passe ensuite la confiture au tamis fin et on badigeonne au pinceau ses Mitsou de sirop d'abricots encore chaud. Au froid, le sirop se fige. Ça brille ! Comme c'est beau !

Mais je dois vous avouer qu'il m'arrive plus souvent qu'autrement de garnir ce gâteau de griottes. Ces petites cerises amères qu'on trouve en pot de verre (importées d'Europe de l'Est) sont des fruits bien fragiles. Aussi faut-il prendre soin de les égoutter sans plus les abîmer. Dans une petite casserole, on amène ensuite à ébullition leur jus sucré. On l'épaissit ensuite en versant de la fécule de maïs diluée dans l'eau. On brasse bien, on laisse frémir à peine quelques secondes, et le tour est joué.

Combien de fécule me dites-vous ? Disons 1 c. à soupe bien comble pour 500 ml (2 t.) de jus. On laisse tiédir avant d'ajouter les griottes égouttées. On mélange bien. (Quelques gouttes de kirsch là-dedans feraient merveille…)

Avant de garnir le gâteau, on enlève bien sûr l'anneau qui encercle la base. On dépose le gâteau sur le fond du moule dans son assiette de service. On le garnit de griottes en sirop. On refroidit au frigo avant de servir. Vos convives s'inquiètent et vous rappellent que 1 kilo de fromage à la crème comporte 3200 calories. Sans oublier le sucre et les œufs ! Proposez alors à ces êtres pusillanimes votre version minceur : offrez-

leur une demi-portion. Ils en redemanderont.
Rappelez-vous Juliette Greco : « Mieux vaut
dire tout de suite non ! »

GÂTEAU AU FROMAGE
ET CHOCOLAT

750 g (1 1/2 lb) de fromage à la crème
230 g (1 t.) de sucre.
5 œufs
2 c. à soupe d'extrait de vanille pure
   ou
1 c. à soupe de cognac, de rhum brun
   des îles ou de brandy
300 g (10 oz) de chocolat Valrhona
   fondu

Au malaxeur ou bien à la mixette, crémez
d'abord ensemble le fromage à la crème
avec le sucre. Tout en continuant de fouetter, ajoutez, un à un, les 5 œufs. Parfumez
ensuite cette crème bien homogène d'extrait de vanille pure ou bien de cognac, de
rhum brun des îles ou de brandy. Tout en
continuant de fouetter allègrement, ajoutez
ensuite le chocolat fondu au bain-marie.
Est-il nécessaire de souligner ici qu'un
chocolat de grande qualité s'impose.
Disciple de Josée Blanchette, je suis, pour
ma part, converti au Valrhona. Prenez bien
garde de ne pas surchauffer le chocolat.
Rappelez-vous qu'un chocolat de qualité
fond à la température du corps. Que l'eau
du bain-marie soit à peine chaude…

Voilà ! Vous n'avez plus qu'à verser la préparation dans votre moule à fond amovible
de 22 cm (9 po) de diamètre déjà garni
de sa croûte refroidie. À four préchauffé à
275 °F, faites cuire pendant 80 min. Pour
le refroidissement, procédez comme il est
dit plus haut. Au moment de servir,
saupoudrez tout simplement d'un peu de
cacao.

Divin chocolat

« Monseigneur l'évêque me fait dire à l'instant qu'il nous fera demain l'honneur de sa visite, à temps pour déjeuner. » Dans l'austère cuisine de l'humble couvent de Puebla, l'annonce de l'imminente Éminence fut reçue comme une calamité. Chose rarissime dans l'Amérique espagnole du XVIᵉ siècle, l'évêque n'avait pas en vain fait vœu de chasteté. Aux malins appâts de la lubricité, il résistait avec vaillance, préférant céder aux plaisirs de la chère. Chaste mais goinfre, dit la légende.

L'été avait été particulièrement torride. Une sécheresse infernale. « Mère, nous n'avons rien qui puisse lui faire honneur ! » de se plaindre la sœur cuisinière éplorée. « Il nous reste un peu de farine de maïs, mais il déteste les tortillas ! — Priez, ma sœur, priez saint Honoré, patron des pâtissiers, il saura bien vous inspirer » de rétoquer la mère supérieure, péremptoire.

Ce qui fut dit fut fait. Dans la basse-cour, un coq maigrichon et sa compagne famélique passèrent aussitôt de vie à trépas. Du coq, la sœur cuisinière fit un bouillon qu'elle mit à réduire doucement pendant toute la nuit. Au petit matin, elle fit revenir quelques oignons dans un peu d'huile de maïs. Elle ajouta quelques tomates et trois variétés de piments séchés : le piment ancho, si parfumé, le mulatto, un peu sucré, et le pasilla, assez brûlant pour réveiller Lazare. Elle ajouta ensuite des graines de sésame grillées, des amandes broyées, un bâton de cannelle, un soupçon de girofle et puis enfin, des graines de coriandre. Au pilon, elle réduisit le tout en une pâte homogène et l'ajouta à l'enivrant bouillon qu'elle fit réduire quelques heures encore. Enfin, elle y goûta. Presque un miracle! Mais il manquait malgré tout quelque chose à la sauce. Faisant appel à sa mémoire aztèque, la sœur cuisinière eut soudain une idée de génie. Elle ajouta à la sauce 1 ou 2 c. de cacao amer. Elle y goûta, inquiète : ce fut l'extase. La religieuse anonyme venait d'inventer le mole poblano, fleuron de la cuisine mexicaine. Ce mole capiteux, elle le servit au prélat sur la poule pochée. Son Éminence ravie y découvrit sans doute une preuve de plus de l'existence de Dieu.

Impossible de trouver ici les piments secs nécessaires pour réussir ce plat exquis. Par contre, la sauce douce-amère d'inspiration florentine que je vous propose est toute simple à préparer. On la sert traditionnellement avec des pâtes maison aromatisées au cacao, mais elle est exquise sur des pâtes ordinaires. J'en ai trouvé l'idée chez Giuliano Bugialli (*Classic Techniques of Italian Cooking*). Une recette qui, depuis plusieurs siècles, fait le bonheur des Florentins. J'ai modifié légèrement la recette en ajoutant des câpres et des olives comme on le ferait en Sicile. Il m'arrive parfois, inspiré par le miracle de Puebla, d'ajouter à cette sauce florentine 1 ou 2 piments séchés, un soupçon de cannelle, un clou de girofle et quelques grains de coriandre.

Pour toutes les recettes qui suivent, vous pourrez employer du chocolat mi-sucré. Le Baker qu'on trouve dans tous les supermarchés fait l'affaire. Mais vos desserts seront vraiment meilleurs si vous employez du chocolat de meilleure qualité. Le Tobler ou le Valrhona par exemple. Évidemment, c'est beaucoup plus cher.

NOUILLES FLORENTINES À LA SAUCE AIGRE-DOUCE

2   *carottes moyennes*
1   *oignon espagnol*
4 ou 5 *branches de cœur de céleri*
6   *c. à soupe d'huile d'olive*
3   *gousses d'ail pelées et dégermées*
4   *tranches de bacon blanchies 1 min à l'eau bouillante ou*
4   *tranches de panchetta*
500 *g (1 lb) de bœuf maigre haché ou mieux encore, d'un mélange de bœuf, de veau et de porc maigres hachés*
250 *ml (1 t.) de vin rouge*
4   *c. à table de concentré de tomate ou*
250 *ml (1 t.) de tomates italiennes en conserve*
1   *boîte de consommé de bœuf*
20   *olives noires dénoyautées*
4   *c. à soupe de câpres*
75   *g (1/2 t.) de raisins de Corinthe*
75   *g (1/2 t.) de pignons ou de pacanes*
125 *ml (1/2 t.) de vinaigre de vin rouge*
15   *g (1/2 oz) de chocolat mi-sucré grossièrement haché*
persil frais haché, de préférence du persil plat italien

Faites d'abord revenir dans l'huile, à feu moyen, les carottes, l'oignon et le céleri hachés. Ne les laissez pas dorer. Après une dizaine de minutes, ajoutez l'ail, le bacon et la viande. Brassez à la cuiller de bois et laissez mijoter le temps que la viande ait perdu sa couleur. Versez le vin rouge et faites frémir jusqu'à ce qu'il se soit évaporé.

Ajoutez la tomate et mouillez le tout de son consommé si nécessaire. Laissez mijoter à couvert une vingtaine de minutes.

Ajoutez ensuite les olives, les câpres, les raisins de Corinthe, les pignons, le vinaigre de vin rouge et le chocolat, et laissez frémir encore une dizaine de minutes. Poivrez et puis garnissez au moment de servir d'une généreuse quantité de persil plat italien grossièrement haché. Humez-moi ce parfum !

Cette exquise sauce aigre-douce est traditionnellement servie sur des pâtes fraîches au chocolat, mais des nouilles aux œufs ordinaires (fraîches ou sèches, importées d'Italie) feront bien l'affaire.

POIRES-SURPRISE AU MOKA

8   *grosses poires pas trop mûres (soit une poire par personne)*
1   *bouteille de vin blanc sec*
125 *ml (1/2 t.) de miel*
185 *g (3/4 t.) de sucre*
les zestes d'une orange et d'un citron prélevés à l'économe
le jus de l'orange et du citron

La ganache :
300 *ml (1 1/3 t.) de crème à 35 %*
300 *g (9 1/2 oz) de chocolat mi-sucré*
1   *c. à thé comble de café instantané (facultatif)*

Épluchez les poires en prenant soin de conserver la queue, question de fierté ! Coupez ensuite le bas pour qu'elles se tiennent debout, fierté encore ! Avec une petite cuiller, évidez-les par le bas, question, si j'ose dire, de les « écœurer » sans pour autant s'en prendre à la chair extérieure ou pire encore, à la queue ! Remplissez-les de petites boulettes de papier d'aluminium afin qu'elles gardent leur forme à la cuisson.

Mettez-les debout côte à côte dans une casserole juste assez grande pour les accueillir. Versez aussitôt le vin blanc, le miel, le sucre, les zestes et le jus d'agrumes. Ajoutez si nécessaire de l'eau jusqu'à la queue.

Amenez à ébullition puis laissez tout doucement frémir jusqu'à ce que les poires soient cuites. Une quinzaine de minutes ou un peu plus si les poires sont vertes. Retirez-les du sirop avec soin, mettez-les debout dans un bol et recouvrez-les d'une pellicule plastique. Laissez frémir le sirop à feu moyen et à découvert un peu plus de 1 h, passez-le au tamis et laissez-le refroidir.

Amenez à ébullition la crème dans une petite casserole. Retirez de la flamme et ajoutez aussitôt le chocolat grossièrement haché et le café en poudre. La chaleur de la crème les fera fondre en 2 ou 3 min. Brassez ensuite à la cuiller de bois. Laissez refroidir environ 1 h jusqu'à ce que la ganache ait une consistance assez ferme pour en farcir les poires. Réservez les poires farcies au frigo debout dans leur plat de service. Servez-les à la température ambiante recouvertes de sirop tiède. Les maniaques impénitents voudront en plus foncer l'assiette de sauce chaude au chocolat. Je suggère plutôt de garnir l'assiette de pacanes ou de noix de Grenoble enrobées de chocolat.

Cette ganache permet également de faire des truffes très fondantes et exquises. Il suffit de la mettre au congélateur pendant 24 h. On en fera des truffes avec une cuiller à pommes parisiennes. On les recouvrira d'enrobage comme pour les fraises en chemise (voir plus loin) ou bien on les roulera tout simplement dans le cacao. On les conservera bien sûr au frigo jusqu'au moment de servir.

LES TRUFFES D'ALICE B. TOKLAS

5   gros jaunes d'œuf
55   g (1/4 t.) de sucre
250 g (8 oz) de chocolat mi-sucré fondu
3   c. à soupe de brandy, de cognac, de calvados, de rhum brun ou de scotch
sucre en poudre, cacao ou amandes en poudre

Au fouet, à la mixette ou au malaxeur, battez les jaunes d'œufs et le sucre pendant quelques minutes. Le sucre a fondu, les jaunes d'œufs ont pâli : le mélange est aérien, onctueux. C'est le temps d'incorporer le chocolat fondu et le cognac. Mettez le mélange au frigo pendant 1 h au moins.

Le chocolat a maintenant durci, mais il est encore malléable. Prélevez à la cuiller assez de chocolat pour former avec les paumes de vos divines mains de petites truffes que vous roulerez aussitôt dans le cacao, le sucre en poudre ou la poudre d'amandes. Façonnez-en 24. Remettez-les aussitôt au frigo jusqu'au moment de les servir.

On peut aussi recouvrir les truffes d'enrobage au chocolat. L'enrobage que je vous propose pour les fraises en chemise, les fruits confits et les noix convient parfaitement. Pour vous faciliter la tâche, mettez les truffes au congélateur avant de les tremper : elles tiendront mieux et l'enrobage ne mettra que quelques secondes à prendre.

Jardin de givre

Enfant, j'ai passé des heures enchantées à la fenêtre du salon, à l'abri de l'hiver, à attendre. Dehors, un arbre désolé, la neige toute noircie par la cendre de charbon qu'on épandait alors sur les trottoirs et les rues. Tout à coup, je reconnaissais au loin un claquement de sabots, parfois un hennissement fatigué : c'était le cheval du laitier. Tous les matins ainsi je l'attendais, mais j'avais beau lui faire signe, jamais il ne me regardait, à cause des œillères qu'on lui avait mises pour l'empêcher de voir autre chose devant lui que la cendre. Ma mère m'avait un jour expliqué qu'il aurait pu autrement, surpris par les voitures, prendre le mors aux dents et s'enfuir à l'épouvante. C'était pour l'empêcher d'avoir peur.

En attendant mon ami, je m'approchais donc tout près de la fenêtre, cherchant en vain à retenir mon souffle. Sur la vitre embuée, les fougères glacées faisaient de folles arabesques. Du bout du petit doigt, je faisais fondre le frimas en petits cercles parmi les branches, pour aussitôt voir apparaître des fruits, colorés pour la venue de mon ami aveugle : saphirs, émeraudes et rubis. Je le verrais alors s'envoler, cheval enjoué, libre enfin dans mon jardin d'enfance.

Nous noyons nos forêts sous le lac gelé de notre économie. Nos fenêtres thermos ont fini de tuer Nelligan, mais il nous reste encore des fruits de givre à inventer, des cages de caramel pour enfermer nos rêves. Comme Stanislas, roi de Pologne, duc de Lorraine et du Bar, nous préparons notre baba au rhum en l'honneur d'Ali Baba, ce héros des *Mille et une nuits* imaginé par Schéhérazade. Nous rêvons du printemps inéluctable, qui finira bien par renaître un jour de ses cendres. Et en attendant que les érables coulent, le pudding aux canneberges de la maman de mon amie Louise Cousineau vous protégera à votre tour du vent et du frimas. Un souvenir tendre pour combler notre trou de mémoire…

PETITS FRUITS
GIVRÉS À FROID

800 g (4 t.) de vos raisins préférés à la peau bien sèche et sans défauts
2 oranges ou tangerines en quartiers (prenez garde de ne pas abîmer la membrane, qui doit rester bien sèche)
1 blanc d'œuf battu à la fourchette (il ne doit pas mousser)
sucre

Recouvrez le fond d'une assiette à tarte d'un bon centimètre de sucre. Trempez à la main ou à l'aide d'une fourchette vos petits fruits dans le blanc d'œuf pour qu'ils soient bien mouillés, mais sans pour autant «dégouliner». Déposez-les sur le sucre et brassez l'assiette pour recouvrir les fruits.

À l'aide d'une fourchette, mais sans les piquer, déposez les fruits sur une feuille de papier ciré. En moins de 1 h, le sucre cristallisera. Servez-les aussitôt ou conservez-les quelques heures à découvert au frigo. Mieux encore : congelez-les. On dirait des jujubes !

PETITS FRUITS
EN ROBE D'AMBRE

Pour 4 personnes:
4 mandarines
460 g (2 t.) de sucre
60 ml (1/4 t.) d'eau

Pelez les mandarines, enlevez les petits fils qui collent aux membranes en prenant soin de ne pas abîmer le fruit. Assurez-vous que les quartiers sont bien secs.

Préparez le caramel en faisant cuire à feu doux le sucre et l'eau dans une petite casserole à fond épais. Ne brassez pas pour ne pas favoriser la cristallisation. Le sucre fondra, des cristaux se formeront, ils fondront à leur tour et le sirop prendra une couleur jaune ambré. C'est le temps de retirer du feu : la chaleur de la casserole permettra au caramel de cuire encore et de foncer un peu plus. Laissez refroidir 2 ou 3 min avant d'y tremper vos fruits.

À l'aide d'une fourchette, en prenant soin de ne pas percer la membrane, trempez chaque quartier dans le caramel. Sitôt qu'ils sont enrobés, laissez tomber l'excès de caramel et, à l'aide d'une autre fourchette, déposez-les sur une plaque huilée. Si le caramel devient trop épais, c'est qu'il a refroidi. Réchauffez-le alors quelques secondes à feu doux avant de continuer.

Tous les petits fruits conviennent à cette préparation (raisins, fraises, framboises) et peuvent rester sur le comptoir 1 ou 2 h sans que le caramel fonde. Évitez de les mettre au frigo. Servez ces petits fruits sur crème anglaise, garnis de feuilles de menthe. Ou faites comme moi et servez-les tout simplement accompagnés de glace à la vanille.

Baba au rhum minute

Pour 10 personnes :

2	*enveloppes de levure ultra-rapide*
85	*ml (1/3 t.) d'eau tiède*
360	*g (2 1/4 t.) de farine tout usage prétamisée*
3	*c. à soupe de sucre*
1	*c. à thé de sel*
60	*g (1/4 t.) de beurre doux fondu*
3	*œufs extra-gros à la température ambiante*
4	*c. à soupe de raisins de Corinthe*
60	*g (1/4 t.) de beurre en pommade*

rhum brun

Faites d'abord fondre la levure dans l'eau tiède et réservez. Mélangez ensuite la farine, le sucre et le sel au malaxeur muni d'un crochet à pain. Tout en continuant à mélanger à vitesse maximale, ajoutez le beurre fondu tiède, puis les œufs un à un, puis enfin la levure délayée. Malaxez 4 ou 5 min en prenant soin de racler à la spatule le fond et les côtés du bol pour assurer une texture uniforme. Ajoutez les raisins si vous voulez transformer votre kugelhup en savarin.

Ça y est ? Alors beurrez bien le moule. Méfiez-vous : la pâte est très collante. Pour la manipuler facilement, beurrez-vous bien les mains et formez une sorte de boudin assez long pour garnir en cercle le fond du moule. Ajoutez le beurre mou, en petits morceaux. Recouvrez le moule d'un linge humide et laissez la levure faire son travail environ 2 h à la température de la pièce et à l'abri des courants d'air, jusqu'à ce que la pâte ait monté jusqu'au bord du moule.

Mettez à cuire dans un four préchauffé à 375 °F pendant 40 min. Laissez le baba refroidir dans son moule et arrosez-le de sirop d'agrumes (voir recette plus loin) avant de le renverser sur un plat de service. Recouvrez de fruits frais ou pochés, et glacez de confiture d'abricots que vous aurez fait fondre à feu doux. Au moment de servir, arrosez chaque portion de quelques gouttes de rhum.

PUDDING AUX CANNEBERGES DE MAMAN COUSINEAU

500 g (2 t.) de canneberges
80 g (1/2 t.) de pacanes ou de noix de Grenoble
215 g (1 1/3 t.) de farine tout usage tamisée
125 ml (1/2 t.) de mélasse
85 ml (1/3 t.) d'eau bouillante
2 c. à thé de bicarbonate de soude

Tranchez les fruits en deux pour éviter qu'ils n'éclatent à la cuisson. Incorporez-les aux noix et à la farine. Dans une tasse à mesurer, mélangez la mélasse, l'eau bouillante et la «petite vache». Ajoutez cette préparation aux fruits et mélangez à la spatule. Versez aussitôt l'appareil dans un moule bien beurré. (Je conseille un moule rectangulaire en Pyrex de 1,5 l [6 t.] au moins, ça fait de jolies tranches!) Recouvrez hermétiquement de papier d'aluminium retenu autour du moule avec une ficelle. Posez le moule sur une grille dans une casserole profonde dans laquelle vous verserez de l'eau bouillante jusqu'à la base du moule. Recouvrez et laissez cuire à la vapeur doucement pendant 1 1/4 h. Si nécessaire, ajoutez de l'eau bouillante en cours de cuisson. Retirez le moule et laissez reposer 10 min avant de démouler. Servez ce pudding tiède accompagné de crème anglaise ou de glace à la vanille.

LE GÂTEAU SOUFFLÉ D'ORANGES

Ce dessert nous vient de la Renaissance italienne et tient à la fois du gâteau et du soufflé. Arrosé de sirop d'agrumes et de quelques gouttes de rhum, c'est un entremets de grandes occasions, savoureux, étonnant et très facile à faire.

3 belles oranges «à nombril» (évitez les oranges à jus)
1 citron jaune ou vert
1 c. à soupe de gros sel à marinade
125 g (1 t.) d'amandes en poudre
2 c. à thé d'extrait d'amandes douces ou amères
6 œufs extra-gros
460 g (2 t.) de sucre
1 pincée de sel
amandes grillées

Le sirop d'agrumes :
500 ml (2 t.) d'eau froide
le jus d'une orange
le jus d'un citron
575 g (2 1/2 t.) de sucre
les zestes d'une orange et d'un citron prélevés à l'économe et détaillés en julienne

Dans un grand bol, recouvrez d'eau froide les agrumes entiers. Ajoutez le sel et laissez macérer pendant 1 h 30 min. Cette opération a pour but d'éliminer les huiles amères de la pelure. Rincez les fruits à l'eau froide et essuyez-les bien, jetez-les dans une casserole et recouvrez-les d'eau froide. Amenez à ébullition et laissez frémir 30 min. Refroidissez les fruits sous le robinet. Tranchez ensuite les fruits à l'horizontale et enlevez les pépins. Réduisez les écorces et la pulpe au robot en une purée fine. Ajoutez les amandes en poudre et l'essence d'amandes. Réservez.

Dans un petit bol, battez à la mixette ou au fouet les jaunes d'œufs et le sucre jusqu'à la formation du ruban. Le sucre fond et l'appareil prend une belle couleur citron pâle. Réservez. Dans un grand bol, montez ensuite en neige ferme les blancs d'œufs additionnés d'une pincée de sel. À la spatule, mélangez les jaunes et la purée d'agrumes. Incorporez ensuite un tiers des blancs en neige en prenant soin de les replier en un mouvement circulaire et de façon à incorporer le maximum d'air. Ajoutez le reste des blancs en appliquant le même mouvement. Versez l'appareil dans un moule de 2,5 l (10 t.) bien beurré et dont les parois sont soigneusement recouvertes de farine. Faites cuire aussitôt dans un four préchauffé à 400 °F pendant 1 h ou un peu plus. Laissez refroidir le gâteau soufflé dans son moule sur une grille avant

de le démouler. Arrosez-le de sirop d'agrumes et décorez d'amandes grillées. Au moment de servir, arrosez chaque portion de quelques gouttes de rhum brun. Exquis !

Dans une casserole, portez tous les ingrédients à ébullition pour faire fondre le sucre. Laissez doucement frémir à découvert pendant 30 min. Laissez tiédir un peu, mais versez encore chaud sur le gâteau soufflé d'oranges (ou sur le baba) dans son moule. Le sirop se conserve au frigo pendant plusieurs semaines…

Le palais des glaces

Un jour, papa mit à germer dans une assiette des fèves sur de la ouate mouillée. Quelques jours passèrent comme si de rien n'était, puis le miracle eut lieu. D'abord, la racine apparut, qui cherchait à s'ancrer dans la ouate, puis une tige et ses cotylédons, qui annoncent les feuilles. En terre, m'avait-il expliqué, cette fève deviendrait grande et ferait à son tour des petits. Mais nous n'avions pas encore de jardin… Et puis, mon père est parti.

Je connaissais bien l'histoire du petit Jacques, celui qui justement avait planté en terre une fève magique. En une seule nuit, le haricot poussa tant et si bien que le petit Jacques put y grimper pour aller voir aussi haut que le ciel si son père y était. Il y trouva plutôt un ogre… et faillit y laisser sa peau.

À cette époque, j'étais patient, plus qu'on ne l'est d'ordinaire à cet âge. Aussi, j'éprouvais une passion dévorante pour les *jelly beans.* Quand il ne m'en restait plus que quelques-unes, je savais faire durer le plaisir. Une à une, je gobais les fèves de sucre. Sans les croquer, je les laissais fondre tout doucement jusqu'à ce qu'il ne reste plus sur ma langue qu'une goutte de gelée insipide qui mettait tant de temps à disparaître qu'elle me faisait déjà craindre l'éternité.

Ainsi, je confondais l'apparence et la réalité. Mes bonbons favoris étaient des arbres en puissance qu'il me suffirait de planter pour qu'à mon tour je puisse grimper aussi haut que le ciel pour retrouver ce qui me manquait tant. Un jour, sacrifiant mon plaisir immédiat à la promesse d'un abondant futur, je semai quelques *jelly beans* dans un pot où vivotait une plante. En cachette, j'arrosai d'abondance. Bientôt, la sansevrière de ma mère périt, noyée dans le sirop.

À quatre ans, je savais déjà tout des couleurs primaires : le jaune, le bleu et le rouge qu'il suffit de mélanger avec savoir-faire pour inventer les autres couleurs. Je mélangeais le bleu du ciel au jaune du soleil pour qu'apparaissent des feuilles vertes sous mon pinceau, passant de l'art à la science, de l'aquarelle à la photosynthèse. Mais j'aurais souhaité une nature qui fasse toujours autant preuve de cohérence. Si je croquais ensemble un bonbon jaune citron et un autre rouge cerise, j'attendais en vain que surgisse un doux parfum d'orange. Amère déception. Pendant une seconde ou deux, la cerise l'emportait, puis c'était le citron. Puis plus rien que l'absence… Une fois encore, la nature me narguait.

Il m'arrive aujourd'hui de ne plus voir qu'«en noir et black», comme si l'âge m'avait rendu daltonien. Tout me semble alors n'être qu'acier, macadam et ciment. La nature à nouveau se soustrait. Pour la recon-quérir, je peins avec des fruits et l'ambiguïté me ravit. Mes sorbets sont-ils verts comme chair de kiwis ou comme feuilles de menthe ? Orange comme melon brodé ou couleur de mangue ? Jaunes comme l'ananas ou bien dorés comme le raisin muscat ? Et s'ils s'empourprent comme le bleuet, est-ce de colère ou de plaisir ? Autant de questions essentielles.

Pour y répondre, je n'ai plus qu'à «chemiser» le présent d'un sorbet de fruits frais. Il faut le faire en toute tendresse sans s'affoler. Prévoir au centre une surprise pour l'autre ou pour l'amitié, ce qui au fond revient au même. En surface, la transparence du fruit. Au cœur, une mousse onctueuse comme le désir. La vie éclate et fait la bombe. Un petit bonheur dont le cœur est parfait.

Sorbets de fruits frais ou pochés

S'il faut en croire certains pontifes, rien ne serait plus complexe que l'art de faire des sorbets. Pour chaque fruit, une recette d'une précision maniaque. Dans votre cuisine laboratoire, vous faites un sirop de 28° (échelle de Baumé), 1.241 en nombre décimal. Il vous faut, dit-on sans sourire, 231 ml de sirop pour 850 ml de purée de fraises des bois telles qu'on en trouve dans la forêt de Rambouillet la première semaine de mai. Pour 750 ml de purée de bananes des colonies, 189 ml de sirop.

Foutaise de grand toqué que tout cela ! Vous sucrez tout simplement votre purée de fruits au sucre à fruits. Vous turbinez dans une sorbetière, en vous conformant bien sûr au mode d'utilisa-tion du fabricant puisque les façons de procéder changent d'un appareil à l'autre. Vous n'avez pas de sorbetière pour turbiner la chose ? Pas de problème ! Vous mettez votre sorbet à prendre au congélateur et écrasez rapidement à la fourchette et au fouet les cristaux de glace en voie de for-mation. Vous mélangez et remettez aussitôt au congélateur. Résultat : des cristaux micro-scopiques, une neige de fruits. Au bout de 2 ou 3 h, votre sorbet est presque pris. On dirait, vulgairement, de la «sloche». Vous pour-

*rez alors le laisser prendre sans plus d'interven-
tion, à moins que vous ne choisissiez, raffiné
comme vous l'êtes, d'incorporer au mélange
250 ml (1 t.) de crème fouettée ou 1 ou 2
blancs d'œufs montés en meringue. Un jeu
d'enfant que je vous explique plus loin. Le
résultat : un sorbet aérien comme un frisson sur
de la mousse. Ah, Verlaine !*

*Mais laissez-moi d'abord vous donner ma
recette de base si cela peut vous rassurer. Elle
vaut pour tous les fruits à l'exception des
agrumes, des cerises, des bleuets et des pommes,
fruits d'exception sur lesquels je reviendrai un
peu plus loin.*

*750 ml (3 t.) de purée
        de pulpe de fruits
le jus d'un citron jaune ou vert
150 à 250 g (5 à 8 oz) de sucre à fruits*

Vous pelez les fruits si cela est nécessaire
(hors saison, les fruits congelés ou en conserve font très bien l'affaire), vous réduisez
au robot assez de pulpe pour produire la
quantité de purée nécéssaire, vous ajoutez
le jus de citron jaune ou vert et le sucre à
fruits. Vous passez au tamis si nécessaire.

Pour ce qui est du jus de citron frais, j'insiste car le citron permet à l'arôme des
fruits de se développer et empêche l'oxydation. C'est particulièrement important
pour les fruits qui noircissent au contact de
l'air : pommes, poires, pêches ou bananes,
par exemple. Quels que soient les fruits
choisis, même s'ils sont bien mûrs et parfumés, rappelez-vous que le froid endort
les papilles gustatives. Voilà pourquoi il faut

sucrer généreusement votre purée de fruits.
Elle vous semble un peu trop sucrée ? En
sorbet, elle sera parfaite !

Si vous optez pour du miel plutôt que du
sucre, faites-le fondre d'abord à feu doux
dans un peu d'eau ou de jus de fruit. Vous
pourrez ainsi le mélanger plus facilement à
la purée… Pour des raisons de goût plus
que de santé, le miel me semble mieux
convenir aux fruits dont la saveur est si
délicate qu'elle risque de disparaître au
froid, le melon par exemple.

Ça y est, votre sorbet est presque pris, vous
pouvez lui ajouter la crème fouettée ou
votre meringue italienne.

MERINGUE ITALIENNE

2	*gros blancs d'œufs à la température ambiante*
1	*pincée de sel*
1	*pincée de crème de tartre*
150	*g (2/3 t.) de sucre*
125	*ml (1/2 t.) d'eau*

À vitesse moyenne, battez les blancs d'œufs
au malaxeur ou à la mixette jusqu'à ce
qu'ils commencent à mousser. Ajoutez le
sel et la crème de tartre, montez en neige
ferme, mais encore luisante. Réservez. Dans
une casserole, à feu moyen, faites fondre le
sucre dans l'eau. Laissez réduire, sans brasser, jusqu'à ce que le sirop atteigne 110 °C
(230 °F). En battant de nouveau les blancs
à vitesse moyenne, versez lentement le

sirop bouillant dans le tourbillon. Continuez à fouetter jusqu'à refroidissement. Le sirop a cuit les blancs. Résultat : une belle neige bien ferme que vous incorporerez à la spatule au sorbet presque pris.

Petits conseils supplémentaires

Pour faire une purée de fruits, le robot culinaire bien sûr fait merveille, mais le mélangeur (blender) suffit. Faut-il passer la purée au tamis ? C'est parfois préférable. Pour éliminer les fibres de la mangue, par exemple, si le robot n'a pas bien fait son travail. Certaines fines bouches passeront la purée de fraises au tamis. À mon avis, c'est se donner du mal pour rien. Par contre, il me semble essentiel de passer la purée de framboises au tamis fin : j'ai horreur des pépins qui prennent entre les dents ! Évitez, par contre, de filtrer votre purée d'ananas... qui d'ailleurs ne passerait pas à travers le tamis ! Et puis la texture un peu granuleuse du fruit fait un sorbet des plus agréables. Quelques petits morceaux de fruit entier donnent au sorbet maison un charme particulier...

Vous pouvez bien sûr parfumer vos sorbets de quelques gouttes d'alcool fin ou de liqueur de fruit. Rappelez-vous cependant que la modération a bien meilleur goût : 2 c. à soupe suffiront amplement. Utilisez de la vodka ou du kirsch avec les fraises, de la crème de cassis avec les framboises, du cognac ou du brandy avec les pêches... Je préfère pour ma part laisser aux convives le plaisir d'arroser leurs sorbets de la liqueur ou de l'alcool de leur choix.

SORBET AUX AGRUMES

Pour les citrons jaunes ou verts, c'est fort simple. Vous extrayez le jus, vous ajoutez un sirop fait de 230 g (1 t.) de sucre et de 500 ml (2 t.) d'eau, vous goûtez et corrigez s'il y a lieu. En somme, il s'agit de faire une limonade bien sucrée. Pour un goût plus raffiné, avant de turbiner ou de mettre au congélateur, ajoutez au mélange le zeste d'un fruit, prélevé à l'économe et réduit ensuite en une poudre la plus fine possible.

Pour l'orange ou la mandarine, c'est plus compliqué. Si vous êtes pressé, ajoutez au jus d'orange frais du jus d'orange concentré et un zeste finement haché. Sucrez au goût, et le tour est joué ! Pour un sorbet plus fin, frottez vos zestes avec des cubes de sucre. L'abrasion libérera les huiles essentielles, le sucre en sera parfumé... Ce sucre, vous le ferez fondre ensuite dans l'eau, à feu doux, pour en faire un sirop que vous ajouterez au jus d'orange. Les proportions ? Pour 1 l (4 t.) de sorbet, 2 t. de sucre en cubes et 250 ml (1 t.) d'eau pour le fondre. Laissez-le refroidir, ajoutez 500 ml (2 t.) de jus frais avant de turbiner.

SORBET AUX BLEUETS

Les bleuets crus font un vilain sorbet. Il est donc préférable de les pocher quelques minutes dans un sirop citronné pour que leur goût se développe. Procédez ensuite comme pour les pommes.

SORBET À LA CERISE

Les « cerises de France » qui nous viennent de Californie ne font pas de bons sorbets. Par contre, les cerises sauvages et les cerises acides de l'Ontario font très bien l'affaire. Le problème, c'est qu'elles sont à peu près introuvables. Aussi, je vous conseille les griottes importées de Roumanie ou de Hongrie que l'on trouve en pots de verre. Exquises! Vous n'aurez donc qu'à les égoutter, à les « citronner » et à les réduire en purée au robot. Vous ajoutez un volume égal de sirop de conservation, vous corrigez la quantité de sucre, et voilà !

turbiner… Pour des sorbets aux liqueurs ou aux alcools fins, faites un sirop sucré — 230 g (1 t.) de sucre à fruits et 750 ml (3 t.) d'eau — et parfumez-le de 60 ml (1/4 de t.) de calvados, rhum des îles, crème de cassis ou crème de menthe, par exemple…

SORBET AUX INFUSIONS DIVERSES

De la même manière, on peut faire en sorbets des infusions diverses. On laisse infuser du thé vert ou noir, de la camomille, de la menthe fraîche ou même des fines herbes (estragon, laurier ou romarin par exemple) dans un sirop fait pour le tiers de sucre et pour le reste d'eau. Mais ayez la main prudente : quelques brins de romarin suffisent. *Idem* pour le thé vert. Servis sur un coulis de fruits frais, arrosés de quelques gouttes de liqueur fine, ces sorbets enchanteront votre été.

SORBET AU VIN ET AUX ALCOOLS FINS

Certains m'as-tu-vu font des sorbets au champagne : une prétentieuse sottise! Mais on peut faire de délicieux sorbets au vin blanc ou rouge. C'est fort simple : ajoutez 115 g (1/2 t.) de sucre à 750 ml (3 t.) de vin, et le tour est joué! Ne reste plus qu'à

Aventure au doux pays du cholestérol

FONDANT AU CHOCOLAT

Nappé de crème anglaise au café, ce dessert charmant évoque les rondeurs sublimes si chères à Botero. Mieux encore, il les suscite. Faites d'une pierre deux coups : cholestérol et plaisirs garantis ! Et s'il vous faut à tout prix expier sitôt après avoir succombé au plaisir, n'allez pas rater l'occasion de souffrir ! Vous ferez tantôt du jogging ou, mieux encore, vous lirez : Je mange donc je maigris, *confortablement installé sur votre bicyclette stationnaire. Mais d'abord, pour faire le plein de calories, on doit préparer le fondant.*

25   g (1 t.) de sucre
250 g (1/2 lb) de chocolat
250 g (1/2 lb) de beurre doux
4   gros œufs
1 ou 2 c. à soupe de Curaçao, de Triple Sec
       ou de Grand Marnier

Faites d'abord fondre au bain-marie le sucre, le chocolat et le beurre doux. L'eau du bain-marie frémit à peine. La base du contenant supérieur ne doit pas toucher l'eau bouillante. L'idée n'est pas de cuire le chocolat mais tout simplement de le faire fondre à douce chaleur. À la spatule, vous mélangez avec soin. Le sucre a fondu ? Alors c'est prêt. Versez le chocolat fondu dans un bol et ajoutez tout en fouettant à la mixette les œufs que vous aurez d'abord battus en omelette. Tout en fouettant, incorporez au mélange la liqueur de votre choix. Versez la préparation dans un moule beurré et fariné.

Pour beurrer et fariner, je vous recommande de badigeonner votre moule de beurre fondu. Déposez le moule au congélateur pendant 2 ou 3 min pour que le beurre prenne. Saupoudrez de farine.

Retournez le moule et tapotez-le pour éliminer le surplus de farine.

Placez votre moule dans une lèchefrite, et versez assez d'eau chaude pour immerger le moule à mi-hauteur. Enfournez sur la plus basse grille à four très chaud (450°F), pendant 45 minutes.

Laissez refroidir sur une grille. Démoulez. Enveloppez de pellicule plastique et gardez au frigo ou mieux encore au congélateur : il sera plus facile à trancher.

J'aime bien servir ce fondant en tranches minces avec une crème anglaise (voir recette page 240) aromatisée au café. Il m'arrive aussi, je le confesse, de le servir tout simplement sur crème anglaise vanillée, garni de griottes ou de cerises fraîches dénoyautées. Que dire du fondant au chocolat accompagné d'une crème anglaise parfumée au zeste d'orange et au Grand Marnier ? On le décorera alors de belles tranches d'oranges pelées à vif. Un entremets santé, à cause des oranges !

Pour une crème anglaise parfumée à l'orange ou au citron, il suffira tout simplement d'ajouter, au lait qu'on mettra à chauffer, le zeste du fruit de votre choix. De préférence, armez-vous d'un « zesteur » ou, à défaut, prélevez le zeste à l'économe. À l'aide d'un couteau bien tranchant, taillez de fines juliennes que vous ferez d'abord blanchir pour en contrer l'amertume avant de les ajouter au lait. Pourquoi blanchir les zestes prélevés à l'économe alors que ce n'est pas nécessaire lorsqu'on utilise un

« zesteur » ? Tout simplement parce que l'économe prélève non seulement le zeste, mais aussi la membrane blanche de l'écorce, source de l'amertume.

Pour blanchir les zestes, rien de plus simple. Dans une petite casserole, recouvrez les juliennes d'eau froide. Amenez à ébullition. Laissez frémir 1 ou 2 min. Dans une passoire, sous le robinet, rincez les zestes à l'eau froide. Égouttez bien et ajoutez au lait que vous allez chauffer...

Pour parfumer votre crème au chocolat, faites fondre, dans la crème anglaise encore toute chaude, 200 g (7 oz) de bon chocolat concassé. Du chocolat Valrhona, par exemple...

Pour une crème anglaise au café, ajoutez du café soluble de qualité ou un peu d'espresso, bien tassé... Pour aromatiser votre crème anglaise au thé, faites infuser du thé dans le lait chaud...

Vous avez envie d'un dessert exquis et vite fait ! Passez quelques bananes au mélangeur ou au robot et ajoutez-les à la crème anglaise froide... Vous aimez bien les abricots ? Alors tant mieux ! Faites-en pocher quelques-uns dans un sirop mi-sucre mi-eau. Réduisez-les en purée au mélangeur ou au robot. Ajoutez à la crème anglaise et vous voilà ravi !

CRÈME BRÛLÉE

Ce dessert classique, un must dans les bistrots français, est fort simple à préparer. Une crème onctueuse qui évoque la luxure… surmontée de sucre caramélisé qui craque sous la dent. Encore ici, cholestérol et coupables plaisirs garantis !

6	gros jaunes d'œufs	
100	g (1/2 t.) de sucre	
250	ml (1 t.) de lait	
250	ml (1 t.) de crème à 35 %	

Dans un bol, fouettez ensemble à la mixette les œufs et le sucre. Les jaunes ont pâli. Le sucre a fondu. La crème forme un ruban. Vous n'avez plus qu'à ajouter le lait et la crème à 35 %. Si Dieu est mort, disait Nietzsche, tout est permis ! Mélangez bien.

Versez dans 4 petits plats de porcelaine «conçus à cet effet». J'en ai trouvé de fort convenables, made in China, à la Maison d'Émilie, rue Laurier. Beaux, bons et surtout vraiment pas chers ! À défaut de petits plats, utilisez des petits ramequins ou, mieux encore, versez le tout dans une assiette à tarte en pyrex. Mettre à four chaud (330 °F) pendant 30 min.

Laissez refroidir sur le comptoir, puis au frigo. Au moment de servir, saupoudrez sur la crème un peu de sucre blanc ou de cassonade : 1 c. à soupe par petit plat ou par ramequin ; 4 c. à soupe pour la crème en assiette à tarte. Faites caraméliser le sucre en plaçant les récipients immédiatement sous le gril à chaleur maximale. Laissez la porte du four entrouverte et surveillez bien. Le sucre fond d'abord, puis il caramélise. En quelques secondes, il commence à brûler. Vite ! Retirez du four et servez aussitôt. La crème est encore froide. Le caramel vous brûle ! Quel plaisir !

CRÈME RENVERSÉE

En guise de conclusion à cette aventure palpitante au doux pays du cholestérol, laissez-moi vous proposer cette version classique de la crème renversée. Ici encore, c'est très facile à faire. Plus facile encore à manger !

170	g (3/4 de t.) de sucre	
60	ml (1/4 de t.) d'eau	
6	gros œufs entiers	
6	jaunes	
1	l (4 t.) de lait bouillant	
115	g (1/2 t.) de sucre	

Dans une petite casserole à fond épais, faites d'abord caraméliser le sucre que vous aurez mouillé avec l'eau. À feu moyen, sans y toucher, laissez-le fondre. Une fois le sucre fondu, de gros cristaux blancs se forment en surface : ne paniquez pas !
À la chaleur, ces cristaux fondront à leur tour. Le sucre blondit. Dans quelques secondes, il prendra une belle couleur ambre. Vite ! C'est le moment de le verser dans votre moule (un moule à soufflé de 1 1/2 l [6 t.], c'est l'idéal !). Pendant que le caramel est encore très chaud, profitez-en pour bien recouvrir la base du moule.

Laissez refroidir complètement avant d'y verser la préparation qui suit.

Armé d'un fouet ou d'une mixette, battez ensemble en omelette les œufs et les jaunes. Tout en continuant de fouetter, versez doucement sur les œufs le lait bouillant dans lequel vous aurez fait fondre 115 g (1/2 t.) de sucre. Versez la préparation dans le moule caramélisé. Déposez-le sur une petite grille ou sur un «chiffon-J» dans une lèchefrite dans laquelle vous verserez de l'eau chaude jusqu'à mi-hauteur du moule. Enfournez à 330 °F pendant 60 minutes. Laissez refroidir sur le comptoir puis dans le réfrigérateur. Démoulez la crème au moment de servir. La crème ne se démoulera bien que si elle est très froide. Pour faciliter le démoulage, décollez les bords à l'aide d'un couteau.

Impossible de vous donner un temps de cuisson précis. Tout dépend, bien sûr, de votre four. La crème est prête lorsqu'elle résiste un peu à la pression du doigt au centre. Autre façon de vérifier : plonger, au centre, la pointe d'un couteau. La lame doit ressortir «propre».

On peut aussi parfumer sa crème caramel à l'orange ou au citron. Il suffit d'ajouter au lait bouillant le zeste d'une orange ou d'un citron prélevé au «zesteur». Pour une crème surprenante de douceur, remplacez le sucre ajouté au lait par 125 ml (1/2 t.) de miel... Pour une version «minceur» de cette crème caramel, contentez-vous de 6 œufs entiers mais oubliez les 6 jaunes. Dommage !

Bibliographie

La Cuisine italienne réinventée,
les recettes originales de Gualtiero
Marchesi, Paris, Robert Laffont, 1983

From Julia Child's Kitchen,
New York, Alfred A. Knopf, 1982

Le Goût de l'Italie,
par Giuliano Bugialli,
Paris, Flammarion,1984

Le Goût du Maroc,
Robert Carrier, Paris,
Flammarion,1987

The Harry's Bar Cookbook,
Arrigo Cipriani, New York,
Toronto, Bantam,1991

The Heritage of Italian Cooking,
Lorenza de'Medici, New York,
Random House, 1990

The Joy of Cheesecake,
Dana Bovbjerg & Jeremy Iggers,
New York, Toronto, Barron's, 1980

Larousse gastronomique,
Paris, Librairie Larousse, 1984

Minceur exquise,
150 recettes pour maigrir en se régalant,
Michel Guérard et Alain Coumont,
Paris, Robert Laffont, 1989

Les Recettes secrètes des
meilleurs restaurants de France,
Louisette Bertholle, Paris,
Albin Michel, 1989

La Table des doges,
Pino Agostino et Alvise Zorzi,
Tournai, Casterman, 1991

Table des matières

UN ÉTÉ ÉPICÉ

BRAISES EN VILLE

D'AMOUR ET DE... MORUE FRAÎCHE

PINARD CHEZ LES SOVIETS

À L'EST DE L'ÉDEN

SOUVENIRS D'INDONÉSIE

UN GOÛT DU MAROC

LE SAUMON, PRINCE DES MARÉES

Les Éditions du Boréal
4447, rue Saint-Denis
Montréal (Québec) H2J 2L2
www.editionsboreal.qc.ca

CE DIX-HUITIÈME TIRAGE A ÉTÉ ACHEVÉ D'IMPRIMER
EN MARS 2001 SUR LES PRESSES DE TRANSCONTINENTAL IMPRESSION
IMPRIMERIE GAGNÉ, À LOUISEVILLE (QUÉBEC).